続 図説 茨城の城郭

茨城城郭研究会

国書刊行会

「松岡地理誌」

所蔵：花薗文煕氏
写真提供：高萩市教育委員会

→「松岡地理誌」については29頁を参照

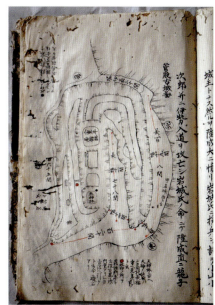

原本表紙

菅股城古城図

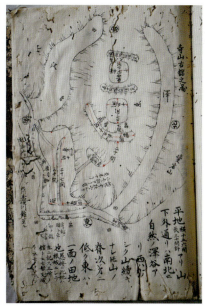

寺山館古城図

山小屋城堀切
［撮影：青木義一］

檜沢城二重堀切
［撮影：西山洋］

野口城大堀切
［撮影：五十嵐雄大］

入野城堀切
［撮影：五十嵐雄大］

三条院城の舟入状遺構
［撮影：岡田武志］

「ミニ小幡城」のような島津城横堀
［撮影：西山洋］

中染要害山城からの眺め
［撮影：五十嵐雄大］

田んぼアートと甲山城遠望
　　　［撮影：西山洋］

牛久沼飛行　牛久城上空から東林寺城と
屏風ヶ崎城を望む
［撮影：余湖浩一］

祝町向洲台場の隔墻
　　［撮影：西山洋］

アニメ「ガールズ＆パンツァー」にも
登場する磯浜海防陣屋からの眺め
　　　　　　［撮影：岡田武志］

仲の房東館
[撮影：青木義一]

取手山館トンネル状遺構
[撮影：岡田武志]

長者山城の堀
[撮影：青木義一]

津賀城
[撮影：余湖浩一]

荻原長者屋敷
[撮影：余湖浩一]

まえがき

　2006年7月、私たちは『図説 茨城の城郭』を出版し、茨城県内の各地域を代表する城郭約140城を紹介しました。本書はその続編です。
　紙幅の都合により前書では掲載を見送ったものに加え、県北地域を中心に近年明らかになりつつある佐竹氏関連の城館を数多く取り上げました。この中には、本会メンバーによって再発見された、いわゆる「忘れられた城郭」が含まれています。すなわち、史料に登場するにもかかわらず場所が特定できていなかった拠点城郭、あるいは伝承や先人の記憶のみに名が残る城郭などです。県南地域については、これまで紹介される機会の少なかった城館も取り上げてみました。
　本書では、新たに2名の若い執筆者が加わり、200を越える城郭を紹介することができました。各執筆者が現地を自ら調査して縄張図を作成した点は前書と同様です。
　遺跡登録されている県内の城郭数は790城といわれます。前書掲載分と合わせるとその4割以上に相当する約350城を記録し資料として残せたことになります。さらに、山中深く完全な形で眠っていた無名の小さな城郭まで初めて世の中に紹介できたことも執筆者一同嬉しく感じていることです。
　城郭は先人たちが、自分、家族、一族及び近隣住民の生存と存続を託した施設であり、貴重な証拠かつ文化財です。本書はその苦労の足跡を記録して将来に伝えることも目的としています。本書を手に城郭跡に立ち、先人が城郭に込めた「思い」を感じて下さい。
　前書が私たちの予想を超える支持を得ていなければ本書の刊行は実現しませんでした。本書もまた城郭への理解を一層深めるきっかけとなり、城郭調査、遺構の保存整備につながれば幸いです。

　　2017年7月

　　　　　　　　　　　　　　　　　　　　　　　　　茨城城郭研究会

本書を推薦します

「中世の城跡」を愛するすべての方に本書を推薦します！

中世城郭遺跡は、大名や国人（国衆）、土豪・地侍といった領主たちが、それぞれの階層に応じた領国・領の支配や地域防衛のために構築した拠点施設です。さまざまに工夫を凝らした土木工事の痕から、当時の武士たちの戦いや生活の有様を感じることができる貴重な中世遺跡です。近年の研究では、城郭の一部が戦時に住民に開放されていた事実が明らかになり、また地域の流通経済が展開する宿（町場）や人々の信仰の場である寺社が、城郭と不可分の関係にあることも指摘されています。それゆえ城郭遺跡は、武士だけではなく中世社会全体を知ることができる文化遺産として評価されるようになりました。

茨城県域においては、他府県で実施されているような県域の城郭遺跡についての悉皆的な「分布調査」が、いまだ実施されていません。そのため上にのべたような貴重な文化遺産でもある中世城郭が、生涯学習に十分には活用されず、あるいは未調査のまま破壊されてしまうケースもありました。こうした陥穽を埋めてきたのが、民間の研究者たちによる精力的な取り組みです。茨城城郭研究会のメンバーによる、文字通り「手弁当」での城郭遺跡の分布調査や縄張図の作成、そしてインターネットなどを通じての情報公開は、われわれ研究機関に身を置く研究者にとっても、県域の中世城郭遺跡を網羅的に把握するほとんど唯一のツールなのです。そうした彼らの成果の主要な部分が、2006年、『図説 茨城の城郭』にまとめられました。その刊行が持つ高い意義は、もはや言うまでもないでしょう。

同書刊行の後も、同会の活動は一層拡大・深化しています。ブッシュに分け入り、歩測あるいは平板測量等により遺構を把握し、それぞれの方法で調査成果を蓄積・報告し続けています。今回、その中から、重要な城郭遺跡に関する調査成果を精選・再整理し、『続 図説 茨城の城郭』が刊行されたことは、茨城の中世史研究者として喜びに堪えません。同書の編集にあたり、私が代表を勤める茨城大学中世史研究会に、原稿の校訂や助言の依頼がありました。その刊行意義を理解する会員の協力を得て、以下のような自治体ごとの分担により、原稿の確認作業を行い、各記事のブラッシュアップに多少の協力をさせていただきました。

北茨城市・高萩市・常陸大宮市・桜川市／**山川千博** 日立市・常陸太田市／**森木悠介** 大子町／**藤井達也** 那珂市・城里町・ひたちなか市・水戸市・大洗町／**泉田邦彦** 茨城町・土浦市・かすみがうら市／**市川大暉** 笠間市・稲敷市・阿見町・牛久市・龍ケ崎市＋コラム／**高橋修** 小美玉市・石岡市／**中根正人** 五霞町・つくば市・つくばみらい市・守谷市／**内山俊身** 利根町・鉾田市・鹿嶋市・行方市・神栖市／**前川辰徳**

くり返しになりますが、「中世の城跡」を愛するすべての方に本書を推薦します。ぜひ本書を片手に中世城郭遺跡をめぐり、中世という時代を考え、そして五感で感じとってください。それでは、また何処かの城跡でお会いしましょう！

茨城大学中世史研究会 代表
茨城大学 教授　　　　　　　　　　　　　　　　　　高橋　修

城跡へ行かれる場合の注意点

1 城跡は私有地にある場合が多く、事前に断って立ち入るのが原則。所有者がわからない場合は、地元の方に確認するなどの配慮をお願いしたい。勝手に草木・動物を採らないこと。見学のマナーを十分に守って常識ある行動をして欲しい。
2 紹介した城跡の中には、危険な箇所もあるので、単独行の場合には十分な準備と注意をお願いしたい。
3 遺構の見易さの点で、できるだけ冬枯れの時期をお勧めする。
4 足下にはトレッキングシューズや長靴をお勧めする。手袋は軍手でも良いが、作業用の革手袋がさらに安全だ。
5 交通の不便な場所も多く、公共交通機関を利用する場合には事前の下調べをお勧めする。
6 注意点が多くなったが、最近ではインターネットなどからも有用な情報が得られるので、それらも参考にして欲しい。

凡　　例

1 解説文末の参考文献はその城を検討する場合に参照していただきたい資料として挙げた。タイトルなどの詳細は巻末にまとめた。
2 城郭の図は、原則として縄張図と表記し、その他場合に応じて、残存遺構図・遺構復元図などと表記した。原則として、北を上にしてある。
3 作図にあたっては全て現地を調査したが、参考にした図がある場合には出所を明示した。作者各位にはこの場を借りてお礼を述べたい。
4 各城郭の所在地図は国土地理院の電子地形図（タイル）に範囲を追記し使用した。
5 縄張図作製には自治体発行の都市計画図や国土地理院の電子地形図を参考にした。図の一部を利用した場合にはその旨表記した。
6 掲載した写真は、とくに断りのない限り、執筆者自身が撮影したものか所蔵のものを使用した。
7 内容、用語についてはできるだけ統一を図った。例として、小田原北条氏（後北条氏）は北条氏、鎌倉時代の北条得宗家は鎌倉北条氏とした。複数の表記がある場合、例として、「信太荘」は「信太庄」、「惣構」は「総構」と表記した。その他のものは城郭用語解説に準じているが、必ずしも徹底していない部分もある。
8 括弧の使い方は、原則として近世以前の出版物・文書は「　」、近代以降の出版物・書籍・雑誌は『　』とした。
9 文中**太文字ゴシック体**は本書で採り上げた城郭を、また**太文字明朝体**は前著『図説茨城の城郭』で採り上げた城郭を意味する。本書で採り上げていない茨城県内の城は所在地の市町村名を、また茨城県外の城は所在地の県名と市町村名を括弧内に示した。
10 所在地の市町村名は平成29年4月現在のものである。
11 本書で採り上げた城郭や周辺地域に関する参考情報として、15のトピックを選びコラムとした。

目　次

まえがき
推薦の言葉
城跡へ行かれる場合の注意点
凡例

索引地図 ………………………………………………… 9
掲載城郭一覧 …………………………………………… 10
城郭用語解説 …………………………………………… 12
略系図・有力氏族分布図 ……………………………… 15

続 図説 茨城の城郭 …………………………………… 17
　　茨城県の209城　図と解説

茨城の城郭を知るための15のコラム
　　城郭地名……32　佐竹氏の国替え……52　島左近から佐竹氏への書状……80　部垂の乱……99　宿と内宿……109　額田の密書……131　常陸国の幕末海防施設……146　各地へ広がる城郭遺構整備……170　いわゆる手這坂合戦について……199　発掘された城郭遺構……211　近世記録にみる常総の古城……224　古河公方と常総の領主たち……231　「烟田旧記」にみる天文現象……245　香取海沿岸の水軍城……264　「うさぎ」追いし茨城の城郭……281

参考文献・出典一覧 …………………………………… 282
あとがき ………………………………………………… 289

城郭名索引 ……………………………………………… 290
改訂版『図説 茨城の城郭』掲載城郭一覧 …………… 292
編集執筆・協力者一覧 ………………………………… 293

索引地図

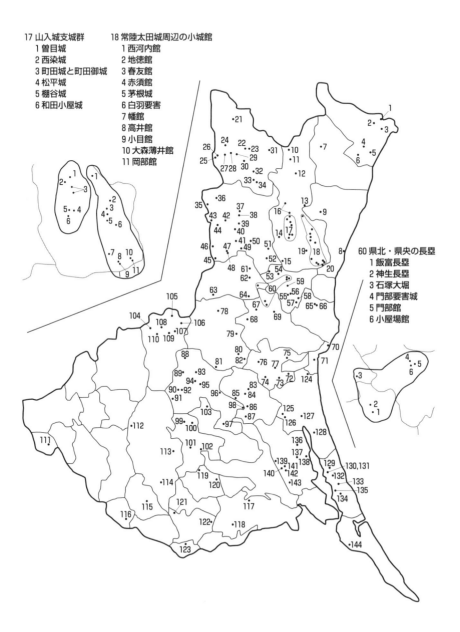

17 山入城支城群
　1 曽目城
　2 西染城
　3 町田城と町田御城
　4 松平城
　5 棚谷城
　6 和田小屋城

18 常陸太田城周辺の小城館
　1 西河内館
　2 地徳館
　3 春友館
　4 赤須館
　5 茅根城
　6 白羽要害
　7 幡館
　8 高井館
　9 小目館
　10 大森薄井館
　11 岡部館

60 県北・県央の長塁
　1 飯富長塁
　2 神生長塁
　3 石塚大堀
　4 門部要害城
　5 門部館
　6 小屋場館

掲載城郭一覧

北茨城市
　1 館山城
　2 山小屋城
　3 湯ノ網城
　4 菅股城
　5 島崎城
　6 石岡城
高萩市
　7 上君田城砦群
　　寺山館、明神山砦、田ノ草砦、内ノ草砦、
　　小川崎古館
日立市
　8 要害城
　9 入四間館
常陸太田市
　10 上の台館
　11 行石館
　12 大中館
　13 十殿坂館
　14 利員龍貝城
　15 花房城
　16 中染要害山城と天下野館
　17 山入城支城群
　　曽目城、西染城、町田城と町田御城、
　　松平城、棚ോ城、和田小屋城
　18 常陸太田城周辺の小城館
　　西河内館、地徳館、春友館、赤須館、
　　茅根城、白羽要害、幡館、高井館、
　　小目館、大森薄井館、岡部館
　19 瑞龍城砦群
　　小野崎城、今宮館、八百岐館、小野館
　20 大橋城
大子町
　21 上野宮館
　22 矢田城
　23 池田古館
　24 戸中要害
　25 鎌倉館
　26 八幡館
　27 女倉館
　28 依上城
　29 高岡城
　30 大子城
　31 内大野館
　32 下津原要害
　33 頃藤古館と頃藤要害
　34 頃藤城
常陸大宮市
　35 高沢館と高沢向館
　36 小田野城
　37 檜沢城砦群
　　上檜沢館、檜沢古館、檜沢城、下檜沢向館
　38 氷の沢館

　39 高館城
　40 下小瀬館と小瀬館
　41 那賀城
　42 小舟城と山麓遺構
　43 大岩城
　44 油河内城
　45 檜山要害城
　46 野田城と綱川館
　47 下伊勢畑北要害
　48 伊勢畑南要害
　49 野口城
　50 東野城
　51 高渡館
　52 石沢館
那珂市
　53 城菩提城
　54 瓜連城出城
　55 武平山館
　56 中坪館
　57 堀の内館
　58 仲の房東館
　59 根城内館と薬山館
県北・県央広域
　60 県北・県央の長塁
　　飯富長塁、神生長塁、石塚大堀、
　　門部要害館、門部館、小屋場館
城里町
　61 大山城
　62 高久城
　63 荻原長者屋敷
　64 入野城
ひたちなか市
　65 清水城
　66 小山城
水戸市
　67 全隅城
　68 有賀北館
　69 長者山城
大洗町
　70 大洗町の海防施設
　　磯浜海防陣屋、祝町向洲台場
　71 大貫城砦群
　　登城館、一杯館、後新古屋館、龍貝館
茨城町
　72 宮ケ崎城と宮ケ崎古館
　73 海老沢館
　74 小幡城外郭
　75 石崎城
　76 飯沼城
　77 天古崎城
笠間市
　78 飯田城
　79 小原城

80 湯崎城と長兎路城
　　81 泉城
　　82 下安居堀之内館
小美玉市
　　83 堅倉砦
　　84 鶴田城
　　85 竹原城
　　86 宮田館
　　87 取手山館
石岡市
　　88 大増城
　　89 猿壁城
　　90 諏訪山砦
　　91 長峰城
　　92 吉生城
　　93 二条山館
　　94 高友古塁
　　95 片岡館
　　96 根当要害
　　97 三村城
　　98 小井戸要害
土浦市
　　99 甲山城と周辺の城館
　　100 永井城
　　101 常名城
　　102 木田余城
かすみがうら市
　　103 志筑城と権現山城
桜川市
　　104 坂戸城
　　105 門毛城
　　106 池亀城
　　107 磯部館
　　108 富谷城
　　109 谷中城
　　110 富岡城
五霞町
　　111 山王山城
つくば市
　　112 栗崎城と吉沼城館群
　　　栗崎城、大坪館、大祥寺城、館宿城、
　　　笠根城
　　113 花室城
　　114 若栗城
つくばみらい市
　　115 三条院城
守谷市
　　116 高野館
稲敷市
　　117 古渡城
　　118 伊佐津城
阿見町
　　119 立の越館

　　120 島津城
牛久市/龍ケ崎市
　　121 牛久沼東岸の城館群
　　　遠山城、屏風ヶ崎城、八幡台城、
　　　遠山土塁、東城台土塁、桜塚土塁
龍ケ崎市
　　122 大日山城
利根町
　　123 岩井城
鉾田市
　　124 下太田館
　　125 堀ノ内砦
　　126 蕨砦
　　127 要害城
　　128 武田城
鹿嶋市
　　129 甲頭城
　　130 津賀館
　　131 津賀城
　　132 楯の宮館
　　133 林中城
　　134 塚原館
　　135 龍会城
行方市
　　136 内宿館
　　137 高岡城
　　138 山田城
　　139 人見館
　　140 船子城
　　141 行方城
　　142 古屋城
　　143 島並城
神栖市
　　144 石神城と花ケ崎城

城郭用語解説

曲輪・郭　平坦地を堀・土塁・切岸などで区画して防御空間としたもの。最上位の曲輪を実城・主郭・本郭(本丸)、第2位を中城(二の丸)、第3位を外城(三の丸)などと呼ぶ。括弧内は近世の名称。

土塁　土を盛り上げ、敵の侵入を防いだり、矢・弾丸よけにした土手。土を盛り上げただけの「掻き揚げ土塁」、土を突き固めてより強固にした「版築土塁」などがある。

堀　地面を掘り下げ、敵の侵入を防いだもの。堀底の状態により「空堀」「水堀」「泥田堀」等に、また堀の断面形状によりV字型の「薬研堀」、コの字型の「箱堀」等に分類される。構築される場所によっては、等高線に平行な「横堀」、直交する「竪堀」がある。「堀底道」といって通路として使用されることもある。また、表面観察で堀と思われる遺溝が発掘調査によって別の用途のもの(鉄砲陣地、水路等)と判明することもある。

障子堀　堀底に土盛り障壁を施したもの。堀底に降りた敵兵の移動を妨げ進撃速度を落とさせるとともに、城内から狙撃しやすくしたもの。従来、障子堀・畝堀・堀障子等の分類がされていたが、現在では堀内障壁のある堀は全て障子堀と呼称するのが一般的となっている。

堀切　堀の一種で、曲輪へ続く尾根・台地を切断して敵の侵入を防いだもの。山城によく見られる。

切岸　斜面をより急峻に削って敵の侵入を防いだもの。急斜面。

虎口　曲輪の出入り口。敵の攻撃が最も集中する場所なので城の中で最も厳重かつ技巧を凝らす重要な場所。当然のことながらここには城門が設けられる。一直線の土塁の開口部だけの「平虎口」、土塁を喰違いにして曲輪内を見通せなくさせた「喰違い虎口」、枡形の空間を設けて進入路を直角に曲げた「枡形虎口」、坂を登って曲輪内へ至る「坂虎口」など、多種多様である。

馬出　虎口の前面に設けた小空間。土塁・堀で守られることが多い。虎口を守る施設であると同時に、城に取り付く敵兵を攻撃する拠点にもなる。形状により「丸馬出」「角馬出」がある。

腰曲輪・帯曲輪　主たる曲輪とは別に、その周辺に小さな削平地を設け防御用空間としたもの。細長いものは帯曲輪と呼ばれる。

武者隠し　虎口付近に土塁・塀等で囲い外部からは見えなくした小曲輪。伏兵

を待機させるためにある。

犬走り（いぬばしり）　切岸もしくは土塁の外側に設けた帯状の平坦地。城塁をよじ登ってきた敵兵を留まらせることにより、塁上から槍で容易に突けるようにしたもの。

武者走り（むしゃばしり）　土塁の内側に設けられた帯状の平坦地。土塁上へ登る通路や、塁上から攻撃を加える際の足場とした。

橋（はし）　堀に土を盛って橋とした「土橋（どばし）」、木材の「木橋（きばし）」、戦闘時に城内へスライドさせ敵の侵入を防ぐ「曳橋（ひきはし）」などがある。曲輪間の連絡等に用いられる。

大手（おおて）　城郭の表口。追手とも。

搦め手（からめて）　城郭の裏口。城が攻められた時の脱出路。

横矢・横矢掛け（よこや・よこやがけ）　城に迫る敵を側面から攻撃できるように張り出した曲輪・土塁の部分。左右両方からのものは「相横矢（あいよこや）」という。

櫓・矢倉（やぐら・やぐら）　城内の要所に木を組んで設けられた高層の建築物。井桁状に木材を組んだものを井楼櫓（せいろうやぐら）という。建物を伴わない「櫓台（やぐらだい）」の場合もある。物見・監視ならびに指揮・攻撃の拠点になる。また、武器等の倉。

天守（てんしゅ）　櫓が発達したもので、基本的に近世城郭の本丸に置かれ、ひときわ高い建築物。物見・監視、戦闘指揮所ならびに攻撃の拠点となる。天守閣（てんしゅかく）。

石垣（いしがき）　石を積み上げて城塁としたもの。中世城郭に少なく、近世城郭に多い。石の積み方によって「野面積み（のづらづみ）」「打ち込みハギ」「切り込みハギ」等がある。

水の手（みずのて）　井戸・河川・池など城で使われる水を供給する場所。

縄張り（なわばり）　城郭の構造、設計、プラン。それを平面図に起こしたものを「縄張図（なわばりず）」という。

要害（ようがい）　地勢が険しく敵の侵入が困難な場所、様子。城郭そのものを指すこともある。

根小屋・根古屋（ねごや・ねごや）　山上に築かれた戦闘用砦に対し、城主の普段の生活の場として山麓に設けられた館。形状は単純な方形館が多い。転じて山麓の集落、城下集落を指す。

付け城・陣城（つけじろ・じんじろ）　攻城戦もしくは野戦で、攻め手が対抗して臨時的に築く城。

破城・城破り（はじょう・しろわり）　城郭の機能を失わせるために、城の一部を破壊すること。土塁を崩し堀を埋めたり、虎口を壊すことが多い。

普請・作事（ふしん・さくじ）　城郭の土木工事を「普請」、建物の建築工事を「作事」という。

総構・惣構（そうがまえ・そうがまえ）　城下集落を城内へ取り込んだ城郭形態。またその曲輪。

村の城（むらのしろ）　領主の城に対し、村人が自らの避難のために築き維持した城。小規模

で単純なものが多く、山上に築かれることが多い。

外郭（がいかく） 城郭主要部の外側に置かれた曲輪。面積が広大な場合が多い。避難民の収容、あるいは集落そのもの、兵員の駐屯、兵站拠点として利用される。

出城（でじろ）・支城（しじょう） 本城を守るためにその周辺に築かれた城。

境目の城（さかいめのしろ） 2つの軍事勢力のぶつかり合う境界線を境目という。境目を守るため、もしくはそこから侵攻する目的で築かれる城を「境目の城」という。現代風に言えば「前線基地」。

つなぎの城 城と城の間、もしくは城と主戦場への軍勢移動のために築かれる駐屯用の城。そのため曲輪面積は広大になることが多い。

番城（ばんじょう）・在番（ざいばん） ある程度大きな勢力を持った領主の直轄支城で、城主は置かずローテーションを組み交代で守備兵を送り込む城を番城という。またそのような守備兵を在番と呼ぶ。茨城県では牛久城等がそれにあたる。

【城郭の分類】〈立地による分類〉

山城（やまじろ） 山上に築かれた城。山そのものを要害としたもので、3分類の中では防御力は最大。平坦面が狭く多くの兵員を置けないので攻撃力は最低。

平城（ひらじろ） 平地に築かれた城。地形を防御に利用しにくいので、堀や土塁、虎口などの施設は大がかりになり、技巧を凝らされることが多い。大量の兵員を置くことができ、攻撃力は最大。防御力は最低。

平山城（ひらやまじろ） 台地・丘、もしくは台地・丘から平地にかけて築かれた城。丘城（おかじろ）。半島状台地上や段丘上に築かれることが多い。攻撃力・防御力は中間。その他、崖の上の「崖城（がけじろ）」、水に囲まれた「水城（みずじろ）」等がある。

【城郭の分類】〈曲輪の配置による分類〉

連郭式（れんかくしき） 曲輪を直線的に配置した形式。半島状台地上に築かれる城に多い。

輪郭式（りんかくしき） 中心に本丸を置き、それを囲むように二の丸、三の丸を配した形式。近世の平城に多い。

梯郭式（ていかくしき） 本丸を起点に梯子状に曲輪を展開する形式。各曲輪の虎口を下位の曲輪が覆う形をとる。

渦郭式（かかくしき） 本丸を中心に置き、その外側に二の丸、三の丸を渦巻状に配した形式。

階郭式（かいかくしき） 本丸を最高所に置き、その下に二の丸、三の丸を配した形式。

穴城（あなじろ） 大手門が最も高所にあり、本丸など主郭が最も低地にある城のこと。

単郭（たんかく） 曲輪が一つしかない城。居館に多い。

（岡田武志）

略系図・有力氏族分布図

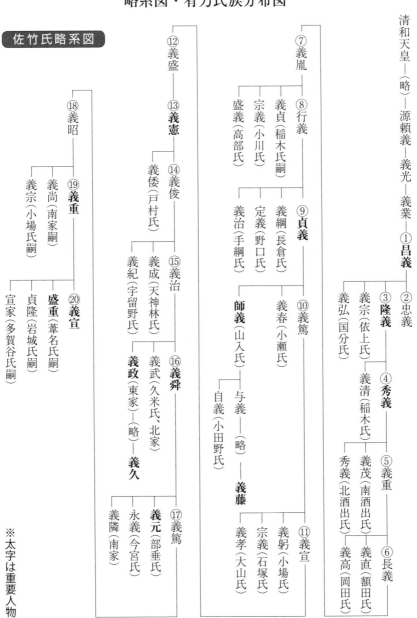

佐竹氏略系図

※太字は重要人物

関東公方足利氏　略系図
（数字は関東公方としての歴代数）

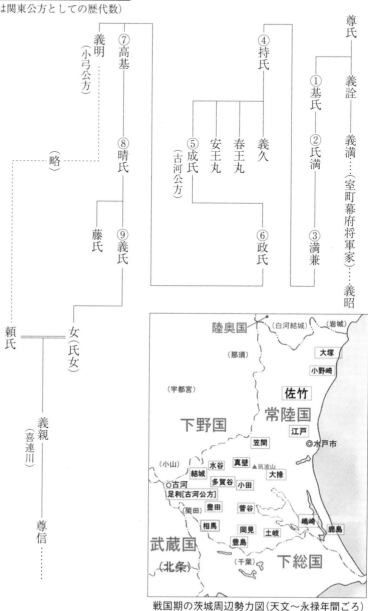

戦国期の茨城周辺勢力図（天文〜永禄年間ごろ）

参考：『喜連川判鑑』

続
図説 茨城の城郭

茨城県の209城　図と解説

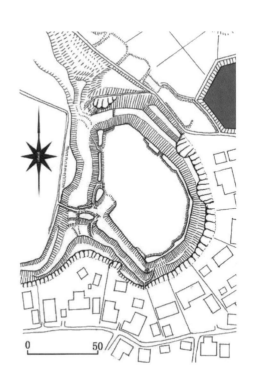

1 館山城

所在：北茨城市関本町

　福島県境に近い市立関本中学校北の標高81ｍ、比高約65ｍの山が城址である。唐藤川を挟んだ西の岡に**御城山城**がある。

　しかし、両城の構造は大きく異なり、御城山城が居住性も有する城であるのに対し、館山城は御城山城を見下ろす位置にあり、戦いを意識した造りである。

　城の来歴等については不明である。

　城域は東西約200ｍ、南北約400ｍの広さを持ち、北から流れる唐藤川が麓で里根川に合流し、自然の水堀となっている。大手道は南西側麓から登る道と推定される。途中に木門跡のような場所があり、標高50ｍ付近の約45ｍ四方の広さを持つ曲輪Ⅳに出る。東の山側に登って行くと3つほどの腰曲輪を経て主郭部となる。頂上部の曲輪Ⅰが本郭であり、東西約30ｍ、南北約60ｍの広さを持ち、西側の虎口が内枡型になっている。東側は急斜面であり腰曲輪は存在しない。曲輪Ⅰ北側の堀切B北の曲輪Ⅲ内部は未整備状態である。

　曲輪Ⅰ南側の堀切Aは曲輪Ⅰからの深さが約8ｍある巨大なものである。この堀切Aから南に延びる尾根にも曲輪Ⅴが段々状に展開し、先端の標高45ｍ付近に南に突き出した東西約40ｍ、南北約70ｍの曲輪Ⅵがある。

　御城山城防衛用の城と考えられるが、広い平坦地があり軍勢あるいは住民の収容も可能である。

　城は南を意識した構造であり、北の勢力が南に対して警戒する城である。城の詳細な歴史は不明であるが、構造も考えるとこの2つの城を整備、運用したのは岩城氏であったと思われる。

　2つの城が街道を挟むように立地していることから、ここが重要な街道であったことを示している。

（青木義一）

＊参考　北茨城市史編さん委員会1988

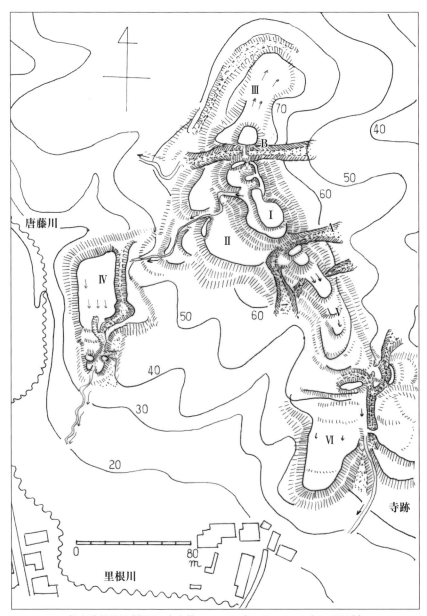

館山城縄張図（作図：青木義一、2012年4月、2015年2月調査）

2 山小屋城
所在：北茨城市関本町富士ヶ丘

　民間工場の背後の山に城がある。城は多賀山地と里根川の浸食によってできた山地を利用して造られている。

南東側の巨大堀切（図のB）

　主郭にある大塚神社の縁起によると、社を慶長年間に白土氏が再興したとある。このことから、福島県いわき市を本拠とした戦国大名、岩城氏の有力家臣である白土氏がこの城にいたと考えられる。また室町時代後半から北茨城市域は岩城氏が支配したため、山小屋城は岩城氏関連の城郭であったと思われる。

　大塚神社参道によって城の一部に改変が見られるが、見応えのある城跡である。主郭は標高120mの所にあって、郭は台形である。9段の帯曲輪や腰曲輪があって、高さ最大12mを誇る切岸で城は造られている。Aは土塁が食い違い状になっていて、虎口と考えられる。城の南東側堀切Bは、幅6m深さ10mの巨大堀切で見所の一つである。南西側Cは二重堀切になっている。おそらく南側や南西側からの侵入に備えて造られたものと思われる。居館は北側のお堂や工場の駐車場付近にあったと想定される。　　　　　（五十嵐雄大）

＊参考　北茨城市史編さん委員会1987

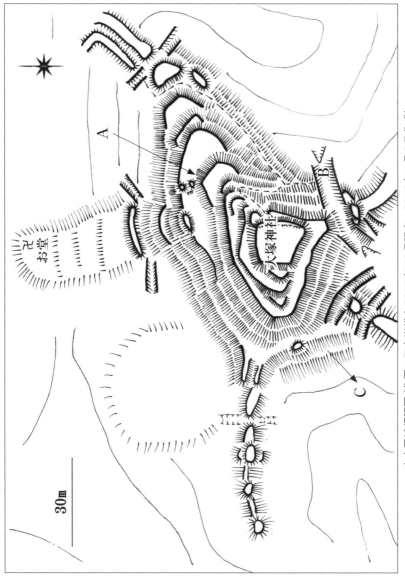

山小屋城縄張図 (作図：五十嵐雄大 2015年12月調査、2016年1月8日作成)

3 湯ノ網城
     ゆのあみ

所在：北茨城市関南町神岡下字館・根古屋

　湯ノ網城は、常磐線大津港駅から南西2kmの距離にある山城である。城は、阿武隈山地系の山々が海の浸食や江戸上川によって削られた山地にある。城山の標高は80m、比高は70mあり、山頂には御室神社があり、ここが本郭と考えられる。

　『北茨城市史』や「御室神社縁起」では、岩城氏家臣の大高氏の居館としている。

　神社南側に幅10m深さ6mの巨大堀切Aが巡っている。切岸の高さは最大15mあり、聳え立つ壁のようである。北側には、登城路と考えられる虎口Bがある。現在神社への道CやDは、堀切を埋めてできたものと考えられる。堀切Eは、幅3m高さ1.5mの小さい堀切であり、おそらく城の境界ではないかと思われる。麓には、地名「根古屋」があり、居館や家臣団の屋敷が想定される。ここにも高さ10mの切岸が残っている。

　この切岸を多用したところなど、岩城氏の本城である大館、同じ北茨城市内

湯ノ網城本郭切岸

の**車城**と類似点が多い。このことから、この地域は岩城氏の支配下だったと思われる。

（五十嵐雄大）

＊参考　北茨城市史編さん委員会1988、　加藤光雄・有賀博幸1990

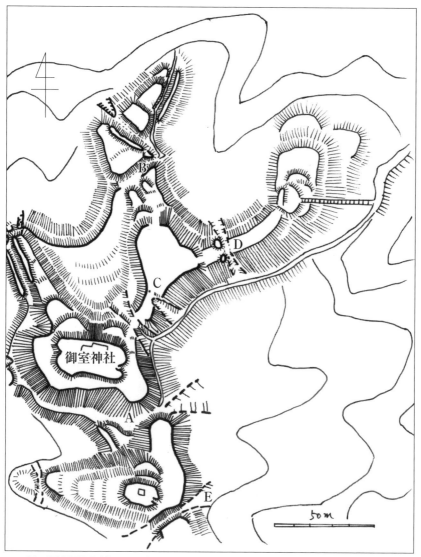

湯ノ網城縄張図（作図：五十嵐雄大　2015年12月調査、2016年11月2日作成）

4 菅股城

所在：北茨城市磯原町大塚

　市立明徳小学校の西1kmほどにある標高48.6m、南東側の水田からの比高約30mの山にある古風で小規模な城である。

　鎌倉時代末期、大塚掃部助員成が築き居城としたが、応永年間（1394－1428）、大塚氏に石神小野崎氏から与二郎が入り、南の**龍子山城**に拠点を移転したため、ここには大塚氏の一族が居住したという。廃城は大塚氏の領地替えか佐竹氏の秋田移封時と思われる。

　城のある山は南西から北東に延び、日当たりの良い南東斜面に多段に曲輪が造られ、現在も宅地と畑になっており、城主の居館もこの場所にあったのであろう。宅地と畑背後の杉林の中の帯曲輪は幅最大12mあり、北西側以外の山裾をほぼ2/3周し、狭い場所は犬走りとなる。

　山の頂上部には3つの曲輪がある。中央部に「毘沙門平」、北端部に物見台と考えられる「天神平」があり、東端と堀Bで仕切られる。毘沙門平から南西長さ約30mにわたる尾根削残しの土塁が西に延び、約40m四方の広さの「二重作平」と呼ばれる曲輪に至る。ここが主郭である。西側に虎口があり、堀Aがある。

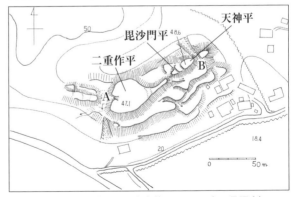

菅股城縄張図（作図：青木義一、2015年2月調査）

この堀Aは周囲を巡る帯曲輪に合流する。西方向に延びる尾根は城域外である。

(青木義一)

＊参考　北茨城市史編さん委員会1988

5 島崎城
しまざき

所在：北茨城市中郷町松井
別名：巴城
ともえ

　北茨城ICの南1.5km、南から北の低地に張り出した標高26〜30m、比高約22mの岡の先端部にある。
　「常北遺聞」によると、**龍子山城**の出城であり、大塚氏家臣の滝対馬が城代であったという。北方面の敵を想定する城であり、大塚氏が北の岩城氏を警戒した城である。
　城域は東西約120m、南北約200mの三角形状をし、平坦で広い。中央部に御塚神社が建つ高さ4mほどの土壇がある。この御塚神社の東側に堀跡Aがある。この堀は土壇の南側を通り、西側まで延びていたという。ここから南部分が南城、北側が中城である。中城が本郭である。岡の斜面には帯曲輪が巡る。
　中城北の幅約12mの堀Bの北側が北城であり、ここからの北方面の眺望が良い。先端部に帯曲輪があったが道路拡張工事で湮滅している。

島崎城縄張図
（作図：青木義一、2003年12月、2015年3月調査）

（青木義一）

＊参考　北茨城市史編さん委員会1988

6 石岡城
（いしおか）

所在：北茨城市中郷町石岡

　国の重要文化財である東京発電株式会社の石岡第一、第二発電所間にある標高141m、大北川からの比高約90mの山が城址で、城内を送電線が縦断する。
　大塚氏の本拠、龍子山城の支城で、永禄年間は一族の大塚成舜が城主であったという。戦国時代後期、大塚一族は佐竹氏に従属するが、大塚氏が慶長元年（1596）折木城（福島県広野町）に移転した時に廃城になったという。未整地な部分が多いため、居住性は乏しく緊急時の城として維持されていたものと思われる。
　西端の最高箇所に本郭相当の曲輪Ⅰを置き、東に延びる広い尾根に標高差約40mに渡り曲輪を展開させる。城域は東西約400m、南北最大約90mである。
　この城の特徴は、ほぼ全周にわたり高さ1～2mの低い土塁が覆うことである。曲輪Ⅰと曲輪Ⅱは内部が整地され比較的平坦であるが、東側の曲輪Ⅲは内部が不整地状態で段々状になっている。曲輪Ⅰは50m×40mほどの広さを持ち、南西端に土壇aがある。西側は急傾斜である。一方、北側は傾斜が緩く、北側を覆う曲輪Ⅱの北下に2段の腰曲輪が存在する。

（青木義一）

＊参考　北茨城市史編さん委員会1988

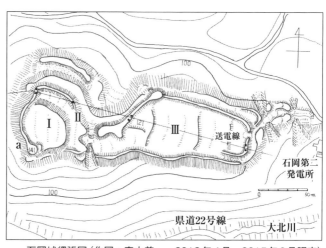

石岡城縄張図（作図：青木義一、2012年4月、2015年2月調査）

7　上君田城砦群

① 寺山館　　　所在：高萩市上君田字宮ノ沢
② 明神山砦　　所在：高萩市上君田字井戸沢
③ 田ノ草砦　　所在：高萩市上君田字田ノ草
④ 内ノ草砦　　所在：高萩市上君田字芳ヶ沢
⑤ 小川崎古館　所在：高萩市下君田字古館

　高萩市北西山間部の君田地区は、古代より続く海と内陸を結ぶ東西陸路の中継地点として重要な地域であった。

　戦国期、高萩一帯を治めていたのは龍子山城主の大塚氏であり、その家臣で豊後国の住人の宇野六郎利仲という人物が、君田地区の城館群を築城したと伝承されているようであるが、詳しいことはよく分かっていない。その君田地区の中心に位置するのが寺山館で、地元では「宮ノ沢の城」の名で認知されている。

　寺山館は、東を流れる大北川支流の低地と、そ

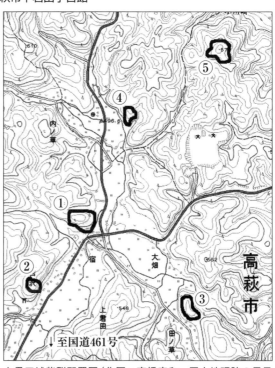

上君田城砦群配置図（作図：高橋宏和、国土地理院の電子地形図（タイル）に加筆）

こから続く深い沢に南北を挟まれた比高約40mの尾根先端部を利用して築かれている。現在は営林署敷地となっている麓の廃寺跡とされる平坦地辺りに居館が想定されている。山頂の主郭は東西約80m、南北約30mの歪な楕円形で、西側に深さ約2m、幅約4mの堀切があり、主郭南側から南東にかけて約5m下を幅広い帯曲輪が巡る。この帯曲輪は東側で幅約5mの横堀となり、北側へ竪

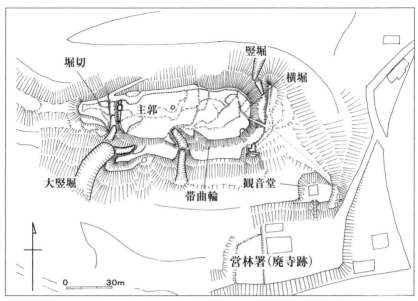

①寺山館縄張図（作図：高橋宏和、2017年1月20日作成、以下同）

堀状になって下っていく。北東部では主郭と堀内部との比高は約10mにもなる。また、主郭部南側には5本の竪堀があり、1本は幅約15mもの巨大なもので約30m下まで続く。東から南側にかけて防御に意識を集中した普請がされていたようである。

　そして、この館を守るように周辺の街道の合流地点には物見台と思われる砦が複数配置され、寺山館から南西約530mの所にある十殿神社背後の明神山砦、寺山館より南東に約900mの所には、地元ではシロネとかジョウノヤマと呼ばれる田ノ草砦、上君田簡易郵便局の東約230mには、二重堀切が見られる内ノ草砦などがある。これら砦群に囲まれているため、寺山館は「中の館」という別名もある。また、旧君田小学校北側の標高576mの三角点がある山頂には、地元でもフルタテの名で広く知られる小川崎古館がある。寺山館の城主、宇野六郎利仲が最初に築いた城と伝えられ、戦で敗走の際、追手の難を逃れるために米を上から流し落とした、いわゆる「白米城伝説」が残っている。

（高橋宏和）

　＊参考　高萩市史編纂専門委員会1969

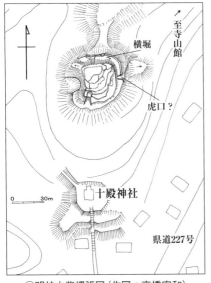

②明神山砦縄張図（作図：高橋宏和）　③田ノ草砦縄張図（作図：高橋宏和）

④内ノ草砦縄張図（作図：高橋宏和）　⑤小川崎古館縄張図（作図：高橋宏和）

「松岡地理誌」（カラー口絵参照）は、文化7年（1810）松岡藩主中山信敬が、家臣の寺門義周に命じて藩内（現在の高萩市および北茨城市南部）の地理・歴史・産物を編纂させたもので、藩内の中世城館が克明に描かれた貴重な史料である。花薗文熙氏所蔵。

8 要害城（ようがい）

所在：日立市国分町字要害
別名：孫沢館

　国道245号沿いの多賀総合病院南隣に要害クラブという余暇施設がある。この一帯が要害城である。

　日立市国分町一帯は中世には塩浜郷に属していた。近くの**大窪城**のある大窪郷と共に、平安末期から存在した郷名である。鎌倉時代には、源頼朝が鹿島神宮に神領として、世矢（現常陸太田市）、大窪、塩浜郷を寄進し、室町時代まで鹿島神宮領だった。塩浜とあることから塩田があり製塩を行っていたものと思われる。製塩業と鹿島神宮は深いかかわりがあったといわれている。おそらく、大窪城の大窪氏や要害城を建てたといわれている孫沢氏は元々この製塩業に関わる領主もしくは、鹿島神宮の神人だったと思われる。

　現在残る城郭が出来たのは、15世紀以降と思われる。「水府志料」によると戦国時代、岩城氏が佐竹氏に挨拶する際の一時的な逗留場所として、整備されたとしている。

　この城は、三つの郭で構成されていたと考えられる。郭Ⅰの堀は、深さ最大8ｍ、幅最大4ｍある。西側の堀はそのまま、桜川に行く。桜川からの比高は15ｍある。現在、国道245号線や旧日立電鉄、多賀総合病院にも土塁や堀の一部が残っている。東側は海、南側は川に囲まれたまさに「要害」という名にふさわしい城郭である。

郭Ⅱ北側Ａの堀の様子

近年郭Ⅱと郭Ⅲで発掘調査が行われた。遺物がなかったため、時代の特定は困難であるが、要害城は2回の改修を受けていたことが分かった。城の歴史を知る上で貴重な情報である。おそらく、佐竹氏の海上監視の城または、塩田管理の城だったと考えられる。　　　　　　　　　　　　　　　（五十嵐雄大）

＊参考　日立市史編纂委員会1959、山武考古学研究所1994、日立市埋蔵文化財発掘調査会1999

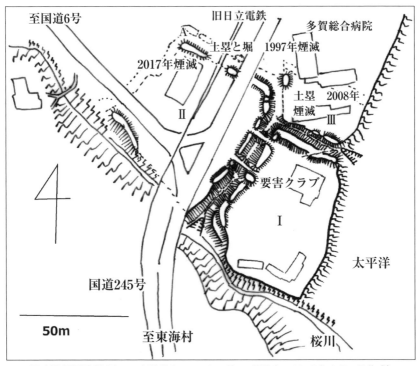

要害城縄張図（作図：五十嵐雄大2016年1月10日調査、2016年9月1日作成）

城郭地名

　中世城郭には多くの場合、城に特有の字名（通称名）が残ることが多い。そのため、地元でも知られていない城郭を、字名によって見つけ出すこともよくある。

　城館跡にほぼ確実にともなう字名としては、城山・要害・城の腰（城の越）・御城・館・根小屋などがあげられる。要害は、本来は天険の地形を意味したが、これが転じて城を意味するようになった。すでに南北朝初期ころより、盛んに当時の文書に「地名＋要害」として登場している。要害地名は、ゆうがい・りゅうがい・りゅうがえ・ようがえなどと転訛し、様々な漢字が当てられることが多い。夕貝、竜貝、龍蓋、龍替、用替などである。

　城の腰地名は、文献からはすでに文明4年（1472）に、千葉県の香取神宮に近接した山崎城跡（香取市丁子）の地名「山崎之城之コシ」として記録されており（新福寺蔵文書）、中世段階から使われていたことが確認できる。

　御城は、中世城郭の主郭（近世でいう本丸）を表す言葉で、転じて城主そのものを指すこともあり、これも中世文書にしばしば登場する。これに関連して、中城（第2郭）や外城（登城）なども地名として残る場合がある。

　館地名は、茨城や東北地方では城そのものを意味する。つまり○○館といえば、○○の城という意味である。しかし、一方では館すなわち屋敷（居館）を意味する場合もある。県南の平野部で○○館と呼ばれる城跡は、ほとんどが平地の方形館である。平野部で後世の開発によって遺構がほとんど残らない城館でも、字名の館を手がかりに、地名や地籍図、最近では空中写真などを使って、復元できることがある。

　そして根小屋地名であるが、中世城郭に付随する城主や家臣団の居住地域を指すとされる。16世紀初頭の永正年間頃より、文書に登場することがわかっている。また、東日本に特有の呼び方で、一種の方言とも言われている。なかでも茨城県は、千葉県と並んでネゴヤ地名がもっとも多い（池田光雄1986）。

　これらの字名のほか、城之内、城出（きで）、戸張（とばり）などまだ多くの城郭関連の字名があり、城郭研究の基本資料として活用できる。この時に注意すべきことは、地名を表す漢字は、後々に当てられたものが多く、音で判断すべきということである。また、要害の例もあるように、往々にして転訛している場合も多く、この点にも注意が必要である。

（遠山成一）

9 入四間館(いりしけん)

所在：日立市入四間町字竹ノ内

　入四間館は、中里若者センター運動施設の北に向かい合った、地元でユウゲエと呼ばれる比高約80mの山頂にある。

　南北約70m、東西約20mの楕円形状の主郭の周囲を帯曲輪が囲み、北側には不完全な堀切がある。これら遺構は全体的に削平が甘い。

　入四間地区は南北朝期、奥州白河地方の戦で敗走した、関氏を含む南朝方の4家がこの地に土着して入（山間部という意味もあるらしい）四軒の地名が起こったとされ、このうち関氏は、戦国期を経て近代までこの地の有力者であった。

　古さを感じさせる遺構からは15世紀以前の築城を感じさせ、容易に通行できない山深い地域のため、築城後も大きな改修をせずに存続したのかもしれない。ユウゲエの呼び名どおり、山上は有事の際の詰の城であり、普段は県道沿いに突き出した麓の台地に住んでいたと思われる。

（高橋宏和）

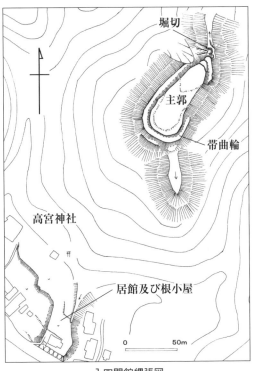

入四間館縄張図
（作図：高橋宏和、2017年12月5日作成）

＊参考　常陽藝文センター編2012

10 上の台館

所在：常陸太田市徳田町

　里川上流部の里美の谷の最北端にある。約800m北が福島県矢祭町との境の明神峠である。館は里川が東方向から北から西下を湾曲して流れ、その湾曲部に南から突き出た山の先端部にある。城のある部分は標高367m、里川からの比高は約50mである。山の北、西側は急斜面であり、里川が天然の水堀となる。

　中野丹後という者が館主であったというが、居館があった感じはない。

　登城路は東側にあったと思われ、虎口と思える場所がある。この北西側が館主要部である。3段の曲輪からなり、曲輪内は比較的平坦で広い。北端が最も高く、土塁があり、北西端に稲荷社がある。土塁上から西側、北側の眺望が良く明らかに街道監視の機能が見て取れる。

　しかし、街道監視の機能のみにしては内部が広い。

　西を棚倉街道が通り、この街道は奥州進出のための佐竹軍の行軍ルートである。したがって、この館は佐竹軍の宿営地、または集合場所ではなかったかと推定される。この場所であればかなりの人数が安全に宿営することが可能である。

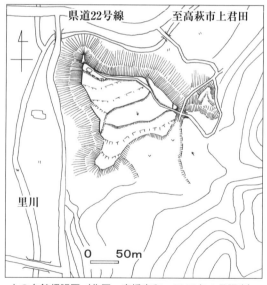

上の台館縄張図（作図：高橋宏和、2008年1月調査）

（青木義一）

＊参考　常陸太田市史編さん委員会1984a、里美村史編さん委員会1984

11　行石館(なめし)

所在：常陸太田市小妻町
別名：荒巻城

　里川左岸の行石集落が館跡である。ここの標高が273m、里川から比高約20mの台地であり、里川が水堀の役目を果たす。館南側を里美牧場方面に通じる県道245号線が東の山中方向に延びる。

　館主は大子の**町付城**主と同族の荒蒔氏と伝えられ、子孫と言い伝えられる荒蒔姓の方が今もこの地に大勢居住する。一方、戦国時代里美地区は、岩城領となっていたため、岩城氏に属する館であった可能性もある。しかし、ここを通る棚倉街道は佐竹氏の奥州への進出ルートであり、岩城氏の館とは考えにくく、館の帰属については疑問が残る。

　館遺構は宅地化等でかなり失われているが、台地縁部北側に高さ最大4mの土塁と堀がコの字型に良く残っている。

　いずれにせよ棚倉街道を監視する目的の城館である。東は高萩市の上君田に通じ、太平洋側と通じる街道でもあり、内陸部との物流を管理する役目もあったのであろう。

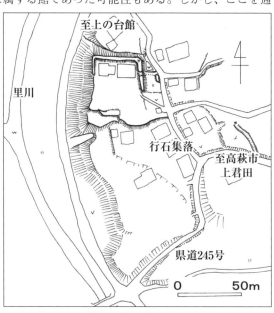

行石館縄張図（作図：高橋宏和、2014年2月調査）

（五十嵐雄大、青木 義一）

＊参考　里美村史編さん委員会1984

12　大中館
所在：常陸太田市大中町

　常陸太田市里美支所の東1km、保健センター南側の標高310m、比高約100mの山が城址である。
　館主等来歴は不明である。大中付近の土豪の緊急時における避難城と思われる。
　東の多賀山地から里美の谷に張り出した尾根末端部にあり、北側と南側が浸食谷となっている。西端部は公園となっており、東屋や植物園がある。この方面が大手と思われ、曲輪Ⅱなどの曲輪群が尾根筋に展開する。
　山頂部に径約25mの主郭である曲輪Ⅰを置く。東端には物見台と思われる土壇aがある。曲輪Ⅰから派生する尾根筋

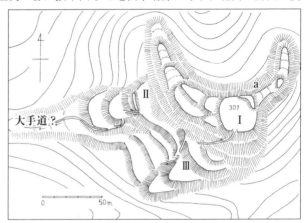

大中縄張図（作図：青木義一、2005年1月調査）

や斜面に段々に曲輪を巡らす。特に南西方向に延びる尾根に展開する曲輪Ⅲなどは切岸が急でありメリハリがある。段郭が主体であり、堀切は確認できない。土塁も曲輪Ⅱに確認される程度である。古い形式の城であり、室町初期の城と推定される。戦国時代に拡張整備された形跡はなく、戦国時代には使われていなかったと思われる。
　なお、館跡は近年重機が入り、一部の遺構が破壊を受けている。　（青木義一）
＊参考　里美村史編さん委員会1984

13　十殿坂館
じっとのさか

所在：常陸太田市上深荻町

　国道349号線から水府地区の東染方面に向かう県道36号線が分岐する里美大橋入口交差点の北側に見える標高216ｍの山上にある小規模な城館である。
　この付近は里川の渓谷の幅が約300ｍに狭まる狭隘部であり、城砦を築くのには合理的な場所である。館のある山は里川からの比高が100ｍ以上あり、東側の山地から里川の谷に突き出た尾根末端に位置する。
　築城時期は不明であるが、山入の乱で佐竹氏が弱体化した文明17年(1485)頃、里美地方は岩城氏に占拠され、延徳元年(1489)には奥州の伊達、葦名、白河結城の連合軍が里美に侵攻する。その頃、**常陸太田城**を守る佐竹方の最前線基地として築かれたと推定される。この館の下で「深木の戦い」が展開されるが、この戦いに係わった可能性がある。
　山入の乱の頃、岩城氏の脅威が増大した時期に一時的に機能し、それ以後は狼煙台の役目程度にしか使われていなかったのではないかと思われる。
　東側の尾根筋を二重堀切Ａで遮断し、頂上部の曲輪Ⅰから小さ

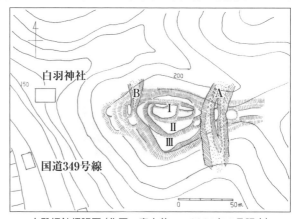

十殿坂館縄張図（作図：青木義一、2004年２月調査）

な曲輪を東西に３段、南斜面に３段ほど展開させ、西端を堀Ｂで区画する戦闘的な城砦である。居住性はほとんどないが、若干広い南側の曲輪Ⅱ、Ⅲに番小屋があったのではないかと思われる。

（青木義一）

＊参考　里美村史編さん委員会1984

14 利員龍貝城
としかずりゅうがい

所在：常陸太田市中利員町字龍外、
　　　中利員町字外城

　久慈川支流浅川の左岸、標高120mほどの丘陵に占地する。平地からの比高は約100mである。浅川沿いの県道62号線を常陸太田市街地より北へ進むと県道29号線と合流して、山方宿へと至る。そこからは頃藤城を通過し、大子から南奥の矢祭方面へと向かう幹線街道となる。しかし、この浅川沿いの街道は佐竹領国の主要街道とはいえず、いわば副次的な役割を果たしていたと思われる。それは、城に隣接した天満宮の下段の平地には古宿の、県道の南には根古屋の地名がそれぞれ残るからである。根古屋地名からみて、16世紀に入って使用されていた城郭といえようが、宿ではなく古宿地名が残ることから、戦国後期までは宿は存続せず（古宿）、番衆の城兵が駐屯（根古屋）する城となった考えられる。具体的には、佐竹氏が南奥まで進出した16世紀半ばには、すでにこうしたつなぎの城となっていたのであろう。

　山上の遺構では、I郭（字龍外）北側の堀切が大規模で二重堀切となるほかは、戦国後期をうかがわせるものはない。丘陵に平場を階段状に配置する形状である。I郭の北の尾根筋の3本目の小堀切までが城域と考えられる。現状ではI郭には虎口が見当たらない。I郭から麓へ下る部分が字外城で、平場が段々に配置される。

　なお、近年、本城の西側尾根（天満宮の北側）にも遺構が発見された。これは、この尾根筋を攻め手に奪われると、防御上弱点となること、および街道の北方面への監視の意味があったことから、取り立てられたのであろう。西側尾根の遺構も、尾根を切る簡単な堀切1本と、数段平場を作り出しただけの簡素なものである。

　字古宿の平坦面は、東西100m、南北200mほどの規模である。水田面からの比高は、10～15mほどである。この範囲に字竹ノ内・古宿・堀ノ内・根小屋が分布する。この平坦面を取り巻くように、本城西側の沢から流れ出る小川があり、天然の水堀の役目を果している。市道が東西に横切っているが、南

側が字堀ノ内で、北側に西より根小屋・竹ノ内・古宿となる。
　堀ノ内の南端には横堀があり、防御性を高めている。このことから、堀ノ内は居館と考えられる。近接して根古屋が設けられており、当地の軍事的緊張の薄らいだ戦国後期には、山上の曲輪よりも平地の居館部の重要性が増したと考えられる。
　　　　　　　　　　　　　　　　　　　　　　　　　　　（遠山成一）

＊参考　金砂郷村史編さん委員会1989

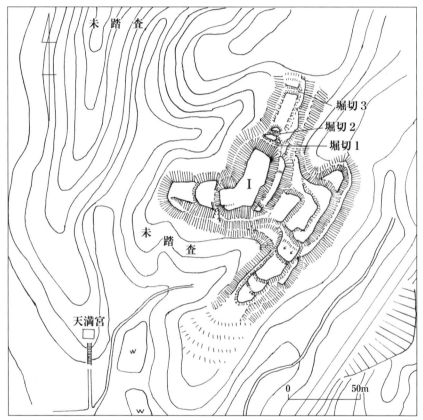

利員龍貝城縄張図（作図：遠山成一、2017年2月18日・26日調査、参考図：金砂郷村史編さん委員会1989、同書所収の齋藤愼一氏作成の縄張図）

15 花房城(はなぶさ)

所在:常陸太田市花房町

南北朝時代に起こった瓜連合戦において南朝方の那珂通辰が陣を張ったと伝えられている城である。城周辺の小字には「殿山」や「オチドリ」、「御陳場」といった城に係わる地名が存在す

東側から見た城址

る。また「飯野八幡宮文書」、「相馬文書」に建武3年(1336)8月22日「花芳(房)山・大方河原」合戦があったと書かれる。これらのことから、北朝方の佐竹氏の軍と南朝方の合戦が花房城付近であったことが窺える。

城は浅川と久慈川の間にある標高69mの山に築かれた単郭構造の城であり、曲輪Ⅰから西側、南側は見えない。曲輪Ⅰ北側の尾根を堀切Aで遮断し、その先の尾根に物見と考えられるピークⅡがある。この構造から北朝方佐竹氏の**金砂山城**、**武生城**がある北または北東方向を意識した城であることが窺える。さらに曲輪Ⅰの虎口が南側にあることから、南東方向の**瓜連城**を拠点とした南朝側が築城し、使用した可能性が高いことを示唆している。

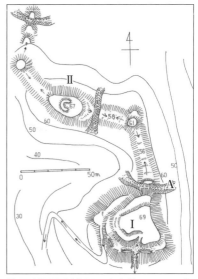

花房城縄張図(作図:青木義一、2006年2月、2010年12月調査)

(五十嵐雄大、青木義一)

＊参考 金砂郷村史編さん委員会1989

16 中染要害山城と天下野館

中染要害山城
所在：常陸太田市中染字釜ノ上

県道33号線の中染交差点にある北消防署の北600mにある山城である。城は、鍋足山や東金砂山から続いている山が山田川によって削り取られた断崖を利用して造られている。この城を中染地区では要害山、天下野地区では屛風山といい、地域によって呼び名が異なっている。天下野街道が最も狭くなる場所であり、城から北側の**武生城**や大子方面を見ることができる。

麓の中染阿弥陀堂にある鉄仏阿弥陀如来像が桐原氏によって弘長4年(1264)に造立されている。この仏像は城の南側の山にあった法然寺のものである。桐原氏は中染地域や天下野地域に所領を形成し、要害山付近も何らかの土地利用がなされていたのであろう。室町時代には、**曽目城**主の天神林氏の所領になったものと推定される。天神林氏は山入の乱(佐竹の乱)で、はじめ山入氏側だったが終盤で佐竹氏側になったため、乱後佐竹氏から所領を減らされた。この時、中染周辺の所領も佐竹氏によって召し上げられたと思われる。また文亀3年(1503)に滑川氏が「染村瀧一間」という所領を得ているが、「瀧」とは城周辺の地名で、滑川氏が在城した可能性がある。戦国期の秋田藩家蔵文書で頻繁に出てくる「染」というのは、おそらくこの地域一帯を指し、「染」衆の集結場所としてこの城があったのであろう。そのことを

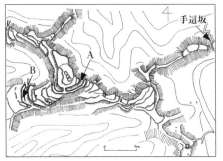

中染要害山城縄張図(作図：五十嵐雄大2010年1月、2015年2月調査、2016年10月9日作成、作図協力：高橋宏和)

示すように、染十八騎の伝承や田楽場の伝承が残っている。

　この城の特徴は水府地区には珍しく横堀を持っていることである。基本的に単郭で、堀Aは主郭側で5m、南側が2mの深さがある。この堀は北側で帯曲輪になる。主郭の西側には帯曲輪群があり、その先に横堀Bがあり防御に気を使っている。城の東には「手這坂」といわれる切通し道がある。この道路は近世以前の天下野（高倉）街道といわれ、古代からの官道と考えられている。この城はその街道を監視する関所機能も兼ねていたのであろう。

天下野館
所在地：常陸太田市天下野町字館・八幡山

　県道33号の西側沿いにある城である。東金砂神社入口の大鳥居から見て西側の台地と山地一帯が城郭である。この台地は館集落となっている。「天下野」は、江戸時代以降の呼び名であり、中世までは下高倉と呼んでいた。

　小野崎氏分家の滑川氏が室町時代中頃に居住したといわれている。滑川氏は山入の乱（佐竹の乱）で最初山入氏に属し、乱末期に佐竹氏に鞍替えした。その結果、滑川氏は国安・染に所領を貰い移ったと思われる。戦国時代には安藤氏・石井氏などの高倉衆の集結場所として利用された。この時までに、詰城の八幡山は廃城になったと思われる。最終的な廃城は佐竹氏の秋田移封時であろう。

　山城の字八幡山に堀切や竪堀、切岸が残っている。おそらく物見の砦であろう。平時は館集落にいたと思われる。城の東麓の旧北小学校付近には「堀ノ内」地名があり、城域はもっと広がると考えられている。また、山田川を挟んだ東側には山口館（常陸太田市）があり、二つの城は山田川沿いの交通の監視や東西金砂山神社への道の監視を行っていたのであろう。城内を西金砂山神社の参詣道が通り、中世由来の道で城と何らかの関わりがあるのであろう。

（五十嵐雄大）

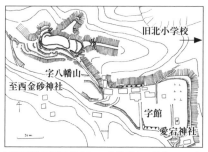

天下野館縄張図（作図：五十嵐雄大、調査2015年2月、2016年9月30日作成、作図協力：高橋宏和）

＊参考　水府村史編纂委員会1977、五十嵐雄大2011

17　山入城支城群

曽目城
所在：常陸太田市中染町
別名：林の下城

　常陸太田市消防本部北消防署の南側の標高159mの山にある。この山は500m四方の独立した山であり、周囲を車で一周できる。西を流れる山田川からの比高は約100mを測り、南側と東側は染川が天然の堀となる。西側、北側は急勾配であるが、東側は傾斜が緩い。

北東東染方面から見た城址、右のピークが曲輪Ⅲ、中央部が曲輪Ⅰ

　この地は、大子、太田、金砂郷、東染の4方向に道が分岐する交通の要衝である。築城時期ははっきりしないが、街道監視及び山田川対岸の**西染城**とともに**山入城**の北を守る支城として山入氏により築かれたものと思われる。

　山入氏滅亡後、この城には天神林義成、義益親子が入る。彼らは始め山入氏側であったが、義成の二男右京亮は佐竹義舜に与し、山入氏との合戦で功があったため、染林下百貫文を賜ったと伝えられる。

　天神林氏が入った城がここと思われるが、古い形式を残しており拡張整備された感じはない。文禄年間（1592-96）、中染673石は佐竹義宣の蔵入地となったため、天神林義隣は他地に知行を与えられたという。この頃、あるいはそれ以前に廃城になっていたのではないだろうか。平時の居館は熊野神社西側の山麓にあったといい中世遺物が出土する。

山の4つのピークに曲輪を置き、直径約300mの範囲が城域であり、遺構はほぼ完存である。曲輪Ⅰが最も広く主郭である。
　曲輪Ⅰから熊野神社に続く南側の斜面に4段の平坦地がある。曲輪Ⅰの西側の尾根続きのピークに曲輪Ⅱがある。曲輪Ⅱは曲輪Ⅰより約20m高く、さらに南北の尾根のピークに曲輪Ⅲ、Ⅳが約300mに渡り直線状に並ぶ。曲輪Ⅱ、Ⅲ、Ⅳは西下の山田川沿いの街道筋を監視するとともに曲輪Ⅰを守る役目を持つ。城域は広いが遺構は古い印象であり、遺構の規模も小さく、堀の埋没も進んでいる。
　　　　　　　　　　　　　　　　　　　　　　　　　　　　（青木義一）

＊参考　水府村史編さん委員会1977、常陸太田市史編さん委員会1984a

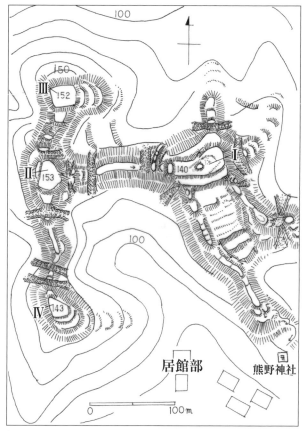

曽目城縄張図（作図：青木義一、2004年2月、2016年1月調査）

西染城
所在：常陸太田市西染町

　曽目城から山田川を挟んで対岸の西側の標高190m、山田川からの比高約130mの山にある。山の斜面の勾配は急である。林道建設で一部遺構が破壊されている。

　城の歴史は不明であるが、**山入城**の支城として山入氏により築かれたものと思われる。山入氏が滅亡し、佐竹氏の支配が安定した時期にはこの城の役目は終了し廃城になっていたと思われる。

　北側、標高173m地点に曲輪Ⅱがある。この曲輪は約50m四方の広さがあり、北端が若干高く、東西が1段低くなる。

手前が曲輪Ⅱ、山部が曲輪Ⅰ

　曲輪Ⅱの南側の山が主郭部であり、曲輪Ⅱより20mほど高い。山頂部には小さな曲輪Ⅰがあり、周囲に小さな曲輪が数段存在し、鞍部には堀切も見られる。

　物見や狼煙台程度の城であるが、小さいながらも遺構はしっかりしている。

　曲輪Ⅱには番小屋があったか、緊急時の住民の避難場所でもあったのかもしれない。　　　　（青木義一）

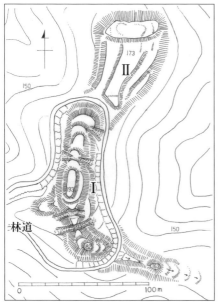

西染城縄張図（作成：青木義一、2004年12月調査）

町田城と町田御城
所在:常陸太田市和久町

　町田城は2城が存在する。1つは「御城」と通称される城(以下「御城」という)。もう1つはその北側、水府中学校の地にあった城であり、2つの城は約700m離れている。南側の御城が形式的に見ても古く、山入氏が整備した初期の城であろう。

　築城は山入師義の子の1人(人名不明)とされ、南北朝初期と推定される。

　山入氏は永正2年(1505)滅亡し、山入氏を滅ぼした佐竹義舜は、南酒出義藤を町田城に入れ、以後、義藤が町田氏を称したという。

　水府中学校敷地は標高が108m、山田川からの比高が50mほどあり、周囲が急傾斜であり、地形だけで城として成り立つ。東側、十国峠に通じる方面には堀が存在していたという。こちらの町田城跡には江戸時代安政3年(1856)に水戸藩の郷校「文武館」が建てられ、その後、中学校の敷地となっているため、遺構はほとんど失われているがかなり広く、居館を兼ねた城だったようである。廃城は町田義資の代に秋田に移った時という。

南西から見た町田御城

　一方、御城は全くの手つかずの状態で残る。

　御城は南北2つのピークに曲輪を置く一城別郭構造を持つ城である。北側の標高142mのピークを地元の人は「御城」と呼んでおり、こちらが主郭である。西下を流れる山田川からの比高は約90mである。南側のピークの標高は129m

であり、両ピーク間は標高121mの鞍部でつながる。山西側斜面は急勾配である。

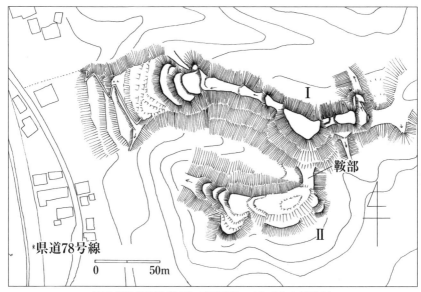

町田御城縄張図（作図：高橋宏和、2012年2月調査）

　曲輪Ⅰは東西約40m、南北最大約15mの平坦地であり、北側に土塁の残痕と思われる盛り上がりと腰曲輪が見られる。南側20m下の鞍部を介し南側が曲輪Ⅱである。ここの頂上部は直径約12mに過ぎず、周囲は自然地形であるが、東端の切岸の下には突き出し幅18mの曲輪があり、切岸の下には堀切が見られる。西側に曲輪が段々に3つ続き、ピーク側に堀跡が見られる。この曲輪Ⅱは整備を途中で中止したような感じである。

　城の規模はごく小さなものである。段郭と切岸だけの非常に古臭い印象であり、山入氏が戦国時代前期に整備し、山入氏滅亡後は北の町田城の出城（物見台、狼煙台）として使われていたと思われる。　　　　　　　　　　（青木義一）

＊参考　水府村史編さん委員会1977、常陸太田市史編さん委員会1984a、中山信名著・栗田寛補1974

松平城

所在:常陸太田市松平町

山入城の東、山田川の左岸、東から山田川方面に延びる長松寺がある岡末端部にあった。長松寺の西側、稲荷神社の南側が城址であり、標高は70m、山田川から比高は約30mである。

応永年間(1394-1428)山入与義の長男義郷が築城し、以後松平を名乗ったという。孫の久高は山入の乱で本家筋の山入方に与せず、佐竹宗家側に付いたため、山入勢の攻撃を受けて討死し、一族は高柿城(常陸太田市)に移り3代に渡り高柿氏を名乗ったが、佐竹義宣の代に松平城に復帰し、松平姓に復する。のち天正19年(1591)**府中城**に移った。廃城は文禄年間と推定される。

稲荷神社との間に堀が、岡の縁部、北側と西側に土塁が確認できる。主体部は民家と畑になり湮滅状態にあるが、堀の痕跡が長松寺と民家の間の畑に確認できる。

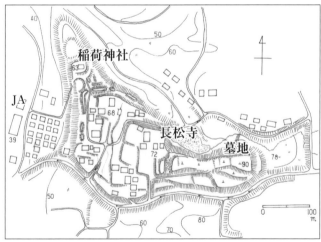

南側に一段低く、腰段曲輪が存在していたという。規模は東西約60m、南北約100m程度の方形をしており、要害性は乏しく居館というべき性格の城館である。

(青木義一)

松平城縄張図(作図:青木義一、2003年6月調査)

＊参考　水府村史編さん委員会1977、常陸太田市史編さん委員会1984a、川崎春二1960頃

棚谷城
所在：常陸太田市棚谷町

山入城のある要害山から谷を隔てた南側の標高120m、山田川からの比高約80ｍの山にある。山入城の出城の一つとして築城されたと言われ、利員方面からの街道が南下を通ることもあり、出城を置くには合理的な場所である。

応仁の乱後、京都より帰った山入義顕は文明元年（1469）この城に弟の義藤

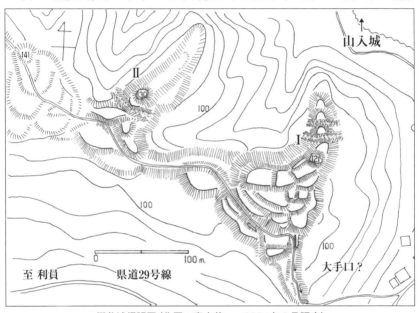

棚谷城縄張図（作図：青木義一、2004年2月調査）

を入れ、さらに引退後は義藤を山入城に入れ、自分はこの城に引退したという。また山入氏の滅亡でこの城も落城したという。堀切や枡形も確認できるが、全体的に城郭遺構は曖昧であり、城としての印象は希薄である。段郭主体の城であり、この構造は山入城、和田小屋城と類似する。

曲輪Ⅰを中心に曲輪を展開させる。曲輪は広いが、後世、畑に転用され、かなり改変を受けているようである。尾根が北西に続き、曲輪Ⅱ付近にも堀等が存在するが、その西側はどこまでが城域かはっきりしない。　　　　（青木義一）

和田小屋城
所在：常陸太田市和田町

　水府の谷南部、市立山田小学校の西約700mにある標高113m、山田川からの比高約80mの山にある。東の山裾を山田川が蛇行して流れ、天然の水堀となる。山の北側、東側斜面は急であり、要害性に優れる。

　築城時期は不明であるが、この地区の拠点城郭山入城の南約1.8kmに位置しており、山入城の南を守る支城と考えられる。

　山入の乱初期、永享7年(1435)、**長倉城**に呼応して立った和田城を小野崎氏が攻めた感状が足利持氏から出されている(「阿保文書」)。これが唯一の確認される記録であるが、その和田城がこの和田小屋城を指しているのか不明である。本城に籠ったのが山入一族であったのかもはっきりしない。

東側山田川の堤防から見た和田小屋城

南側に延びる尾根の東麓から登る道が大手道と思われ、竪堀Cと門跡のような場所がある。段々状に積重なった曲輪が山頂から南側に曲輪Ⅲ等、東側に曲輪Ⅱが逆三角形状に展開し、切岸も高さが数mあり、勾配も急である。各曲輪は幅が30～40mあり、内部は平坦である。山頂部の曲輪Ⅰは土塁状で風避にもなる。このため、南側の曲輪Ⅲは居住性が高い。一方、西側は山地に続くため、曲輪Ⅰ西に堀切Aを置き、さらに曲輪Ⅳを配置し、西端に深さ約5mの二重堀切Bを置く。　　　　　　　　　　　（青木義一）

　＊参考　山入城調査団編1989

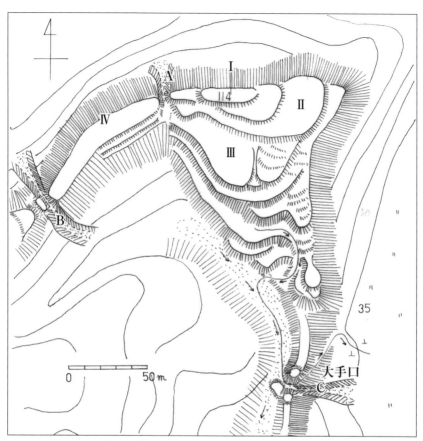

和田小屋城縄張図(作図:青木義一、2005年1月、2015年1月調査)

佐竹氏の国替え

　関ヶ原合戦時、佐竹氏はその去就を明らかにせず、積極的な軍事行動も起こしていなかった。佐竹氏の公式記録「佐竹家譜」には、徳川家康より仙道口への出陣を要請され、「内府の左右を待て兵を赤館に出さんと議」し、小山評定直後の慶長5年（1600）7月25日「義宣赤館より帰陣」とだけある。一方、その行動の釈明については長々と推測の形で述べられている。

　戦後、佐竹氏は家康に対してひたすら恭順の姿勢を示した。慶長6年、義宣の父義重が伏見まで出向き家康と面会しており、処分を免れようと必死だったことが伺える。西軍に与した諸大名の仕置きは同年8月頃にほぼ終了し、何の沙汰もなかった義宣はこの頃一安心していたであろう。

　慶長7年（1602）5月8日、伏見の佐竹屋敷に滞在中だった義宣に突如沙汰が申し渡された。旧領を没収し出羽のうちに替地を与えるというものであった。この突然の処分の原因は関ヶ原合戦時の上杉氏との密約が発覚したからとも言われる。義宣はそれを受諾し、国替えに向け国元へ細かく指示を出している。諸牢人は解雇、50石100石取りの給人も連れていかない。**水戸城**を明け渡し、連れていく者はひとまず南郷（福島県東白川郡一帯）へ退去。その他、武具類、兵糧の処分、年貢の取り立て等である。

　6月になると徳川氏家臣が続々と常陸国に乗り込み水戸城及び支城群を接収していった。佐竹家臣団の完全退去を確認し終わった7月27日、家康は義宣に対し秋田、仙北の知行を命ずる判物を発給した。この時点で、ようやく転封先が明確になったのである。義宣は即日秋田下向を命じられ、翌々日の29日に伏見を出発した。このような段取りは国替えに際し、不要な衝突を避けるためのもので、前年の上杉氏処罰においても同様の手続きが執行された。義宣一行の経路は諸説あるが、常陸には寄らず直接秋田へと向かったらしい。南郷に退去させられていた佐竹家臣団もようやく転封先を知らされ移動を開始した。

　俗説として、義宣が国中の美女を根こそぎ秋田に連れて行ったため秋田は美人の産地となった、というものがあるが、実際は下級家臣さえ置き去りにせざるを得ないほど切羽詰まったものであった。これは突然の処分であったことは勿論、移封先、石高も不明だったことが原因となっている。旧領54万石に対し、新領は約20万石であった。

（岡田武志）

＊参考　水戸市史編さん委員会1991、原武男校訂1989、見川舜水1990

茨城の城郭を知るための15のコラム

18　常陸太田城周辺の小城館
　　ひたちおおた

　山城を除く常陸北部の城郭の特徴の一つが、台地縁部の地形を利用して築城されることである。佐竹氏本拠の**常陸太田城**を始め、**部垂城、宇留野城、前小屋城、小場城、山方城、額田城、南酒出城、那珂西城、石塚城、石神城、戸村城、門部館、瓜連城**等がこれに該当し、江戸氏系の**水戸城、見川城、吉田城**等の城郭もこれに該当する。

　これらの城郭が立地する台地は、新生代始め海岸線近くの土砂が堆積し平坦になっていた浅い海底が隆起し、さらに山から流れ出る河川の浸食により複雑に谷津が発達している。久慈川、里川及び茂宮川が流れる平野部からの比高は20〜40mほどあり、台地上は比較的平坦である。

　そして多くの城郭が、台地の縁部に築かれる。台地縁部斜面は天然の切岸であり、堀、土塁と同等以上の防御能力を有する。また、台地下は天然の水堀と見なせる湿地や河川がある場所も多い。この台地縁部を利用すれば、台地に続く部分のみに堀、土塁を構築すれば済むため、安価な築城費用で、かつ防御機能も満足でき、さらに広い曲輪の確保も可能というコストパフォーマンスの高い築城が可能となる。

　大型城館の多くがこの地形を利用しているが、この地形を利用した小城館も多数存在する。

　今、国道293号線を日立港から常陸太田方向に向かうと、国道北側の台地上には赤津館、**大橋城**、丹奈館、岡部館、大森薄井館、小目館、高井館、西岡田館、幡館が並び、さらに里川沿いに北上すると、**小野崎城、今宮館、八百岐館**、根本館、茅根城、春友館等、同様の多数の小城館が並ぶ。さらに山上には白羽要害、赤須館、地徳館等、小規模な詰めの城も確認できる。

　これらの館の主は佐竹氏直属の旗本クラスと言われる。館の規模も比較的小さく、宅地や耕作に適した場所に立地するものも多い。このため、残念ながら農地や宅地に転用され湮滅してしまった館も多いが、遺構を残すものや、かつ

ての姿を再現できるものもある。そのいくつかを紹介する。　　（青木義一）

＊参考　川崎春二1960頃、常陸太田市史編さん委員会1984a

西河内館
所在：常陸太田市西河内上町

常陸太田市町屋地区の北西3kmに西河内市民ふれあいセンターがある。その北側、鉄塔の建つ標高227m、比高約70mの山が城址である。

館南下で道は西と南西に分岐し、西に行くと東金砂神社や水府の東染方面に、南西に行くと十国峠に、そこから西に行くと**町田城**の背後に、南に行くと**北大門城**、常陸太田方面に通じる。

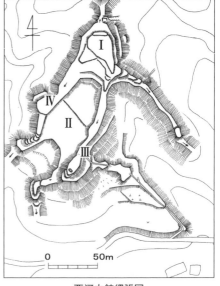

館の歴史は不明である。遺構は、山のピーク部の平坦地Ⅰと南西方向に展開する2本の土塁状の尾根Ⅲ、Ⅳに囲まれた各約40m四方の2段の平坦地Ⅱだけの簡素な造りである。この形態は**曽目城**、相川要害（大子町）と同じであり、ほとんどは自然地形である。

北の山地に続く鞍部には堀切は存在しない。

簡素な遺構であり、一時的な臨時の城、あるいは軍勢の宿営地ではなかったかと思われる。ここに軍勢を置けば、3方面に軍勢の展開が可能であり、機動面で大きなメリットを持つ要衝の地である。

西河内館縄張図
（作図：高橋宏和、2015年3月調査）

城の機能した時期としては、この地方に戦乱があった頃、山入の乱のころではなかったかと思われる。佐竹氏の支配が安定した頃には使われなかったであろう。　　（青木義一、高橋宏和）

地徳館
じ とく

所在：常陸太田市町屋町

　常陸太田市町屋地区の東側の標高138m、比高90mの山にある。城址は棚倉街道を見渡す場所に位置し、北方面の監視に使用されたと思われる。佐竹氏本拠の北の境目に築かれた城である。

　南北朝時代に福地氏が築いたといわれているが、現在の姿は室町時代以降のものと思われる。根本氏が城主として、狼煙を上げたとも、延徳年間の奥州勢の佐竹領侵入に備え佐竹氏が築かせたともいわれている。

　廃城時期は、山入の乱終結の頃であろうか。あるいは町屋金山の防護施設として継続使用されていた可能性もある。

　単純形状の連郭式の小型城郭であり、主郭部は曲輪Ⅰ、Ⅱが段差

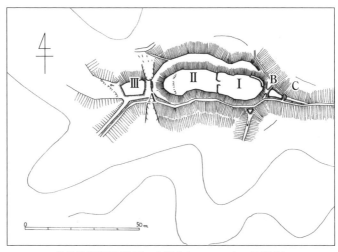

地徳館縄張図（作図：高橋宏和、2014年1月調査）

を持って並び、西側を堀Aで遮断し、その西に曲輪Ⅲを配置する。東に続く尾根筋は堀B、Cで遮断する。麓に「堀ノ内」という地名が残り、かつて方形であった区画があったという。そこが平時の居館であったと思われる。また、周辺には太郎坂や鎌倉坂という地名があって、鎌倉時代からと推定される古道が残っている。

（青木義一、五十嵐雄大）

春友館
所在：常陸太田市春友町

　常陸太田市役所から国道349号線を約5.5km北上した里川の左岸の比高約10mの河岸段丘上にあった。

　川崎春二氏は佐竹氏の近習衆の武藤氏が館主と記している。現在も館跡付近には武藤姓が多く、館主の子孫と伝承されている。

　約120m四方の広さを持つ単郭の方形館であり、台地平坦部に続く東側と南側には堀と土塁が存在し、入口は北側を除く三方向にあったという。

　現在、館址は畑、宅地となり、堀、土塁等の遺構は確認できないが、空中写真に写る畑の形状等からかつての姿を窺うことができる。縄張図は川崎図と現地地形より復元した。

（青木義一）

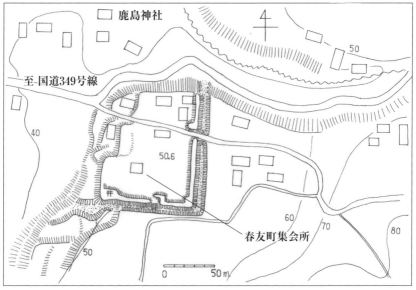

春友館復元縄張図（作図：青木義一、2000年11月）

赤須館

所在：常陸太田市茅根町

常陸太田市役所から国道349号線を約5km北上した里川の左岸の比高約50mの多賀山地から延びる尾根の末端部に位置する。南約1kmに**茅根城**があり、谷津を挟んで北側の台地には**春友館**がある。

「水府志料」によると小野崎通成の子通頼が居館し、赤須氏を称し、その子孫が永正から大永年間（1504-28）ころ外郭に二重の堀と土塁を構築して城館にしたと伝える。現在でもこの付近には赤須姓は多くその子孫と思われる。

館のある山は西側に里川が流れ天然の水堀をなし、東側は谷津となっており、館は南側に頂点を持つ、鋭い二等辺三角形をしている。

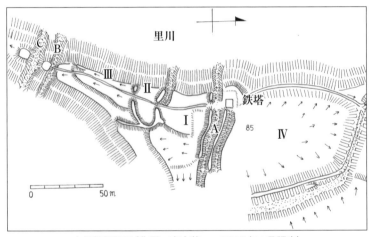

赤須館縄張図（作図：青木義一、2005年1月調査）

南側が大手であり、堀切B、Cがあり、南から南北約60m、東西約20mの曲輪Ⅲ、南北約20m、東西約30mの曲輪Ⅱ、約40m四方の曲輪Ⅰが並び、土塁で仕切られる。さらに二重堀Aを介して北側に南北約80m、東西約60mの外郭である曲輪Ⅳがあるが、内部は平坦ではない。館跡はかつて畑であったといい、東側は耕作により遺構が不明瞭になっている。居館は南下の民家の地ではないだろうか。

（青木義一）

茅根城
所在:常陸太田市茅根町

多賀山地から里川方面に延びる尾根状台地の先端部に築かれた城である。南側を日立市の多賀地区に通じる県道37号が通り、その南側は間沢が流れる浸食谷となっている。城址西側には里美方面に通じる国道349号が通り、里川が北側から蛇行して流れる。

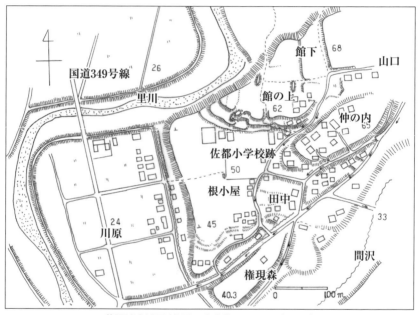

茅根城広域図（作図:青木義一、2004年2月）

「常陸家譜」には小野崎通長の三男通景が築城し、茅根氏を名乗り、16代通忠の時に佐竹氏に従い秋田に移り廃城となったと記される。

また、小貫氏の知行地を山入の乱の時、小野崎一族が奪ったという説もある。

佐都小学校跡地の北の台地、字「館の上」が主郭部であり、里川からの比高が30〜35mである。小学校跡から主郭部までは比高が約12mである。

主郭部はほとんどが畑であり、遺構はかなり失われているが、土塁や虎口の一部が残存し、帯曲輪が畑として残る。主郭部は東西2つの曲輪からなり、西

側の曲輪Ⅰが南北100m、東西50m、東側の曲輪Ⅱは南北150m、東西100m程度の広さがある。

南下の小学校跡を含めた平坦地は東西150m、南北250m程度の広さがあり、字名は「根小屋」である。

字どおり、ここに家臣団の屋敷や職人の家等があり、小さな城下町が形成されていたものと思われる。

この「根小屋」も里川の低地より比高が約15mあり、ある程度の防御性を有する。したがって根小屋も含めた総構を持っていたといえるが、戦闘用というより、居住目的の城郭である。

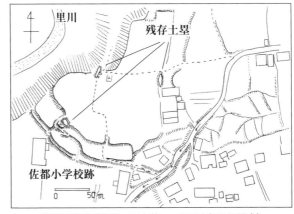

茅根城現状（作図：青木義一、2004年2月調査）

一方、城の東側は多賀山地につながる台地が続き、防衛上の弱点である。このため、佐都小学校跡の東側「仲の内」の高台も城域であり、曲輪が存在していたものと思われる。

「館の上」と「仲の内」の間に洪沢が流れ、沢の水が主郭内に引かれていたといわれる。

（青木義一）

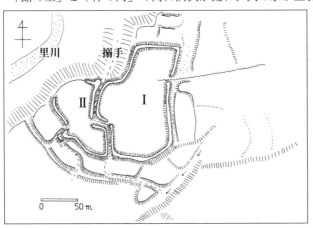

茅根城復元推定縄張図（作図：青木義一、参考：川崎図）

白羽要害
所在：常陸太田市白羽町

常陸太田市の市街地の北東、里川の左岸に「天志良波神社」がある。この付近に「白羽館」があったというが場所や遺構は分からない。白羽要害はその詰めの城と推定される。要害は神社から比高約150m、直線距離で東約500mに位置する標高229mの山にある。

城主は不明であるが、永正14年(1517)の「薩都宮奉加帳」に「白羽七郎太郎」という者の名が見え、関係者の可能性がある。型式的に古く、佐竹氏の支配が安定した戦国末期には使われておらず、山入の乱でこの地方が不安定な頃、緊急時の避難場所あるいは物見、狼煙台として築かれたものではないかと思われる。

山頂部の曲輪Ⅰは比較的平坦に加工されている。曲輪Ⅰ西側斜面は急であり遺構は確認できないが、東側の多賀山地からの尾根続き方面に曲輪Ⅱ、半円形に土塁で囲んだ曲輪Ⅲや堀切A、土橋、犬走りが存在する。

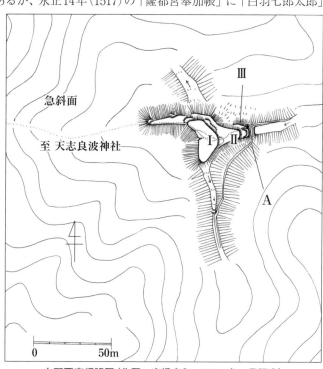

白羽要害縄張図（作図：高橋宏和、2015年1月調査）

（青木義一、高橋宏和）

幡館

所在：常陸太田市幡町

　常陸太田市役所の東約1km里川左岸の幡台地南端にある長幡部神社の南側が館跡である。

　佐竹氏家臣幡氏の館というが詳細は不明である。

　南北約70m、東西約50mの広さがあり、東側に低い土塁と北側に堀跡が残り、北側以外に帯曲輪が確認できるが遺構は不明瞭である。

　長幡部神社は廃館後、今の場所に移って来たというが、現在の神社の地が館の範囲内であったかは不明である。

　なお、神社との間にある天神社の建つ土壇は古墳であり、石室の岩が露出する。

　館跡から生活遺物の出土はなく、地元では「蔵屋敷」とも呼んでいる。このことから居館は台地の東の中腹か麓にあり、ここは倉庫等が置かれた場所だったのではないかと思われる。

　　（青木義一）

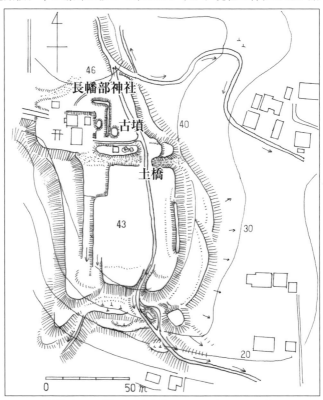

幡館縄張図（作図：青木義一、2003年11月調査）

高井館
たかい

所在：常陸太田市岡田町
別名：後の岡田館

　常陸太田駅から国道293号線を国道6号方面に約3km進むと、正面に比高約35mの岡が見える。これが高井館である。なお、ここは城館の密集地であり、東に小目館や西に西岡田館（常陸太田市）が近接し、館名に混乱が見られる。
　川崎春二氏によると天文年間の築館とされ、館主は於曽能氏、中村氏あるいは佐竹義憲の子小野右衛門義森などが想定され、岡田氏を称したなど諸説があるという。今も於曽能氏が館跡に住む。
　熊野神社の南側と西側に遺構があり、便宜上、東館、西館と呼ぶ。東西2つの部分に分かれているが、もともとは熊野神社の地も含め、一体のものであったかもしれない。
　東館は東西約50m、南北約100mの広さを持つ。北側、西側、東側を郭内から2mほどの高さの土塁が覆い、その外側に堀Aを持つ民家があり、ここが主郭部と思われる。その民家周囲にも土塁や堀の跡と思われるものがあり、複数の曲輪が存在していたと推定さ

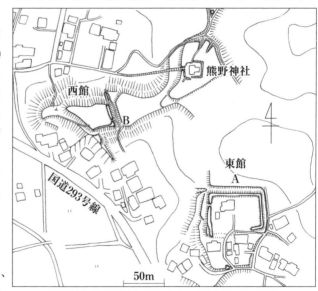

高井館縄張図（作図：高橋宏和、2007年4月調査）

れ、小規模な城砦都市が形成されていたと思われる。一方、西館は尾根状台地を堀切Bで遮断し、東と南に土塁を持つ約25m四方の広さを持つ主郭と西下に曲輪を持つ物見程度の小規模なものである。

（青木義一）

小目館

所在：常陸太田市小目町
別名：東岡田館

　常陸太田市役所の南東約2.5kmにある鷹房神社の西側にある。比高約30mの多賀山地から延びる台地南端に位置し、東西約120m、南北約100mの広さを持つ大型の館である。

　川崎春二氏は、「鎌倉中期に佐竹五代義重の子義澄が築館し、岡田氏を称したと伝えられる」と記している。

　主郭Ⅰは約70m×約60mの広さがあり、東側、北側に幅約8mの堀跡A、Bが確認できるが、かつて畑として使われていたため、埋められ浅くなっている。

　北東側に高さ約2mほどの土塁aが残り、西側と南側の斜面部に腰曲輪が展開する。

(青木義一)

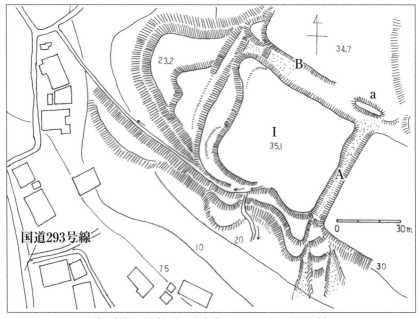

小目館縄張図（作図：青木義一、2004年12月調査）

大森薄井館
所在：常陸太田市大森町

　常陸太田市東部、多賀山地南端の谷津が発達した比高20mの尾根状台地上に築かれる。ゴルフ練習場の北東側に位置し、谷津を隔てた東側には岡部館が存在する。

　「水府志料」によると佐竹氏の旗本、薄井（臼井）玄蕃の館と伝えられ、佐竹氏の秋田移封時まで存続していたと言われる。

　主郭である曲輪Ⅰは東西約80m、南北35～40mの広さがあり、東西と北に堀がある。東の堀Aは民家が建てられ改変されている。西の堀Bは尾根状台地を遮断する。曲輪Ⅰの北側を土塁が覆い、その北下に横堀Cがある。堀Bの南西側の曲輪Ⅱは不整地であり、さらに南西側には堀切Dが存在する。また、南の谷津部に下る堀底道「玄蕃坂」が残る。ここが大手道であったと思われる。

（青木義一）

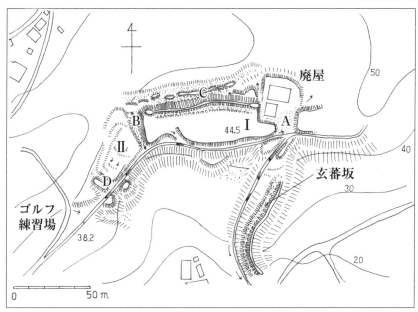

大森薄井館縄張図（作図：青木義一、2005年2月調査）

岡部館

所在：常陸太田市大森町

常磐自動車道日立南太田ICから下り方向約1.5kmにあり、自動車道建設で遺構の西半分が潭滅しているが、東側が残存し、主郭東側の二重土塁、二重堀や土橋、腰曲輪が確認できる。

川崎春二氏は館主を佐竹一族の岡部氏としているが、谷津を挟んで西側にある大森薄井館の薄井玄蕃頭の兄弟「ホイ様」が住んだという伝承もある。

常磐自動車道工事前の常陸太田市が実施した測量では、東西46m、南北70m、不整形な長方形をしていたという。

発掘調査報告書は、大手に枡形が存在しないことから古い様式を持ち、築館は古いと推定されるが、東に二重土塁を持つことから戦国期に改修を受けていると推定している。復元縄張図は発掘調査報告書掲載図より作成した。

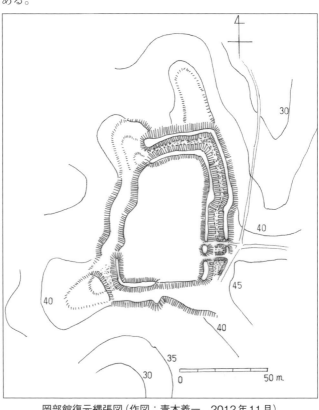

岡部館復元縄張図（作図：青木義一、2012年11月）

（青木義一）

＊参考　常陸太田市教育委員会1981

19 瑞龍城砦群

小野崎城　所在：常陸太田市瑞龍町字小野崎
今宮館　　所在：常陸太田市瑞龍町字今宮
八百岐館　所在：常陸太田市瑞龍町字北屋敷前
小野館　　所在：常陸太田市瑞龍町字小野殿

佐竹氏の居城**常陸太田城**（舞鶴城）から北東に約1.5km、東を流れる里川の低地に周囲を囲まれた、低地との比高約20mの南北に長い瑞龍台地にこれらは築かれている。

平安末期、藤原秀郷の子孫とされる通延が常陸大宮市野口に居住、後に太田郷地頭となって常陸太田市太田台地（＝鯨ヶ丘）に移住し太田大夫を称したとされる。その後、太田台地には源氏の一族（後の佐竹氏）が住んだため佐都郡に移住、通延の孫の通盛が、瑞龍台地先端部に館を築いて小野崎氏を名乗った。それから約200年が経った南北朝後期の応安年間（または建徳年間）、衰えた力を回復させていた佐竹氏の勢力拡大に伴う家臣等の配置換えにより、一族の者を残して日立市友部の地に小野崎宗家は移住、山尾小野崎氏として後々まで続いていくことになる。

瑞龍城砦群周辺図
（作図：高橋宏和、国土地理院の電子地形図（タイル）に加筆）

小野崎城 現在は瑞竜中学校敷地で、中学校建設により遺構は湮滅しているが、昭和39年（1964）の発掘調査で土坑群、幅約1.2m、深さ約70cmのV字溝等を検出した他、東西南北とそれぞれ書かれた墨書土器も出土している。明治20年代の地籍図を見ると、現在の校庭辺りに一辺約50m四方の方形の畑が描かれ、これが城跡だったと思われる。縁辺斜面には、やはり畑だった急勾配の斜面を伴う段地形が見られるが、これらが城郭遺構かは不明である。

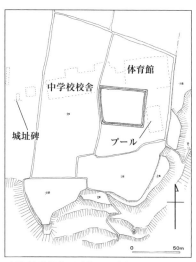

小野崎城想像図（作図：高橋宏和、2017年1月20日作成以下同）

今宮館 小野崎城より谷津を挟んで西側対岸にあり、白鷺神社境内及び白鷺古墳群でもあるこの館跡は戦国末期、佐竹義舜の長男で、今宮大納言坊と称した永義の館とも言われるが、台地を分断する堀切が無く、神社北側に高さ最大1mの土塁、西側に幅約1mの溝など小規模で、かつて発掘された小野崎城遺構との類似点も感じさせ、南北朝期の小野崎氏の屋敷伝承に説得力を持たせている。小野崎・今宮両城は、小野崎氏が友部に移住した14世紀には廃城になったと思われる。

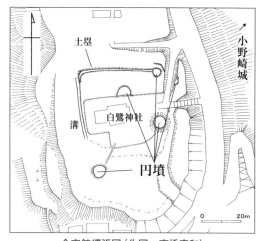

今宮館縄張図（作図：高橋宏和）

八百岐館 瑞竜中学校から北西に約600mの地点にある。主郭は南北約60m、東西約50mの方形の郭Ⅰ、北側に道に改変された高さ約1mの土塁跡、周囲に曲輪等が残る。東約100mの所に、天然の水堀として機能していたと思われ

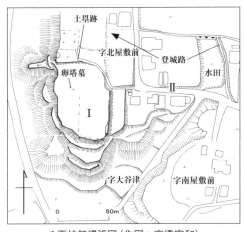

八百岐館縄張図（作図：高橋宏和）

る水田がある。宗家移住後も、この地に残った小野崎一族通綱の屋敷とされる。室町末期の延徳年間、伊達氏や白河氏等による奥州連合が常陸侵攻を開始、これを迎え撃った佐竹義治が窮地に陥った際、通綱が身代わりとなって時間を稼ぎ、体勢を立て直した義治等が連合軍を返り討ちにしたという逸話がある。恩賞として通綱の8歳の息子に川合と石神の地を与え、石神に移住、この人物が東海村**石神城**初代城主通老で、石神小野崎氏として存続する。そのため八百岐館は廃城、跡地には近世に廃されるまで、密蔵院という寺があった。

小野館推定地図（作図：高橋宏和）

小野館（または小野城） 特別養護学校より北西に約350mの、字小野殿と呼ばれる果樹園を含む南北に長い方形の土地区画が城跡と推定される。方形の区画以外に遺構は無いが、町内に住むご老人によれば「城は土地の南側にあり、畑の肥料に糞を撒くな」との話が昔から残っているという。この城は、室町初期に佐竹義人の五男義森が居住して小野氏（または小野岡氏）を名乗り、天文年間に長男義高が小野（常陸大宮市）に移り高野倉城を築城、この館は廃城となったらしい。

（高橋宏和）

＊参考　常陸太田市秘書課広報係1985、ふる里の祖歴を学ぶ会1998、常陸太田市史編さん委員会1984

20 大橋城
おおはし

所在：常陸太田市大森町・日立市大和田町字天神山

　大橋城は岩城相馬街道の大橋宿沿いの山塊にある城郭である。岩城相馬街道は、古代からの街道と考えられている。また大橋宿でこの街道と交差する道は「塩街道」と呼ばれ、**常陸太田城**や常陸大宮市、栃木県那須烏山市まで繋がっている。

　大橋城には、**茅根城**の茅根氏の分家にあたる茅根弾正が住んでいたといわれている。現在も茅根姓が館跡周辺に多い。永正14年（1517）の「薩都宮奉加帳」には、三名の茅根氏が確認されている。おそらくこの三名の誰かが大橋城主であったのではなかろうか。その後、戦国時代末期に**久米城**主佐竹義憲が岩城氏の後見のために、大橋城より東の**久慈城**に入ると大橋城域も佐竹北家の所領として再編された。その際、猿田氏が佐竹義憲によって、文禄4年（1595）に大橋郷へ移されたことが明らかになっている。廃城になったのは、佐竹氏の秋田移封時であったと思われる。

　三つの郭が並び、横堀や竪堀で区画されている。郭Ⅰは東西120m、南北50mの台形で、南西に大橋古墳がある。この古墳は見張台として使われたであろう。郭Ⅰと郭Ⅲの間に横堀Aがあり、郭Ⅰを囲んでいる。高さ最大4m幅8mある。郭Ⅱの北西に堀切Bがある。このBはそのまま横堀になり、郭Ⅲの北東側で竪堀になる。この横堀は郭内を移動する道（堀底道）としても使用されていた可能性が高いと思われる。郭Ⅲは調査時には竹藪が密集しており非常に歩きづらかった。東側に開口部Cがあり、大手口と思われる。おそらく郭Ⅲから北側の土塁を通って郭Ⅱに行き、そこから郭Ⅰに入ったものと思われる。

　城の東2kmに石名坂という難所があり、それを監視する関所城と考えられる。同様の関所管理の城として**中染要害山城**、宿を包括しているという点では、**河内城**との共通点を見いだせる城郭である。大橋宿には現在でもクランク状の道や水路が残り、茂宮川を挟んだ南側には一里塚跡がある。大橋宿は中世由来の景観を残していると考えられる。

（五十嵐雄大）

＊参考　常陸太田市史編纂委員会1984 b

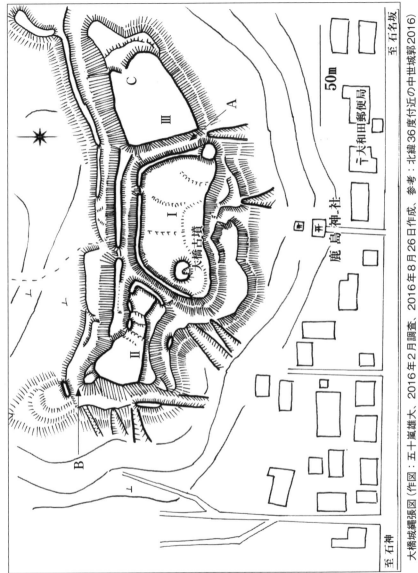

大橋城縄張図（作図：五十嵐雄大、2016年2月調査、2016年8月26日作成、参考：北緯36度付近の中世城郭2016）

21 上野宮館

所在：久慈郡大子町上野宮

　荒蒔城、町付城のある大子町町付地区から八溝川沿いに県道28号線を約4km北西方向の八溝山に向かうと宮本地区に至る。ここに近津神社があり、その北西側の標高340m、比高約140mの八溝山から南東に延びる尾根先端が館跡である。

　始めは白河結城氏に属する館であった。おそらく八溝金山を管理する城ではないだろうか。居館が近津神社付近にあり、本館は緊急時の城であろう。荒蒔城、町付城の支城となっていたと思われる。『新編常陸国誌』によると、上野宮館は佐竹氏配下の、金藤氏の城であったという。

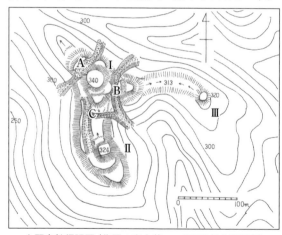

上野宮館縄張図（作図：青木義一、2008年2月調査）

　金藤氏は荒蒔氏の下で、または佐竹氏の代官として八溝金山を管理していたのであろう。

　尾根先端のピーク部Ⅰが館の主郭部であり、そこから派生する2方向の尾根と八溝山方面に通じる西側の尾根続きに堀切A、B、Cを設ける構造である。南に延びる尾根先端のピークⅡは物見台であろう。尾根西側は横堀状になっている。東のピークⅢも城域と推定されるが遺構は確認できない。八溝山方面に続く北西の尾根筋には堀切A1本が存在するだけであり、この方面は緊急時の脱出路であろうか。

（青木義一）

＊参考　中山信名著・栗田寛補1974

22 矢田城

所在：久慈郡大子町矢田

　大子広域公園の一角にある矢田城は、公園東側の久慈川の平地を臨む標高212m、比高約70mの山にある物見の砦、狼煙台程度の小規模な城である。遊歩道が城址まで延びるが、公園化により遺構の一部は改変を受けている。

　城の歴史は分からないが、東約800m、久慈川を挟んだ東の対岸、国道118号線沿いに久慈川の水運管理の城と考えられる池田古館が存在する。この立地から、池田古館と連携して久慈川の水運及びそれと並行する南郷街道を抑える城であったのではないかと推定する。

　南西側に位置する曲輪Ⅱは30m×10mほどの大きさであり、南側と西側に腰曲輪を持つ。本郭である曲輪Ⅰの背後を守る曲輪であろう。曲輪Ⅰの北側に幅約10mの堀切Aがあり、その北に曲輪Ⅰの切岸が聳え立つ。曲輪Ⅰは堀切Aから約15mの高さがあり、切岸は急勾配である。曲輪Ⅰは35m×17mほどの広さがあり、南側に低い土塁がある。北東側、北側に2本の尾根が分岐し、曲輪と推定される平坦地が確認できるが、一部は遊歩道建設で形成された可能性もある。北東側に延びる尾根筋が大手道と思われる。

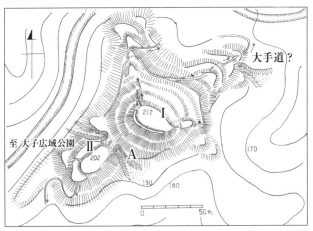

矢田城縄張図（作図：青木義一、2005年3月、2016年11月調査）

（青木義一）

23 池田古館

所在：久慈郡大子町池田

　大子町中心部北部、国道118号線が久慈川を渡る川山橋の南側、久慈川と国道118号線の間にある果樹園が館跡である。

　「水府志料」は館主として、佐竹氏家臣、滑川六郎重範の名を挙げているが、斎藤藤兵衛もこの地を領していたと書いており懐疑的な記述である。さらに永正14年（1517）に関彦三郎に池田の桜岡屋敷が充行われ、文禄5年（1596）に野内大膳亮が池田で50石を充行われたと書かれた史料も存在する。このように池田については多くの佐竹家臣の名が史料に登場しており、館主は特定できない。

　館は西側が久慈川に面する川面からの比高約20mの段丘上に位置し、東西約70m、南北約50mの規模を持つ。北側に幅約12m堀跡が残る。かつてはこの規模の堀が東側と南側も覆っていたが、東側はほぼ湮滅し、南側は埋められ幅が狭くなっている。現在の姿は単郭であるが、複数の曲輪を持っていたかは分からない。久慈川の水運については不明な点が多い

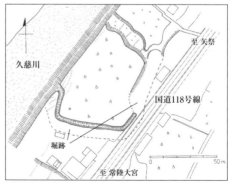

池田古館縄張図
（作図：青木義一、2005年2月調査）

が、下流の**頃藤古館**、**高渡館**等と同様、久慈川に面して立地する共通点から久慈川の水運に関わる館であったと推定される。また、久慈川と並行する南郷街道の交通を抑える関所の役割も果たしていたと思われる。南にある鏡城（大子町）が詰めの城というが、ここは平場を持つだけの古い形式の城であり疑問が残る。むしろ久慈川の対岸約800mに位置する**矢田城**との関係が想定できよう。

（青木義一）

＊参考　大子町史編さん委員会1988

24 戸中要害(とじゅう)

所在：久慈郡大子町芦野倉

　この城に名前はないが、地元では「リュウガイ」と呼んでいるというので、城としては認識されている。もちろん「リュウガイ」は「要害」が訛ったものである。ここでは地名を採り「戸中要害」と呼ぶことにする。

　大子町中心部西方、依上地区から北西の八溝山方向、戸中地区に入る谷の東側の標高302ｍのピークが城址である。戸中地区からの比高は約120ｍである。

　城の来歴は不明であるが『新編常陸国誌』に戸中に「木澤氏館」があったと記され、その詰めの城であった可能性がある。

　単郭の城であり主郭は長さ60ｍ、幅13ｍの大きさに過ぎず、北から東にかけて幅約4ｍの帯曲輪がある。特筆すべきは南北にある巨大な堀切Ａ、Ｂである。深さが7、8ｍ、天幅は約20ｍあり、切岸も急勾配である。

　単郭の尾根式城郭という単純構造であり、形式も古そうであるが、遺構は非常にメリハリが効いており、風化もそれほど進んでいない。要害のある山は周囲からは見えず緊急時の住民の隠れ城、いわゆる「村の城」だった可能性もある。

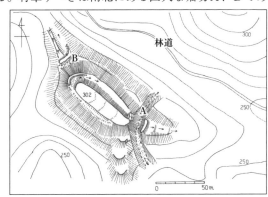

戸中要害縄張図（作図：青木義一、2016年2月調査）

　古風な構造であり、この地を巡り佐竹氏と白河結城氏が争っていた戦国中期頃の城と思われる。佐竹氏にこの地が制圧された戦国末期には使われていなかったと推定する。

（青木義一）

　＊参考　中山信名著・栗田寛補1974

25 鎌倉館
かまくら

所在：久慈郡大子町上金沢

　大子町中心部から西に約7km、国道461号線から黒羽方面に向かう県道13号線が高内三叉路で分岐する。ここから南方向に押川に面して断崖絶壁が見える。ここが鎌倉館である。この山は独立した立地であり、東西約150m、南北約100mの大きさである。最高箇所は標高210m、押川からの比高は約40mを測る。館主等は不明である。

　山の南側に三方を山に囲まれた平坦地Ⅲがあり、ここが居館跡である可能性を持つ。さらに西側にも約60m×約40mの広さの平坦地Ⅳがあり、西側を横堀Aで区画する。この場所も居館跡の

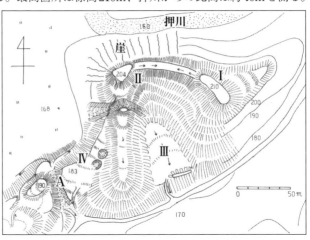

鎌倉館縄張図（作図：青木義一、2008年2月調査）

可能性がある。平坦地Ⅳから東の山に登って行くと断崖上の平坦地Ⅱに至る。ここから幅約5mの細尾根が東に続き、東側に平坦地Ⅰがある。山上部からの眺望は良く、物見、狼煙台であったと思われる。この地区の中心城郭は、規模から推定し**八幡館**と考えられる。しかし、八幡館は少し奥まった場所にあり視界が限定される。このため、約600m西に位置する本館が出城であったと思われる。山頂部Ⅱから馬頭・黒羽方面からの侵入を監視し、狼煙等で八幡館、**女倉館、依上城**方面に情報を伝達するための役割があったと思われる。

（青木義一）

26 八幡館(はちまん)

所在：久慈郡大子町上金沢

押川と相川に挟まれた山地の北側の尾根の1つにある。宿地区の南約300mの山が城址であり、最高地点の標高は165m、比高は約60mである。

「水府志料」には館主名として大塚大膳の名が登場する。**龍子山城**の大塚氏の一族であろうか。

北斜面中腹、標高150m地点に70m×50mほどの広さを持つ平坦地Ⅲがある。現在、畑となっているが、北側が土塁状になっており、人の頭ほどの石が沢山含まれる。耕作に伴う可能性もあるが、石垣あるいは石で補強した土塁であった可能性も残り、ここが居館跡であったのかもしれない。

主郭に相当する山頂部の曲輪Ⅰは径約30mの大きさであり、周囲に腰曲輪と北下に曲輪Ⅱが展開する。南側、相川方面に続く尾根筋は堀切A、B、Cで遮断する。

館の範囲としては、南北約250m、東西約150mである。大子町西部、国道461号沿いの城館では一番大きく、拠点城郭に準じた規模である。

佐竹軍が黒羽方面、馬頭方面に侵攻する際の宿営地、軍勢の集合拠点であった可能性もある。

（青木義一）

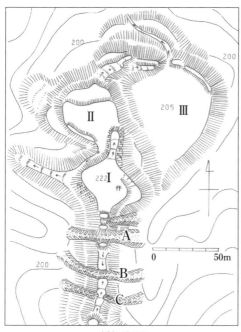

八幡館縄張図
（作図：青木義一、2008年2月調査）

27 女倉館(めくら)

所在：久慈郡大子町下金沢

　大子町中心部から約4.5km西にある依上小学校の西に聳える標高210m、比高約70mの急勾配のドーム型をした岩山が女倉館である。南下を国道461号線が通り、押川が東流する。
　館主等は不明である。**依上城**と**八幡館**の中間地点に立地することと、遺構規模から物見台、狼煙台であったと思われる。

南東側から見た館跡

　館のある山は直径約200mの独立峯であり、西下に登り道がある。岩山の頂上にあるため、緊急時の短期間の避難場所として高い要害性を有する。
　頂上部の曲輪は東西約50m、南北約30mの三角形をしており、内部は平坦で、東側と西側が一段、低くなっている。北に虎口があり、北下に2段の腰曲輪がある。（青木義一）

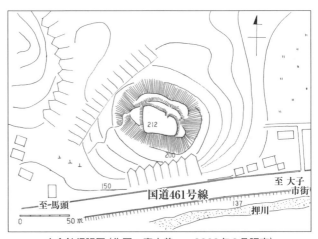

女倉館縄張図（作図：青木義一、2008年2月調査）

28 依上城(よりかみ)

所在：久慈郡大子町依上塙
別名：塙城

　大子町から栃木県馬頭黒羽方面へ抜ける途中の塙地区にある。
　「依上」は、古代から中世にかけて大子町域を指した地名「依上保(よりかみのほ)」に由来する。佐竹氏や白河結城氏などが領地を争った場所である。その要因として、この地域の産業が金と馬の生産であったことが考えられる。
　南北朝時代、白河結城氏がこの城を依上保の支配をするための拠点としたと思われる。室町時代には、佐竹氏一族の北酒出顕義が進出して城を整備したといわれている。この一族が地名を採って依上氏を名乗り、この地域を支配した。顕義の孫、依上義長は佐竹和泉守と名乗った。「康永4年(1345)天龍寺供養日記」には、足利尊氏の随兵として参列したことが記されている。また、ひたちなか市の真言宗寺院華蔵院の鐘銘に「暦応2年(1339)源義長」とある。この鐘は本来、常陸大宮市上檜沢の浄因寺のものと言われ、依上氏は、依上保だけでなく、その周辺の地域も支配下に治めていたと考えられる。義長は、佐竹(山入)与義の三男宗義を養子にした。依上宗義は上杉禅秀の乱(1416)で山入氏と同じ禅秀方だったため、足利持氏の討伐を受け、佐竹与義と共に鎌倉比企谷で自害した。残った依上一族はその居城である依上城に籠ったが、応永30年(1423)に鎌倉公方足利持氏方の攻撃によって落城した。これにより、依上城は鎌倉府に味方した白河結城氏に宛行われている。しかし、白河結城氏は幕府側に転じたため、応永35年(1428)に再び足利持氏方の攻撃を受けた。この合戦後も落城せず、白河結城氏は依上保の支配を継続した。永正年間(1510年頃)に山入の乱(佐竹の乱)を克服した佐竹氏は依上保を掌握した。戦国時代の依上城主は佐竹氏家臣の北条(きたじょう)伊賀守と伝えられている。完全に廃城になったのは、佐竹氏が秋田に移った後と思われる。
　この城は平山城で、切岸と土塁で出来た城である。郭Ⅰは、南側に祠があり、南北最大8ｍ、東西最大30ｍある。麓からの比高は20ｍある。郭Ⅰへの入口は二か所ある。大手筋は郭が多いＢと考えられる。一方、Ａは郭Ⅲにいる敵を掃

討するための出撃口ではないかと考える。山城は全体的に造りが古く、おそらく依上城合戦後には使われなかったと思われる。麓集落には、屋号にネゴヤやユウゲエといった城郭地名が残っている。また、城跡に関する地名として、南ノ内、十二所、中城、場坂、十王平、戸ノ内、手崎、城下が残っている。周辺には、**高岡城・八幡館・女倉館**などがある。馬頭からの狼煙リレーを構成する城として機能したと考えられる。戦国時代の史料には、保内という地名が散見される。大子地域の在地武士団は保内衆と称された。依上城は保内衆の集合場所のひとつとして、使用された可能性がある。　　　　　　　　（五十嵐雄大）

＊参考　大子町史編纂委員会1984、白河古事考1909、山川千博2017

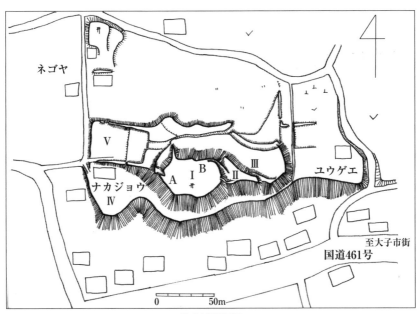

依上城縄張図
（作図：五十嵐雄大、2014年12月調査、2015年2月3日作成、作図協力：高橋宏和）

島左近から佐竹氏への書状

　2016年7月に大阪の民家で島左近の直筆とみられる書状が2通見つかった。
　天正18年(1590)7月19日に小貫頼久に宛てたものと同年7月25日に東(佐竹)義久に宛てたもので、常陸国内及び東国の歴史を知る上で貴重な史料である。
　小貫頼久宛書状には、
大掾殿我等かたへ被参被申様者、御女房衆京ヘ上被申事　行衛も可然ニも不相構、手前之調難成候間、義宣様御手元ニ被参様ニ御託言有度との事候、中々成間敷ニ候間、早々上被申可然と申候へ共、是非我等より書状を相副候之様ニ達而被申候条、乍恐如此候、如何思召候哉、先井清ヘ御談合候て、治少ヘ申候て見可申と被申候者、先可被仰候乍писание、是も御分別次第候、先々家中ヘハ、用意之儀、急度被申越候て可然申事候、然者早昨夕御触以後、夜中より其まま被申越候との事候、即使被進之候間、御存分仰聞候て、可被成御返報、恐々謹言／七月十九日　清興(花押)／小大蔵殿／御陣所
と書かれていた。内容は佐竹氏と大掾氏、秀吉政権との関わりが示されていて、後の南方三十三館討伐につながる文書として注目される。
　次に、東義久宛書状には、
尚々不及申候へ共いつれのかとも無御失念様専一候、以上、／今日者不申候承候仍、上様明日御成と申候、但気合少悪候間今日者不罷出候条、悟之儀ハ不存候、／一　指出悉出来候て、はや被遣候哉、無御由断御かせき候て可然候、御兵粮米何ほとか相済候哉、是又迎之儀ニ切々御催促不被請様候、尤候、若請取様なと悪□□□□置候者、可承候、念を入候て可進之候／一　定御陣替も可為近々候、諸事御由断有間敷候、此表に被残置仁躰候哉少々不入、御人数なとは、御国本迄先ヘ被遣候て可然候哉、惣別奥口之儀ハ御勝手之事候間、人質之しまり、城々被請取候御才覚なとも御一人と御かせき尤候、定左様之所迄も　内府様にあらきもをとられ候て、御心も付申間敷と推量候、様躰ニより今晩以参面可申候、恐々謹言／七月二十五日清興(花押)／(墨印)嶋左／東中様／御陣所　清興
とある。その内容は佐竹氏領の統治や兵糧について書かれていた。また、佐竹氏は、一時期改易になった織田信雄の身柄を預かったことがあり、それに関わる文書と考えられる。佐竹氏側の史料には、石田三成が天正18年5月25日に東義久の下に島左近を派遣したとあり、石田三成と島左近、東義久の関係を裏付ける史料が島左近側からも今回発見されたことは、佐竹氏と秀吉政権の関係を知る上で重要な発見である。
　天正18年7月というのは、秀吉が小田原征伐を終えて、宇都宮城で奥州仕置を行う時期である。東国や東北の戦国大名にとっては、自分たちの今後を左右する状況にあった。この時期に佐竹氏に文書が発給されたことは、秀吉政権の中で、佐竹氏の位置づけを決めるものとして注目されよう。
　今後、この文書の研究が進めば、佐竹氏と秀吉政権の関係が明らかになっていくと思われる。
　　　　　　　　　　　　　　　　　　　　　　　　　　　(五十嵐雄大)

＊参考　茨城県史編さん中世史部会1992、長浜城歴史博物館2016

29 高岡城(たかおか)

所在：久慈郡大子町上岡

大子町中心部から国道461号線を約2km西に進むと映画等のロケ地として知られる旧上岡小学校がある。この上岡地区にある十二所神社東の標高180m、比高約40mの山が城址である。

城主は明確でないが、『大子町史』には高岡（現上岡）在住の佐竹氏家臣として菊池助左衛門、菊池木六郎（50石）や根本右近（50石）などの名が見える。城主は両者のいずれかではなかったかと推定する。

直径約80mが城域である小規模な単郭構造である。

現在、配水場となっている山頂部の主郭部の周囲には横堀が半周している。この横堀は戦国後期の遺構と推定される。また、南北の尾根筋には堀切が何本か確認できる。

居館は十二所神社付近にあったと思われる。物見の城であり、**依上城**、**女倉館**方面から上がった狼煙信号を天神山城等にリレーする役目を担っていたと思われる。

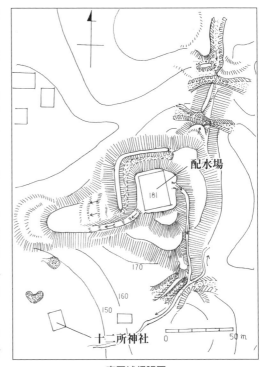

高岡城縄張図
（作図：青木義一、2005年3月、2016年11月調査）

（青木義一）

＊参考　大子町史編さん委員会1988

30 大子城
所在：久慈郡大子町大子

　JR水郡線大子駅の南の標高282m、比高約200mの山が城址である。
　城は白河結城氏家臣芳賀河内守が築いたという。東下の槐沢沿いを通り、道坂峠を越えるルートであった街道を監視するとともに、依上保と呼ばれた大子地方の南の入り口を守る拠点であったと思われる。しかし、佐竹氏16代義舜が、永正7年（1510）白河結城政朝とその一族との内紛を利用して、白河結城氏領の依上保を奪い、永正11年6月に義舜が下野宮近津神社に依上保内の土地を寄進する旨の寄進状（「近津文書」）が存在することから、その頃には佐竹氏の依上保の支配が安定したと考えられる。以後、大子城の名が登場する史料が確認できないことから、その頃には廃城になったと思われる。

　城は北側の曲輪Ⅰと南側の曲輪Ⅱの南北2つの部分からなり、深さ約5m、幅約13mの規模を持つ堀Aで区画される。さらに曲輪Ⅱの南西下に曲輪Ⅲを配する。城域は200m×100m程度であり、段郭構造を主体とした戦国前期の古風な城である。
　遺構は完存な状態で残っており、風化も進んでいない。戦国前期の完全な形の山城の姿が見られる貴重な遺跡である。

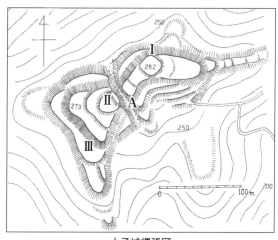

大子城縄張図
（作図：青木義一、2005年2月調査）

（青木義一）

＊参考　大子町史編さん委員会1988

31 内大野館
うちおおの

所在：久慈郡大子町内大野

　大子町東部、袋田の滝の北東の内大野地区にある。館のある標高316ｍ、比高約60ｍの山の西の裾野が「堀ノ内」という地名で、居館の存在を示唆している。居館の遺構ははっきりしないが、実相院付近が居館の主体部だったのではないかと思われる。堀ノ内集落が根小屋であり、大野川が水堀を兼ねていたのであろう。さらに東から流れる沢が大野川に合流する。したがって堀ノ内集落は周囲三方に水堀相当の川が流れる要害の地であり、小規模な城砦都市が形成されていたと考えられる。

　館主は不明であるが、付近の十二所神社の棟札に名が残る佐竹氏家臣の斉藤氏、あるいは生瀬の領主として名前が残る石井氏のいずれかと思われる。

　館は直線連郭式であり、東西に深い堀切Ａ、Ｂを置き、内部を曲輪Ⅰ～Ⅳまでの4段ほどに区画しただけの

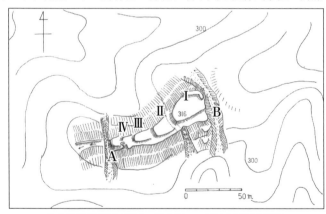

内大野館縄張図（作図：青木義一、2016年2月調査）

単純構造で、全長は東西約120ｍ、最大幅は約25ｍの規模に過ぎない。必要最低限の防御機能しかなく、堀ノ内地区にあった居館や根小屋の住民の緊急避難場所であるとともに、南の山にある内大野要害（大子町）との連絡場所、あるいは矢祭方面からの狼煙リレーの中継地点であったのではないかと思われる。

（青木義一）

32　下津原要害
しもつはらようがい

所在：久慈郡大子町下津原字要貝

　JR水郡線袋田駅から南南西約1.6kmのところに位置する。北東の下津原集落との比高は約140m、東を流れる久慈川、それに繋がる深い谷に西を挟まれ、取り付くことが不可能な急斜面が周囲を覆っている。

　詳しい歴史や城主等は不明ながらも、下津原稲荷神社の天正4年（1576）の棟札には、大檀那として**月居城**主の野内肥前守広忠と息子孫太郎の名があり、その遺構の規模等から、戦国期に地域の支配拠点として野内一族によって築城されたと思われる。後に、佐竹氏の南郷侵攻に際しての軍勢の駐屯地、奥州勢力に対する物見台としての役割・機能が付加されていったのであろう。

　標高246mの山頂に狭い主郭を置き、北東方向へ高さ約3～5mの切岸を伴って3段の曲輪を配置、その先は広い鞍部、そしてもう一つの頂上となる。

　この鞍部は途中で消えてしまうが、幅約3m、深さ約2mの横堀があり、広い鞍部とともに一種の鉄砲陣地のようでもある。また、主郭南側には幅約6m、深さ約3mの、岩盤断ち切りの堀切が2本設けられている。このほか、城内で唯一勾配が緩い北東側尾根を下っていくと、虎口や竪堀を思わせる地形があり、字横手という地名が残ることから、大手口の存在が考えられる。

　以上のように、居住には不向きで、地名からも戦時の際に立て籠もる詰の城、砦であることが分かる。普段の住まいは、字寄居や字番城内といった地名がある北東の下津原集落にあったものと思われる。

（高橋宏和）

＊参考　大子町史編さん委員会1988

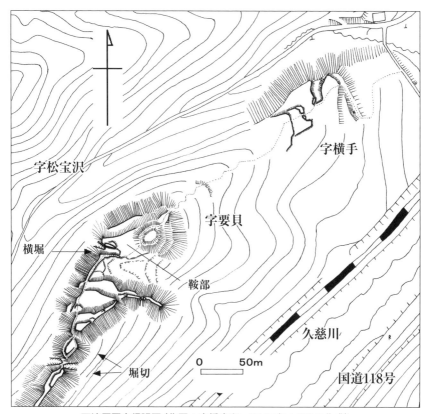

下津原要害縄張図（作図：高橋宏和、2017年1月2日作成）

33 頃藤古館と頃藤要害

頃藤古館
　所在：久慈郡大子町頃藤字タラメキ

頃藤要害
　所在：久慈郡大子町頃藤字前之田

　頃藤城から久慈川を渡ると西側と南東側にも城郭遺構が残っている。西側が頃藤古館という平城である。南東側は、頃藤要害もしくは東砦という山城である。

　頃藤古館は方形居館で、北・東・西に高さ最大4mの土塁と幅4mの堀跡が残っている。

　頃藤城ができる前の城であるといわれ、頃藤城のお姫様が住んでいたという伝承が残されている。しかし、現在の遺構は戦国時代のものと考えられ、頃藤城と同じ時代に機能したと考えられる。ところで、久慈川流域では、河川交通を管理する館が多数存在する（河合城（常陸太田市）、**高渡館**、**池田古館**、**山方城**等）。廃城後、これらの城館の近在地に近世の河岸や渡しが設けられたことから、久慈川流域の城館は河岸・渡しと何らかの関連性があるのであろう。

　一方、頃藤要害は、おそらく頃藤城の死角をカバーするための砦と考えられ、数段の郭と堀切が確認される。造りが古く戦国時代には使われなかったと思われる。

（五十嵐雄大）

＊参考　常陸大宮市歴史民俗資料館2014

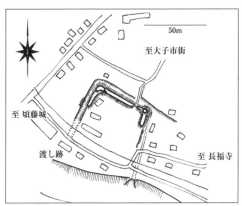
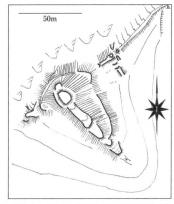

左：頃藤古館縄張図　右：頃藤要害縄張図（作図：五十嵐雄大、2016年12月1日調査作成）

34 頃藤城
ころふじ

所在：久慈郡大子町頃藤字御城・舘ほか
別名：小川城

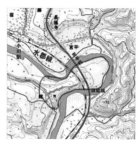

　本城跡は、久慈川が大子町頃藤付近で大きく東に蛇行し、反転して西方に曲がることによってできたしゃもじ状の地形に占地している。つまり、北・東・南方を久慈川の流れで天然の水堀とし、西方台地続きを防禦することで、要害性の高い城郭となっている。

　依上保と称された大子周辺は、東および北方で白河結城氏領域と、西方で下野国と接し、佐竹氏にとって境目となる地域であった。実際、永正7年(1510)、佐竹義舜が依上保を奪うまでは、白河結城氏の勢力下にあり、陸奥国に属していた。義舜の依上保奪取により、常陸国に属することになった。

　その後、佐竹氏歴代当主は、南奥への進出を試みることになる。天文10年(1541)、岩城氏の斡旋により、佐竹氏と白河結城氏との和解が成立するが、この頃には依上保の北に接する陸奥国高野郡内まで、佐竹氏の勢力が及んでいたと考えられている。このことは、頃藤城の前線基地としての役割が薄れてきたことを意味しよう。

　「佐竹知行目録」によれば、永正15年(1518)、佐竹義舜は小田野刑部少輔に対し、「小川いやしき」をあてがっている。小田野氏は、山入師義の子自義が**小田野城**に拠ったことから始まる。また、上小川から栃原金山方面に3kmほど入った大沢地区にある根渡神社の大永5年(1525)銘棟札には、「大旦那小河弾正左衛門種義」、天文18年(1549)銘棟札には「大旦那小河民部少将義長」とあり、小川氏が当地を領有していたといえよう。小川氏は、佐竹氏の秋田転封にともない、刑部右衛門らが秋田へ同行している。

　構造は、西から東へ延びる半島状地形の中央に郭Ⅰ(御城)を置き、西に郭Ⅱ(中城)、東の先端方向には約10m低く郭Ⅲ(下城)が接する。郭1は70m×40mほどの方形の郭で、幅15mほどの空堀で郭Ⅱと区分けされている。東側には4m低く腰曲輪が設けられている。

　中城と台地続きは現状では掘り切られていないが、南方には堀状の切り込み

部と、北側の竪堀状の遺構が確認でき、これがつながって堀切であった可能性が高い。関戸神社と字館の間を旧南郷街道が通る。近接して「館の渡し」とよばれる箇所があり、本城は陸上交通並びに久慈川水運を抑える機能をもったと考えられる。ちなみに、館は城郭・屋敷を表す地名であり、実際、本城よりも標高が若干高く、城内を見下ろせる位置にある。

　なお、本城跡より北へ800mほどの久慈川右岸に面して、**頃藤古館**が存在する。これに近接して宿地名も残り、町場と水運を抑える領主の屋敷として機能したものと考えられる。本城跡の館は、さらに時代の下った時期に屋敷として使われていたものであろう。

　また、本城跡は佐竹氏の金山であったとの伝承があり、実際に道路工事や地震などで、陥没した坑道のような穴が出てきている。単に地下式坑の可能性もあるが、佐竹氏の経営した金山も大子町域にはあるので、金山であった可能性も捨てきれない。

（遠山成一）

＊参考　大子町史編さん委員会1988

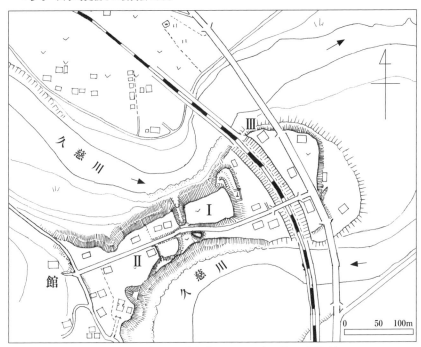

頃藤城縄張図（作図：遠山成一、2017年2月26日調査）

35 高沢城と高沢向館

所在：常陸大宮市鷲子
別名：鳥子館

　高沢城は茨城・栃木県境から約3km茨城県側の国道293号線が通る谷西側の標高307mの山にある。東の麓を緒川が流れ、川からの比高は約70mである。**河内城**からは北西約1kmの近距離にある。

　城は、北西方向から南東に張り出した尾根先端部分に立地し、尾根続きの北西方向以外は急斜面であり要害性は優れる。

　高沢城は、新羅三郎義光の子、高沢伊賀守の居城とか、武茂一族の城とも言われているが詳細は不明である。高沢向館の北下に薄井家の墓地がある。この地の薄井家は河内城の江戸氏から出た鳥子氏の末裔である。このことから戦国末期は両城とも河内城の支城として江戸氏一族が管理していたと思われる。

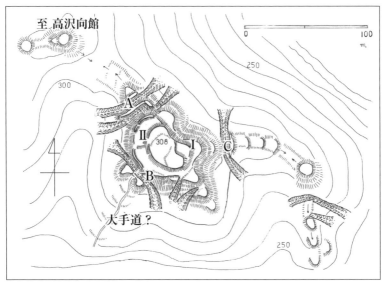

高沢城縄張図（作図：青木義一、2006年11月調査）

尾根末端のピーク部に主郭である曲輪Ⅰを置き、周囲に腰曲輪Ⅱや尾根筋に堀切A、B、Cを置く直径約100ｍの小規模な城であるが、特に北側の二重堀切Aはメリハリが効いている。この先の尾根を行くと高沢向館であるが尾根途中に遺構は確認できない。大手は堀Bを通る道と考えられる。

　高沢城の支城である高沢向館は、高沢城の北西600ｍの標高305ｍ、比高約70ｍの山にあり、高沢城からは尾根伝いに行くことができる。

　西から延びる尾根末端のピーク部に一辺約25ｍの三角形の主郭Ⅰを置き、その周囲に腰曲輪、帯曲輪を配置する。南西側、尾根続きの鞍部に向けてA、B、C３本の堀切を入れ、曲輪Ⅱを置き尾根筋を防護する。

　北下に竪堀D、E、Fが下る。このうち堀E、Fは横堀から竪堀となる。

　緒川より比高約15ｍの標高250ｍの場所に墓地と畑となっている平坦地Ⅲがある。周囲の切岸も鋭くここに番小屋程度の建物があった可能性がある。

　高沢城と高沢向館は居住用の城ではない。ここより西7kmに那須氏の本拠烏山城（栃木県那須烏山市）があり、緊急時の避難城であるとともに、物見・狼煙台の役目を持つ街道監視と国境警備の城であろう。　　（青木義一）

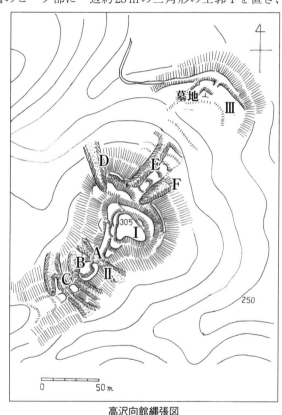

高沢向館縄張図
（作図：青木義一、2012年２月、2015年２月調査）

＊参考　美和村史編さん委員会1993

36 小田野城

所在:常陸大宮市小田野字鴨内

　小田野城は、栃木県境に程近い市内北西端部、東を流れる小田野川と南側を支流の鴨内沢に挟まれた、低地との比高約50mの尾根先端にある。

　佐竹師義の三男自義が、南北朝末期に土着して小田野氏を名乗ったことに始まるとされ、15世紀の佐竹氏の内紛時に小田野一族は宗家側に付き、内紛末期に反乱側の佐竹氏義を討ち取ったことで知られる。自義の五男義仲が跡をついで居住。天正18年(1590)の佐竹氏の**水戸城**移住に当たり、義仲の子孫義安が田谷城(水戸市)に移ったため、小田野城は廃城になったという。

　山上の城は、広さ約10mの主郭を中心に周囲を帯曲輪が巡り、背後に堀切を2ヶ所設けている。狭く、居住には不向きであり、物見とか戦時の詰の城であったと思われ、普段の居館は麓の畑辺りにあったのであろう。小規模で、遺構に鋭さが無いなど、全体的に古さを感じさせ、伝承と一致している印象である。

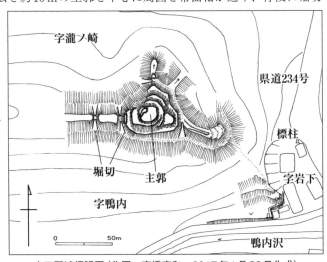

小田野城縄張図(作図:高橋宏和、2017年1月20日作成)

(高橋宏和)

＊参考　美和村史編さん委員会1993

37 檜沢城砦群

檜沢城　　　所在：常陸大宮市下檜沢字舘及び町井沢
檜沢古館　　所在：常陸大宮市下檜沢字南入及び町井沢
下檜沢向館　所在：常陸大宮市下檜沢字高松
上檜沢館　　所在：常陸大宮市上檜沢字熊沢

常陸大宮市の下檜沢宿。その宿を取り囲むように複数の城館跡が残っている。

この地の歴史は、南北朝末期に佐竹一族高部景義の次男成義が、檜沢村（近世に上下に分村）に居住して檜沢氏を名乗ったところから始まる。15世紀全般を通しての佐竹氏の内紛で宗家に反抗、後に高部氏を名乗り帰属するまでの間、一族は流浪したという。この他、同時代に佐竹義舜家臣の小室氏も檜沢城主となっており、内紛に際して落城、内紛終結後に東家に仕えている（「小室氏系図」出羽秋田佐竹文書）。そして、那須氏等の西側勢力に対する防衛策の一つとして、天文年間に書かれた「佐竹義篤書状」に、烏山へ差し向ける番衆の記述があり（東野城を参照）、高部や東野といった市内にある複数箇所の土地の番衆の名の中に「檜沢の衆」の名がある。

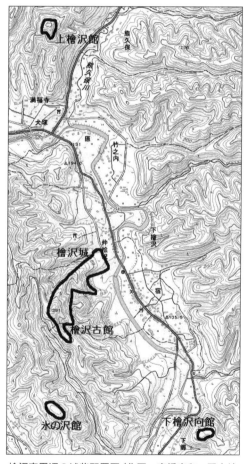

檜沢宿周辺の城砦配置図（作図：高橋宏和、国土地理院の電子地形図（タイル）に加筆）

檜沢城　下檜沢宿の西側には檜沢城がある。宿との比高約100mの頂上に主郭を置く山城で、南側と東側に曲輪群を配置。曲輪間の切岸や主郭背後にある幅約4m、深さ約2mの2重堀切、宿の付近まで展開する居館跡など、その遺構の規模や鋭さは現在でも風化を感じさせない。

檜沢古館　檜沢城の尾根続きに更に西側の標高291mの頂上には檜沢古館があり、直径約15mの円形状の単郭で、幅深さと

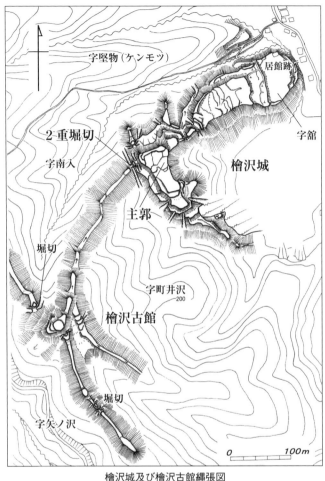

檜沢城及び檜沢古館縄張図
（作図：高橋宏和、2017年1月21日作成）

も約2mの堀切を設けている。檜沢城とは明らかに時代の違いを思わせる遺構ながら、麓集落ではこの古館のみ城跡として伝わり、檜沢城に至っては畑程度の認識しかない。

下檜沢向館と上檜沢館　古館から南東に約1.5km、下郷コミュニティセンター東の頂上に堀切遺構のみの下檜沢向館がある他、檜沢古館とほぼ同じ造りでユウガイと呼ばれる上檜沢館が、上檜沢の満福寺の北約600mの頂上にある。

檜沢古館・下檜沢向館・上檜沢館のこれら3ヶ所は、遺構の様子から恐らく同時代に築かれた砦と思われ、15世紀の内紛時に檜沢氏や小室氏等が守っていたと思われる。内紛が終結した後は、これら砦群は役目を終え、その後勢力を伸ばしてきた西側勢力に対しての拠点・軍勢駐屯地の必要性から、市内各所に新規築城され、そのうちの一つが檜沢城だったと考えられる。檜沢城についての地元伝承の有無も、築城目的が地域支配ではないと考えられるあたりからきているのであろう。

(高橋宏和)

＊参考　美和村史編さん委員会1993、茨城城郭研究会編2006

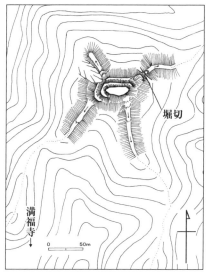

上檜沢館縄張図（作図：高橋宏和）

下檜沢向館縄張図（作図：高橋宏和）

檜沢城二重堀切

38 氷の沢館
ひのさわ

所在：常陸大宮市氷之沢

　下檜沢館の約800m南、**高館城**からは緒川を挟んで北側約2kmの標高260m、緒川からの比高約160mの山にある。

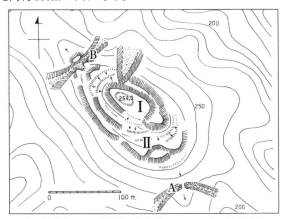

氷の沢館縄張図（作図：青木義一、2004年3月調査）

　『新編常陸国誌』には「三浦義隆の居館と伝えられる」と書かれているが、この館には居住性はない。居館があったとすれば、西の麓、案内板の付近であろう。

　城は**高館城**と似た感じである。山頂部付近の曲輪Ⅰは若干削平された程度の自然の山に近い状態であるが、山頂から少し低い南側部分に明瞭な腰曲輪Ⅱや堀切A、そして尾根続きの北側に堀切Bが確認できる。

　下檜沢館から高館城、**小瀬城**への狼煙リレーの城とも考えられる。一方、比較的城域も広く、南に続く尾根筋の平場も含めると、かなりの人数を収納できそうである。このため、住民の避難城であった可能性もある。あるいは整備途中で工事を放棄してしまったものかもしれない。　　　　　　　　　　（青木義一）

　＊参考　中山信名著・栗田寛補1974

39 高館城(たかだて)

所在：常陸大宮市上小瀬

常陸大宮市小瀬地区北東1.2kmの標高229.8mの高館山にある。緒川からの比高は約160mあり、南側以外は急斜面である。

佐竹一族の小瀬氏がこの地で始めに構えた城という。

山頂部から緩斜面である南側斜面方向に2つの曲輪が展開する。曲輪Ⅰは南北約100m、東西約50mの広さがあるが、曲輪内部はほとんど自然の山である。南側、堀切Aを介し曲輪Ⅱがある。曲輪Ⅰの周囲には部分的に明確な堀B、C、Dが存在するが、山頂部からは約15m下にある。曲輪Ⅱは南北約55m、東西約30mの広さがあるが、曲輪内は緩斜面である。東側は堀、土塁もなく自然地形である。南端に堀Eがあり、その南

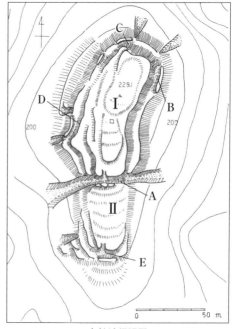

高館城縄張図
(作図：青木義一、2012年2月、2015年2月調査)

側は緩斜面が続く。城は居住性に乏しく、①緊急時の避難城　②曲輪内部が自然地形に近く、曲輪縁部の堀などがしっかり造られている形態から陣城等の臨時の城　③北の緒川上流方面を意識した物見の城、といった性格が想定される。未整備な部分があるため、途中で工事が中止された未完成状態であった可能性もある。

(青木義一)

＊参考　緒川村編さん委員会1982

40 下小瀬館と小瀬館

下小瀬館　所在：常陸大宮市下小瀬字川崎
　　　　　別名：川崎城
小瀬館　　所在：常陸大宮市上小瀬字館・根小屋
　　　　　別名：小瀬城

　下小瀬館は、小瀬川の東側にある台地を分断して造られている。
　南北朝期には上小瀬地区に佐竹一族の小瀬氏が居住していたが、小瀬義春の次男孫次郎という人物が初めてこの地に館を築いたと言われている。「東州雑記」によれば、天文4年(1535)に部垂の乱で小瀬氏が義元側に属したため、佐竹義篤によって落とされた。地元では、城の東側の山を取られ、あっという間に落城したという伝承がある。
　土塁や竪堀が良く残っている。また、一部畑や宅地で堀が埋められているが、主郭の堀幅は、現況で20mあり、東側の台地を分断している。おそらく直線連郭式の城であったと思われる。

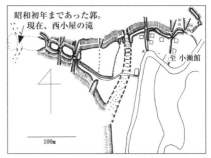

下小瀬館縄張図（作図：五十嵐雄大2016年10月調査、2016年11月24日作成）

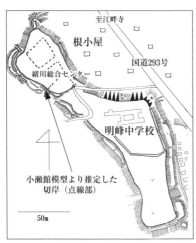

小瀬館縄張図（作図：五十嵐雄大2016年12月20日作成、作図協力：高橋宏和）

　小瀬館は、現在、緒川総合センターが建っている。北側から西側にかけての斜面に、横堀や竪堀などが残っている。小瀬氏の居館と考えられている。館の北600mには小瀬城が、館の北100mには小瀬氏の菩提寺江畔寺がある。おそらく館と何らかの関連があると思われる。

（五十嵐雄大）

＊参考　茨城大学中世史研究会・常陸大宮市歴史民俗資料館 編2009、高橋裕文・高橋修2009

41 那賀城
所在：常陸大宮市那賀

　南北朝時代に南朝方に属し、瓜連合戦等で活躍した那珂通辰の居城と言われ、緒川を東に望む西側より延びた標高75m、比高約30mの台地の縁部にある。しかし、今に残る姿は南北朝時代のものではなく戦国時代のものである。

　城は東西約60m、南北60〜70mの単郭であり、北側は崖、西側に台地との間を遮断する幅約10mの堀Aがある。この堀は箱堀状であるが、元は薬研堀であったという。東側の台地斜面部、曲輪から約7m下に幅約8m、長さ約100mの横堀Bが確認される。本郭南側の堀は畑となり湮滅状態である。

　西側の方が地勢は高く、防御上不利であるが、曲輪の存在は現在では確認できない。しかし、平成17年(2005)の発掘調査では、西側にも城域が広がっていたことが確認されている。西側の台地にも堀が存在していたと思われる。

　また、地元の石川豊氏の研究によると、「観音堂」南の墓地は堀を埋めたものだという。西側の「宝堂」付近にも堀が存在していたと言われることから、外郭を持つ梯郭式城郭であり、東西200m、南北400mの規模があったと思われる。

　那珂氏の本拠であったかどうか不明な点は多いが、戦国時代は小田野氏が管理していたという。北方向、小瀬方面の眺望が良く、戦国時代には**野口城**の支城として利用された可能性もある。

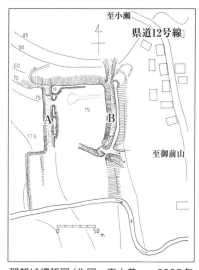

那賀城縄張図（作図：青木義一、2003年7月、2015年2月調査）

（青木義一）

＊参考　常陸大宮市教育委員会2005、緒川村史編さん委員会1982

部垂の乱

　部垂の乱は佐竹一族の最後の内乱である。佐竹義舜には4人の男子がいたが、次男の義篤が佐竹家当主になった。三男の義元は**宇留野城**主宇留野氏の養子になり、宇留野義元を名乗った。

　乱は享禄2年(1529)、宇留野義元が小貫俊通の守る**部垂城**を襲撃し、占拠したことに始まった。義元に味方したのは、小場氏・前小屋氏・小瀬氏・長倉氏・高久氏・石神氏といった佐竹氏配下の中でも有力な一族や在地領主で、結果的に山入の乱(佐竹の乱)に近い状況だった。その上に常陸国外の勢力も巻き込んだため、大規模な争いとなった。

　合戦の経緯は、以下のようである。天文3年(1534)に義篤と義元が合戦し、すぐ和睦したが翌4年には岩城氏が常陸領内へ攻め込み、義篤が迎撃して岩城氏が敗退する。このとき、**下小瀬城**(川崎城)は義篤によって落城した。天文7年には義篤と義元が小瀬にて合戦を行い、翌8年には部垂城周辺や**前小屋城**で合戦、前小屋城が落城した。そして、天文9年(1540)に部垂城が義篤によって落城、義元とその息子竹寿丸、小場義実は死亡した。その後残党は野口や小瀬で抵抗したが、天文18年(1549)頃に終結したようである。

　部垂の乱後、義篤は部垂地域を周辺の神社に寄進し、義元らの鎮魂を行った。また、義元側に属した武士団は「部垂衆」と呼ばれ、小場氏の家臣になった。部垂城の傍にある甲神社には、義篤の子の義昭が弘治3年(1557)に奉加を行い、義元たちの冥福を祈ったとされる奉加帳が現存している。乱の舞台になった現在の常陸大宮市域には、部垂の乱関係の民話が多い。また、非業の死を遂げた義元・竹寿丸・小場義実らは地元の有志によって現在も祀られている。また秋田県大館市の部垂町には義元を祀る神社がある。

　山入の乱は岩城氏の介入で収束したが、部垂の乱は佐竹氏が自力で終結させた点が大きな違いである。乱の結果、佐竹氏は戦国大名として関東や南奥州の中で一歩抜きんでた存在になり、以後、周辺領地への軍事進出を行っていった。

（五十嵐雄大）

＊参考　大宮町史編纂委員会1977、茨城大学中世史研究会・常陸大宮市歴史民俗資料館編2009、山縣創明2017

小場義実遷墓誌（常陸大宮市小場）

弘治三年甲神社奉加帳（甲神社所蔵）
写真提供　常陸大宮市文書館

42 小舟城と山麓遺構

所在：常陸大宮市小舟字寺山
別名：寺屋敷

　小舟城は、常陸大宮市の北西部、市営余暇施設やすらぎの里公園から東に約700mの地点、西から南を小舟川とその低地に囲まれた、比高約100mの山頂を中心に広がる尾根筋と麓集落一帯を城域とする。

　麓の住人の間では城跡と理解はされるも、あくまで寺跡と古くから伝わる。古くは13世紀に高沢氏が住んだというほか、同市田子内の国道293号沿いに弾正塚なるものがあり、そこに祀られた部垂の乱の関係者の内田弾正が城主だった等、諸説あって城主や歴史に不明な点が非常に多い。

　南北約70m、東西約10mの細長い郭Ⅰを中心に東を除く三方に曲輪群を配置、尾根の途中には幅約2mの、鋭さを残す二重堀切が2ヶ所に見られる。また、特に西側に向けて多くの小曲輪群が展開し、下部にはまるで鉄砲陣地のような三日月状の堀切も見られ、これら曲輪間の切岸も鋭いなど、要所でよく加工されている。

　西側に吉田神社があるが、この境内も曲輪を思わせる広い階段状の地形となっているほか、麓集落には、廃寺跡と伝わる公民館周囲の切岸遺構、堀ノ内などの地名が残り、居館や根小屋の存在が想像でき、山上は詰の城だったものと思われる。

　東野城や**檜沢城**と同様この城もまた、天文年間の佐竹義篤書状に「小舟の衆」などと記載されており、戦国期半ばに那須などの西側勢力に対する防衛拠点や物見台、あるいは佐竹勢の駐屯地として古い山城を大規模に改修したのではと思われる。西側の谷筋に向けて遺構が多く展開すること、同市内の他の城館同様、曖昧な城主伝承やそもそも城館跡としての認識が薄いといったことも、それらのいわゆる「番衆の城」に関連するのではないかと考えられる。　　　（高橋宏和）

＊参考 五十嵐雄大・高橋宏和2014、茨城城郭研究会編2006

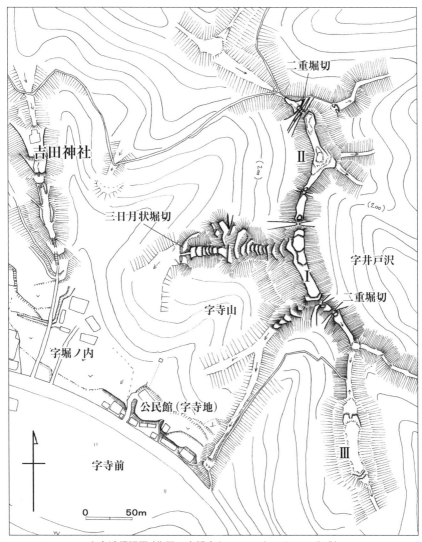

小舟城縄張図（作図：高橋宏和、2017年1月20日作成）

43 大岩城（おおいわ）

所在：常陸大宮市大岩

　小舟城から烏山方面に県道12号線を走り、大岩地区に入ると南側にお堂が見え、そこに「大岩城」の標識が立っている。この背後の標高253m、比高約70mの山が城址である。
　築城時期や城主ははっきりしないが、大岩氏という土豪がおり、その城であったと言われる。しかし、佐竹家臣録等には大岩氏の名はない。当時の状況から、この地区は佐竹一族小瀬氏の領土であることは明白であり、大岩城も小瀬氏の支配下にあり、小瀬城、小舟城の支城であったと推定される。
　また、堀切に面し土塁を置き、深さを稼ぐ形式は付近の小舟城など佐竹系の城に多く見られることからもこの城が佐竹系城郭であることを示唆している。
　城は尾根先端のピーク部に主郭を置き、尾根続きの背後を2本の堀切で区切る典型的な尾根城である。頂上部の曲輪Ⅰは約40m四方の広さを持ち、周囲に段郭状に腰曲輪を持つ。曲輪Ⅰ南側約4m下に長さ約20mの曲輪があり、その南に深さ5mほどの堀切Aを置き、細長い曲輪Ⅱとなる。さらに南側にもう1本の堀切Bがあり、ここが南端である。

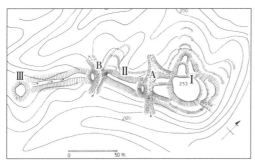

大岩城縄張図（作図：青木義一、2004年3月調査）

　その先のピークⅢは物見台に使われていたと推定される。北を通る街道が佐竹氏の那須氏攻撃の際の侵攻路であったことから、那須領に侵攻した軍勢と小舟城、小瀬城等との連絡のための繋ぎの城であったものと思われる。なお、城址は重機による破壊を受けている。

（青木義一）

＊参考　緒川村史編さん委員会1982

44 油河内館

所在:常陸大宮市油河内字松葉

　小舟城から南西2kmの所に位置し、すぐ西は栃木県那須烏山市で、まさに境目の地域である。城は、鷲子山系が小舟川によって削られた山地上に築かれている。
　土豪の桑名氏の館と考えられるが、来歴は不明である。
　地元では館跡といわれているが、遺構は南西側に2mの堀切A、北側から西側に五段の帯曲輪、そして南側の縁に幅2mの竪堀Bしかなく、おそらく館というより物見台と推測される。

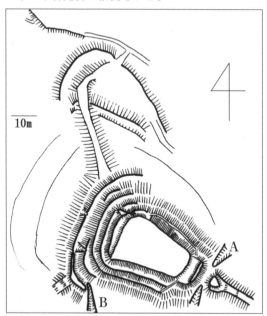

城のすぐ西側を那須街道が通っていて、街道監視の城としての機能を持つ、小舟城や**長倉城**の出城であったと考えられる。

（五十嵐雄大）

＊参考　茨城県史編さん近世史
　　　　第1部会　1968b

油河内館縄張図（作図:五十嵐雄大2017年1月4日調査、2017年1月5日作成、参考図:川崎春二「常陸奥七郡関連城館図」を基に作成）

45 檜山要害城

所在:常陸大宮市檜山字要害

　常陸大宮市長倉から御前山ダム方面へ向かい、県道291号を南下すると鬼渡神社がある。その東の山が城跡である。地元では要害と呼ばれている。城は筑波山系の標高174.4mをピークとする尾根の先端を分断して造られている。周囲は檜山川とその支流によって削られた平地である。この平地を縫うようにして、茂木と長倉を結ぶ街道が走っている。城はこの街道を見下ろすように造られている。

　檜山村は中世まで茂木領で、江戸時代に常陸国側と下野国側で分村した。茂木氏が治めた地域は、中世まで茂木保と呼ばれ、檜山村は東茂木保林郷に属し、南北朝以降茂木氏が支配した。茂木氏は土豪であった檜山氏を家臣化した。茂木町小深にある片倉神社(現鹿島神社)の棟札写には「大丹那茂木上総介治興　同息式部大夫治泰　下野国小深郷片倉大明神　道営畢　東茂木　政所檜山豊前守朝増　文明(四)壬辰(1472年)十一月」と茂木氏の他に檜山氏の名前が確認されている。この棟札から「政所」といわれる檜山氏の拠点が檜山要害城周辺にあったものと推定される。城の南側は周辺より一段高い台地になっているので、ここに檜山氏の居館があった可能性がある。なお、麓のお堂には、15世紀に製作されたと思われる懸仏が安置されている。この懸仏は、元々鬼渡神社のものといわれ、おそらくこの懸仏は城と何らかの関連があったと思われる。茂木氏は山入の乱末期に佐竹氏と同盟を結び、**長倉城**や**部垂城**へ出兵し、佐竹氏を助けている。茂木氏にとってこの城は、常陸へ進出する上で重要な橋頭堡であり、境目のものであった。この城は茂木氏が敵対していた長倉氏への備えに作ったものであろう。

　城の構造は単郭で、主郭を横堀や帯曲輪が囲っている。主郭は南北70m東西27mであり、南側の土塁が広く矢倉台が築かれていた可能性がある。横堀の深さは3m〜4mで、規模は小さいがメリハリのある城郭遺構であり、築城者の技量が高かったものと推定される。遺構を考えると北方面の長倉城に対

する警戒が密に行われて
いたと推測される。また、
麓には鬼渡神社があるが、
この神社の名前が「きど」
であり、神社の場所は街道
が交差する南側の台地に位
置していて、木戸を置くの
に適当な場所である。また、
城の真西には日蓮宗の古刹
妙蓮寺があり、こちらに出
城があったと思われる。

主郭西側の横堀

　ところで、鬼渡神社の縁起では、戸村氏家臣檜山十（重）太夫がこの城を築いたとされている。これは江戸時代に檜山村が分村した後、常陸側で歴史編纂の際、**戸村城**にも戸村氏家臣に檜山氏がいて、それと混同してしまったのであろう。

（五十嵐雄大）

＊参考　茂木町史編さん委員会1997、千葉隆司2003、青木喜久夫・永嶋栄一・楠正将2003

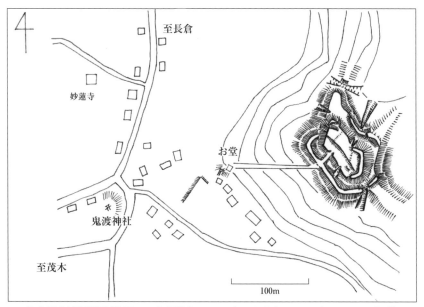

檜山要害城縄張図（作図：五十嵐雄大、2013年5月調査、2015年12月1日作成）

46 野田城（のだじょう）と綱川館（つなかわやかた）

所在：常陸大宮市野田字城後山（しろごやま）
　　　常陸大宮市野田字小屋（こや）

　野田城は、常陸大宮市西端、栃木県境に近い野田地区北側の山王山から続く、比高約110mの尾根筋を利用して築かれている。

　『御前山郷土史』によれば、鐘楼・調馬場・井戸跡などが残るとされ、稲葉三郎という人物の居城と記述されるが、現在ではこれらを判別及び見つけることは出来ず、城主や築城時期等、不明な点が多い。

　周囲を帯曲輪が取り巻く、幅約15m長さ約80mの、くの字状に折れた主郭を中心に南東方向へ段郭が続き、高さ最大約4mの切岸や、南側には虎口と思われる開口部や通路が見られる。城域の中央部で堀切を意識したような鞍部となり、そこから更に南東へ続くが、こちらは後世の地形改変が行われているようにも見える。

　城の北側には、幅約8m、深さ約5mの堀切で尾根を分断している。土塁がほとんど無く、全体的に古さを残す遺構からは、15世紀後半の**長倉城**の攻防時に築かれた、いずれかの勢力による砦の一つではないかと考えられ、茂木領となった戦国時代には廃城になっていたと思われる。

　このほか、野田城から北西約700mのところの字小屋の地に、八反田川に面した台地先端を利用した綱川館がある。野口平地区から移住した小野崎左近という人物が住んだとされ、こちらも土塁や堀が無く帯曲輪が周囲を取り巻き、川に面した西側は高さ最大約20mにもなる切岸によって守られている。非常に近接しているが、野田城との関連は不明である。　　　　　（高橋宏和）

＊参考　御前山村郷土誌編纂委員会1990

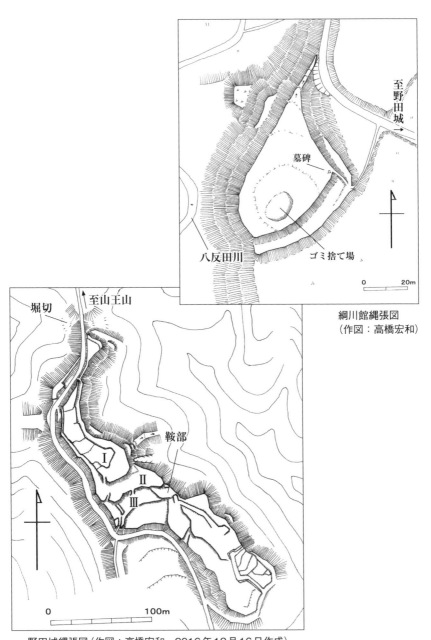

綱川館縄張図
(作図:髙橋宏和)

野田城縄張図(作図:髙橋宏和、2016年12月16日作成)

47 下伊勢畑北要害

所在：常陸大宮市下伊勢畑字要害

常陸大宮市下伊勢畑には二つの城郭が残っている。区別のため、ここで取り上げる城跡を下伊勢畑北要害とする。空堀や土塁が御前山村旅行村キャンプ場の中にほぼ残っている。

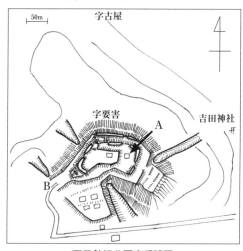

下伊勢畑北要害縄張図
（作図：五十嵐雄大、2016年9月1日調査）

南北朝時代、佐竹義篤が庶長子義躬（**小場城**主）に伊勢畑郷を譲っている。「那須文書」の「佐竹義頼書状」では、享徳2年（1453）、佐竹義頼（俊）が那須持資に軍勢を派遣してもらうよう訴えていて、その際伊勢畑郷の扱いを相談するため、佐竹氏側からは、使者に大岩石見守（**大岩城**主）を派遣することが書かれている。この内容から、佐竹氏は山入の乱中、周辺の大名に援軍を頼んでいる状況が伺える。伊勢畑郷は那珂川を挟み**長倉城**を睨む場所で、おそらく、そのような緊張状態の中で、佐竹氏もしくは那須氏がこの城を造ったと考えられる。

管理棟Aがある周辺を土塁と横堀で区画した単郭の城と考えられる。最大深さ3mの堀が残っていて、切岸は最大5mある。城の西側Bには堀切があったと思われるが、キャンプ場への道路で埋まっている。城から北側に下った台地は字名で古屋といい、平時の住まいがあった場所と想定される。

（五十嵐雄大）

＊参考　茨城県歴史館1996

宿と内宿

　茨城県内には、城に関わる地名として宿および内宿が数多く残る。この内宿地名に注目して、城下集落の形態としてとらえたのが市村高男氏であった。氏は、県内の**玉造城跡**（行方市玉造）、**真壁城跡**（桜川市真壁町）、**石神城跡**（東海村）をはじめ関東の内宿地名を有する城郭を取り上げた（市村高男1994）。

　筆者は市村氏の論考をもとに、千葉県内に残る内宿地名および宿地名を悉皆調査した。その結果、家臣団の城下居住地と考えられる内宿については、千葉県内に14か所（その後1か所追加）検出できた。そして、地域領主の拠点的城郭および交通の要衝にある城郭に残されていることが明らかになった（遠山成一2007）。

　また宿地名については、従来、伊藤毅氏によって「武家地系」と「町場系」の2種に分かれるとされてきた（伊藤毅1993）。しかし、千葉県内に関して言えば、一見城下集落にみえる宿のほとんどが、アプリオリ（原初的）に交通路の宿として存在し、その後、城郭が隣接して築かれ、城下集落に包摂されるようになったものであった（遠山成一2012）。純粋に武家地系宿と考えられるのは、管見では千葉県内においては一例（平山城：千葉市緑区平山町）にすぎない。城に近接して宿があるからといって、城下集落として形成されたとみてはいけない。多くは宿が先にあり、と考えた方がよいのだ。

　ところで茨城県内においても、同様といえるのだろうか。県北の宿地名と城郭との関連がすでに研究対象となっており、成果をあげている。2009年11月、常陸大宮市で行われたシンポジウム「よみがえる　戦国の城」では、とくに「館と宿の中世」のテーマで同市内を中心とした交通路と中世城郭の関係が調査報告されている。テーマの対象となった同市を含む県北地域は、那珂川、久慈川やその支流沿いに、南奥州や下野国と常陸とを結ぶ交通路が幾本も延びている。

　例えば、久慈川支流の山田川沿いには、大子町を経て南奥州の矢祭町へ抜ける街道がある。この沿道には、**久米城**や**山入城**、**松平城**といった山入の乱（佐竹の乱）に登場する重要な城郭が並ぶ。そして城館に隣接して、宿の地名が残る。これらの宿は交通路に自然発生的に形成され、後に領主がこれを掌握する目的もあって城を築いたと考えるのが自然であろう。今後も研究を深化させる必要があるが、茨城の場合も千葉と同様と考えてよいのではないだろうか。

（遠山成一）

48 伊勢畑南要害
いせはたみなみ

所在：常陸大宮市下伊勢畑字リウガイ

　伊勢畑地区にあるキャンプ施設・青少年旅行村（**下伊勢畑北要害跡**）の南東約430mのところにある。東側に隣接する細内集落で「ユウゲエ」等と呼ばれるも、地元では城としての認識は無く、城主や歴史等についても一切不明である。周囲を深い沢に囲まれた全長約300mの城域を持ち、うち北半分約150mは周囲を高さ約10mの切岸に囲まれた台地となっていて、虎口状の開口部や段地形が見られ、中央部に墓地がある。

　南半分約150mは、南端部の広さ南北約50m、東西約25m、南側に土塁を盛った主郭を中心に、主に北側にかけて段曲輪が展開している。そのうち一部は、畝らしき仕切りが見られ横堀を思わせるも、埋まっているためか非常に分かりにくくなっている。主郭南側は山道のために若干地形改変をされているが、城域との境界は堀切ではなく、鞍部を用いていたようである。

　以上のように、非常に広大な城域を持ち、一部の切岸等は丁寧に加工されるも堀切や土塁等がほとんど見られず、全体的に削平も大雑把な箇所が多い。また、この城の周囲の土地のほうが標高が高いために展望が悪く、遠景でも非常に目立たない。

　このため、地区の拠点城郭とするには疑問点が多く、15世紀初期頃の一時期に**長倉城**に対する陣城として築かれたが、その後は周辺住民の避難城程度の使用で、戦国期には廃城となっていたと思われる。　　　　　　（高橋宏和）

＊参考　御前山村教育委員会1996

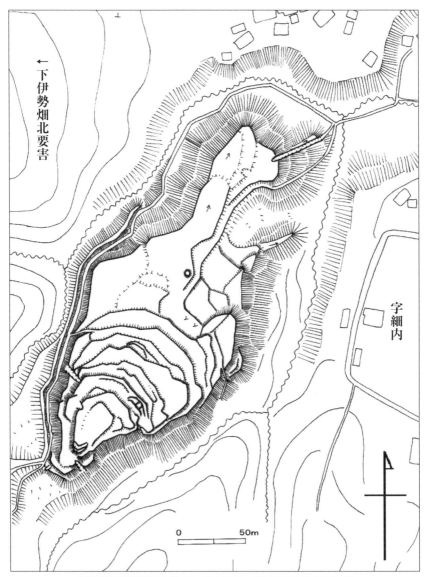

伊勢畑南要害縄張図（作図：高橋宏和、2017年1月2日作成）

49 野口城(のぐち)

所在:常陸大宮市野口字舘・御城
別名:川野辺城

　水戸から国道123号線で栃木県茂木市方面へ行くと「関東の嵐山」と呼ばれる御前山(**御前山城**)が見える。その御前山から那珂川を渡った宿場町が野口宿で、野口城は宿の東側の台地上にある。
　野口城は正暦2年(991)に藤原秀郷の流れを汲むといわれる川野辺氏が築いたとされている。しかし、南北朝の合戦で川野辺氏が南朝側に加担したため没落し、穴沢館(城里町)に移った。応永元年(1394)に**常陸太田城**から佐竹氏8代行義の末子景義が居住した。佐竹景義は野口但馬守を称したが、すぐに**高久城**に移り、この城には次男義国が居住した。山入の乱では、野口氏は高久・檜沢氏などと共に山入側に付いたため、鎌倉公方足利持氏の征討を受けた。乱後、野口氏は佐竹氏に降伏した。しかし、部垂の乱で野口氏は義元側に付いたため、天文9年(1540)佐竹義篤によって城を落とされ、野口氏は没落した。その後、野口城は那須氏やそれに連なる西側勢力に対する備えや集合拠点として佐竹氏による整備・拡張がなされ、現在の姿になったと考えられる。「大縄久照文書」には、城館名として東野・小瀬・高部・檜澤などと共に野口が記されていることから、野口城は在地武士団が集結することができる大規模な城郭であったと考えられる。
　野口城は字御城と呼ばれる畑や山林部分と現在は民家が立ち並ぶ字舘、そして字根小屋にまたがって遺構が良好に残存している。主郭部分の北側には土塁付き二重堀aがある。主郭の広さは、南北130m、東西70mである。主郭の西側の横堀bは北側の二重堀の外側堀に回り込むとさらに最大10mの深さになり、幅は6mあってこの城の最大の見所である。主郭南側には高さ最大5mの切岸があり、字舘との境になっている。二重堀の北は墓地となっていて、その中に土饅頭が1基ある。この墓地の背後に二重堀切があり、南側の堀切は東に行くと横堀cとなる。幅は3m深さ3mほどある。一方、城の西側の谷津を挟んで旧野口小学校がある。字名は内古屋といい、幕末には郷校時擁館が建てられて

いた。この場所は中世には蓮覚寺という佐竹氏関係の修験寺院が建立され、今でも切岸が残っている。また、野口城の物見台と伝わる土盛り遺構dが残されている。

　麓の宿の発生であるが、文禄元年(1592)の「人見・和田連署文書」には「野口宿」が記されていて、戦国期に野口宿があったことが分かる。おそらく、本来那須街道の宿場町として出来たものが次第に城郭に包摂されたものと思われる。Aに「なかじょう」という屋号の家が、Bに「戸張」という屋号がある。「戸張」は虎口にあたり、かつてこの辺りで激戦が展開されたのであろう。

（五十嵐雄大）

＊参考　御前山村史編纂委員会1990、山川千博2016

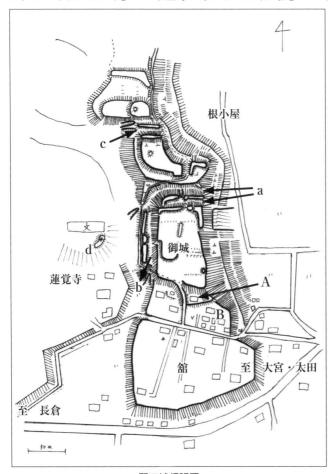

野口城縄張図
（作図：五十嵐雄大、2016年9月1日調査、2016年9月24日作成）

50 東野城(とうの)

所在：常陸大宮市東野字寺山他

2011年に発見された城館で、地殿神社の北方約600m一帯にある。

「佐竹家譜」には、小瀬義春の庶長子行長が東野に所領を得て、東野氏の祖となったことが記されている。部垂の乱では、佐竹(部垂)義元は戦力確保の一環として、天文8年(1539)泉氏に東野を与えている。このことから、東野城は常陸大宮市内の**前小屋城・小場城**などと同じように義元側の立場を採っていたと思われる。部垂の乱後、那須氏との戦いに備えて、佐竹氏は東野城を整備したのであろう。その後、文禄年間の常陸国内の知行再編で東野城主になったのは山方篤定で、廃城は佐竹氏の秋田移封時であろう。一方、「大和田重清日記」や「秋田国替記」では東野氏が佐竹家臣にいることから、東野を離れた後も存続していたことが分かる。

東野城に残る横堀

城跡は①城山・②館山・③常龍寺砦の三つの城郭遺構に大別される。特に城山があるところは三方向を沼や湿地に囲まれた独立地形になっていて、天然の要害である。

また、随所に坂虎口aや内桝型の虎口bを設け、横堀や竪堀を多用した普請が見られる。特に主郭下には、幅6m深さ12mの横堀cが曲輪になりながら城を回っている。また、谷津田を挟んだ南側の館山や北側の水田を挟んだ字常龍寺にも城郭普請が施されている。麓には伝承として城の堀跡とされる水田が残っている。屋号古宿(A)や屋号セキト(B)と呼ばれる家があり、城との関連が考えられる。なお、古

宿は中世の城下集落と推定され、このことから東野城は城下集落と館山及び城山が一体の総構の城郭と考えられる。

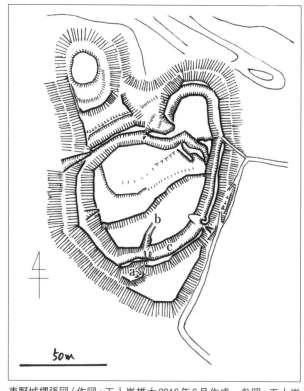

東野城縄張図（作図：五十嵐雄大2016年6月作成、参照：五十嵐2013より大幅加筆）

「大縄久照文書」には、「烏山□□紙申届候、（中略）先初番ニハ野口・東野・高部・小舟之者共可遣候、催作可然候、出入十一日□□度尤候、野口・東野□□自是可申付候、又次番者小瀬・檜澤の可為衆候、自只今催作尤候…（後略）」とある。この文書は当時**高部城**に在番していた大縄氏に佐竹義篤が長倉・野口・高部にいた武士団を率いて那須氏を攻めるよう指示した内容である。文書に登場している地名（野口・高部・小舟・小瀬・檜澤）にはいずれも大規模な普請を施した城郭がある。東野城もそのような境目の城館の一つであったと思われる。

（五十嵐雄大）

＊参考　五十嵐雄大2013

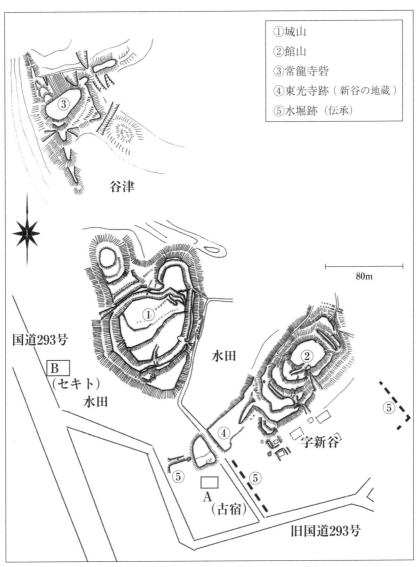

東野城全体図（作図：五十嵐雄大 2016年12月調査、2017年3月18日作成、参考図：五十嵐2013を大幅加筆）

51 高渡館
所在：常陸大宮市高渡町

　常陸大宮市街地にある大宮小学校の地にあった**部垂城**の北約800mにある。この付近は久慈川の氾濫原である低地であり、水田地帯である。館はその一角、久慈川に面した微高地上にある。この付近の久慈川水面の標高は20m、館のある場所付近は約26mである。周辺は若干低く、21〜23mである。標高差は僅かであるが、この差が決定的な要素であり、館がある付近は久慈川が氾濫しても浸水したことはなかったといわれる。このため、この館のある微高地上は集落になっている。

　館の歴史は不明であるが、この付近に河岸があったということから、部垂城付属の河川水運管理の館であったと思われる。

　遺構としては東側にU字形に土塁と堀跡が明瞭に残る。土塁は3〜4mの高さがあり、堀跡は幅約20mある。北西端部にも土塁の残痕がある。南西側の微高地縁部南側に昭和50年代まで土塁があったという。規模としては東西約100m、南北約100mの広さがあったと推定される。

（青木義一）

高渡館縄張図（作図：青木義一、2015年2月調査）

52 石沢館(いしざわ)

所在：常陸大宮市石沢字台

　石沢館は常陸大宮市石沢にある城郭遺跡で、2016年春に発見された。市役所南交差点の南側一帯にあり、城は大宮台地を玉川と谷津によって削られた台地先端部に立地している。現在周囲は住宅地となっているが、民家背後に土塁と堀跡が残存している。2016年にA地点で発掘調査が行われ、二重の堀が確認された。城は、15世紀から16世紀にかけて機能していたと見られ、石沢氏の館跡と推定される。石沢氏は、佐竹家臣団の部垂衆に属し、弘治3年（1557）の「甲神社奉加帳」に、石沢宮内少輔以下7名の同氏が確認されている。この城は**部垂城**、**宇留野城**、**前小屋城**に近く、東側を**小場城**方面へ抜ける街道が通っていたことから、小場・部垂間の関所城の役割を果たしていたものと推定される。また、城から見て谷を挟んだ南東側には、常弘寺という鎌倉時代から続く浄土真宗寺院がある。この寺の西側には谷があり、おそらく館の外堀であったと思われる。

（五十嵐雄大）

＊参考　五十嵐雄大・中林香織2016

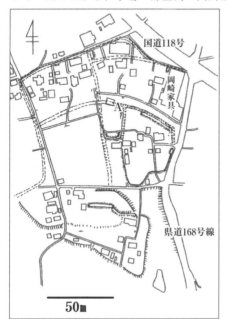

上　写真A地点　出土した堀
左　石沢館縄張図（作図：五十嵐雄大、五十嵐雄大・中村香織2016に一部加筆）

53 城菩提城
じょうぼだい

所在:那珂市静字城菩提

　城菩提城は静神社の北側500mの位置にあり、東側に突き出した比高30mほどの舌状台地の先端近くに築かれている。台地基部を掘り切り、周囲を切岸と腰曲輪(一部は横堀)によって城郭加工を施したもので、急造されたためなのか、曲輪内部はきちんと削平されていない。堀切も深さ2m程度であり、念入りに作られているわけではない。

　城菩提城について具体的な歴史は分かっていないが、戦時に際しての臨時的築城による産物であると考えられる。北側方向の加工度が高くなっており、北方からの脅威に備えたものであった。城菩提城の南東2kmほどのところには**古徳城**があるので、この城の北方を守るための出城であった可能性がある。

　城址の北東側の平野部に「北城」という地名が見られ、関連性が考えられるが、ここはもともとは「キタツボ」という地名であったということで、付近には城郭遺構も存在していない。「北城」については、城郭関連地名ではない可能性が高い。

(余湖浩一)

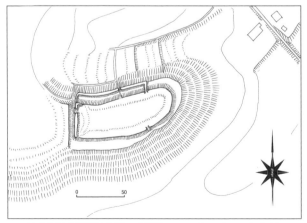

城菩提城縄張図(作図:余湖浩一、平成18年10月調査)

54　瓜連城出城
うりづら

所在：那珂市瓜連

　瓜連城は常陸における南北朝の騒乱において、南朝方の拠点城郭として登場する城であり、現在の常福寺境内が主郭部にあたる。城は南北朝期以降も断続的に利用されていたようであり、今残る遺構は南北朝時代以降も整備が続けられた結果と推定される。

　一方、川崎春二氏の瓜連城の図には多くの曲輪が描かれ、瓜連の市街地全体を城としている。おそらく南北朝期以降、街道の宿場を取り込んだ城砦都市が形成されていたのであろう。その川崎図の中に「出丸」と記された場所が存在する。JR水郡線の線路脇である。ここに高さ約5mの土塁が部分的に残存する。出城の規模は東西約60m、南北約80mと推定され、南西側の一部はJR水郡線の線路が分断している。土塁が全周していたかは不明であるが、堀が存在していたようであり、若干の窪みが見られる。出城の築城時期は定かではないが、南北朝期以降、瓜連の街が城砦都市化する過程で整備されたものと推定される。瓜連の街の

瓜連城出城縄張図
（作図：青木義一、2016年2月調査）

南西側を守る役目があったのではないかと思われる。北側の「素鵞神社」の西側にも浅い堀が長さ50mにわたり存在し、これも瓜連の街を守る遺構の可能性がある。

（青木義一）

＊参考：川崎春二1960頃、五十嵐雄大2016

55 武平山館(ぶへいやま)

所在:那珂市福田
別名:稲荷宮館

常磐自動車道那珂インターチェンジ東の杉林の中にある。風化埋没が進んでいるが、堀や土塁が確認できる。主郭部は約80m×65mの方形であったと推定されるが、北東側に土塁は確認できない。また館内部も凹凸している。東側に約30m四方の土塁で区画された部分があり、虎口、と推定される部分がある。

溜池を管理した館と推定され、周囲に水路跡が確認できる。南西側に「じく溜」と呼ばれる場所がある。ここは30m×50m位の広さがあり、窪地となっている。さらにここから西側

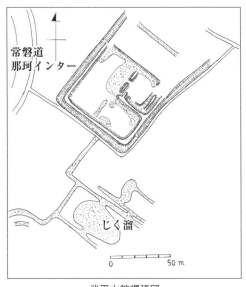

武平山館縄張図
(作図:青木義一、2007年2月調査)

に延びる水路跡が確認できる。この水路の先には沼跡が存在し、付近には玄蕃山館(那珂市)がある。両館で溜池と水利権を管理していたと推定される。この関係は根城内館と薬山館の関係とも似る。玄蕃山館については、「水府志料」に、永禄年間、叶野(または海野)玄蕃という者が住むという記載がある。叶野氏は信州出身といい、この地に来て館を構え、佐竹義重に仕えた。その子孫は天正18年、鴻巣に移り、佐竹氏の秋田移封後は帰農したという。近隣には叶野姓が多く、子孫であろう。武平山館も叶野氏に関係すると思われる。

(青木義一)

＊参考　高橋裕文1989

56 中坪館(なかつぼ)

所在：那珂市福田
別名：福田氏館

那珂市役場南西方向約1kmにある春日神社の南東約400mに位置する。

館は西と東の水田地帯である低地に挟まれた微高地上にあり、主郭部は2つの曲輪からなるが、宅地、耕地化により遺構のかなりの部分が湮滅している。

「水府志料」には、館主は佐竹氏家臣福田和泉守と書かれる。後に山入の乱に乗じて江戸氏が佐竹氏より横領し、その家臣となり、さらに額田小野崎氏の家臣にもなったこともあったようである。さらに江戸氏家臣であった吉原氏が館の一角に居住したという。佐竹氏の秋田移封後、福田氏、吉原氏ともこの地で帰農し、子孫がこの地で続いている。

曲輪Ⅰが主郭(内郭)であり、約100m四方の方形と推定される。曲輪Ⅰ南西側、墓地の脇に堀跡が、北側に幅約4m、深さ約2mの堀があり、この堀は東側で90度曲がり南に続いているが、途中で湮滅する。

この堀の北側が曲輪Ⅱ(外郭)で

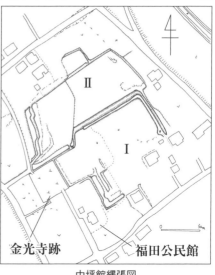

中坪館縄張図
(作図：高橋宏和、2016年3月調査)

あり、西側に堀が残存する。曲輪Ⅱは本来曲輪Ⅰの周囲を覆っていたと思われ、さらにその外側にも曲輪が存在していたようであり、館全体としては約200m四方の大きさがあったと推定される。南西側に慶安元年(1341)に佐竹義篤が建立したという金光寺跡が隣接していた。付近の城館と比べても規模は大きく、館主の勢力の大きさが伺える。

(青木義一)

＊参考　高橋裕文1989、茨城大学中世史研究会2016

57　堀の内館
ほりのうち

所在：那珂市菅谷
別名：大和田氏館

　現在、国道349号線が館中央部を通り、さらに国道の周囲に店やアパートが建ち、国道の東西の杉林、竹林及び水田の中にわずかに土塁、堀が見られるのみである。

　江戸氏家臣、大和田主水が居館したと伝えられる。大和田氏は鎌倉北条氏の流れを汲み、下総大和田(千葉県成田市)に住んだので「大和田」を称し、その一部が当地に移り、江戸氏に従ったものという。

　大和田氏は江戸氏滅亡後、佐竹氏に仕え、その後秋田に行くが、一族の一部は地元に残って帰農し、今も子孫がこの付近に多く居住する。

堀の内館縄張図
(作図：青木義一、2000年1月調査)

　館の北側は宮の池方面から流れる河川沿いに発達した水田地帯の南側の微高地上に立地する。この水系の水利を管理した館であったと推定される。

　館の規模は約150m四方と推定され、多くの曲輪があったと思われるが、館の範囲を特定することが困難である。曲輪Ⅰが主郭であり50m×40m程度の大きさを持ち、東に堀Aが残存する。その南に井戸跡が確認された曲輪Ⅱがあり、国道を挟み西に堀Bが残る。南西端の土塁aに囲まれた稲荷社がある場所が大手口であったらしい。

(青木義一)

＊参考　高橋裕文1989、茨城大学中世史研究会2015、
　　　　阿久津久也・峰岸純夫・菊池卓・山崎一編集1979

58 仲の房東館

所在:那珂市菅谷仲の坊東
別名:軍司氏館

　平地城館が密集する菅谷地区にあったが、宅地化のため、2014年に湮滅してしまった館である。
　佐竹氏家臣の軍司氏の館と言われる。この地区はすぐ南東に江戸氏家臣、平野氏の**寄居城**があるなど、この付近は江戸氏家臣や額田小野崎氏家臣の館が密集して存在する。佐竹氏が秋田に去った後、軍司氏はこの地で帰農した。現在、館内郭南西部に軍司氏の氏神、稲荷神社があり、今も子孫が管理している。
　40m×60mの内郭を100m×130mほどの規模を持つ外郭が囲む輪郭式の二重方形館である。堀幅は約5mあり、土塁もはっきりしていた。埋没は進んでいたが、当時はかなり立派な館であったと推定される。この館の堀も水路兼用の水堀であり、付近の水田への水の供給管理をしていた水利権を管理していた館であったと考えられる。

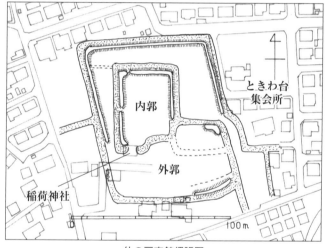

仲の房東館縄張図
（作図:青木義一、2000年1月、2007年2月調査）

（青木義一）

＊参考　高橋裕文1989、茨城大学中世史研究会2015

59 根城内館と薬山館

所在：那珂市鴻巣

最近、新たに確認された館である。那珂市内では宅地化等で多くの溜池と館が失われ、館と溜池が共に存在する例は少なくなっている。この館はその点で貴重なものであり、しかも溜池を挟んで2つの館が存在する。2館の構造は似ており、近隣の鷺内館、稲荷山館（那珂市）等とも類似する。館周囲に複雑に水堀を兼ねた用水路を巡し、給水管理施設も兼ねていたと思われる。那珂市鴻巣、JR水郡線

根城内館と薬山館縄張図
（作図：青木義一、2013年11月、2015年1月調査）

常陸鴻巣駅の東600mに「又三溜」があり、北側に「上洞溜」がある。両溜の真ん中には土橋状の通路がある。2つの溜池の長さは約400m、幅は約50mである。溜西側が根城内館、東側が薬山館である。両館とも歴史は不明である。根城内館の主郭は約40m四方あり、周囲を幅約4mの堀が囲む。周囲に水路が複雑に巡り、東側に調整池跡がある。

薬山館の主郭は東西約40m、南北約60mの広さを持ち、歪んだ五角形をしている。幅約4mの堀を兼ねた用水路が囲むが、南側は途切れる。この館周囲も水路が複雑に巡り、調整池跡もある。両館の水路と調整池は複雑な配置を採っており、このような構造を採った理由は不明である。　　　　　（青木義一）

60　県北・県央の長塁

『図説 茨城の城郭』では鹿行地方や稲敷地方の堀切遺構、長塁群や結城城の北西側に存在する長塁を取り上げたが、県北・県央にも長塁に属する城郭遺構が存在する。ここでは、そのいくつかを紹介する。

飯富長塁（所在：水戸市飯富町）
神生長塁（所在：水戸市成沢町）

水戸市の北西、田野市民運動公園北の稲荷神社付近から北に約600mにわたり断続的に二重（一部三重）の堀と土塁が存在する。『茨城県遺跡地図』では「大部館」としているが、長塁である。地名を採り「飯富長塁」と呼ぶべきであろう。

この地は那珂川の右岸の河岸段丘上であり、標高は38m、東下の水田地帯からの比高は約30mである。長塁は宅地化等により一部が破壊されているが、ほぼ直線状に存在する。北端では東に折れ、台地の東縁に続いていたと思われる。

規模は土塁上からの深さ約4m、堀幅は10～15mである。この長塁は飯富大井の集落防衛用のものと思われ、ここが城塞都市であった可能性が想定される。

この台地は西に広がり、もう1本の長塁が存在する。それが神生長塁である。現在、遺構は塙地区に、東側に堀と土塁が断続的に約150mにわたって残るのみである。しかし、かつてこの堀と土塁は南に延び飯富長塁と連結していたことが昭和55年（1980）以前の空中写真で確認できる。現地ではこの堀と土塁が城郭遺構であるという認識は薄く、馬車道、用水路とも言われていたという。

この遺構は飯富大井集落を台地続きの西側からの攻撃から守るためのものと考えられ、整備したのは江戸氏家臣神生氏と推定される。

ここは佐竹氏と江戸氏との境目の地であり、江戸氏の本拠、**水戸城**の防衛の役目もあったのであろう。台地西方には佐竹氏に属する**入野城**があり、それに備えてのものではないかと思われる。なお、神生長塁は一重堀であり飯富長塁より簡素な構造であるため、境界堀の可能性も残る。　　　　　　（青木義一）

＊参考　水戸市史編纂委員会1963

飯富長塁縄張図（作図：青木義一、2007年4月調査）

飯富長塁の土塁

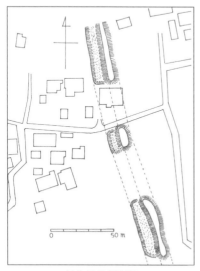

神生長塁縄張図
（作図：青木義一、2007年4月調査）

神生長塁の堀と土塁

石塚大堀
いしづかおおぼり

所在：東茨城群城里町石塚字大堀

（——— 明確な遺構、- - - - - 煙滅した遺構、2016年3月調査）
（国土地理院の電子地図（タイル）に加筆）

　石塚大堀は、石塚小学校の南300mにある掘割遺構である。
　歴史は、不明であるが、この遺構が石塚地区と那珂西地区の境目であり、**石塚城**ないし**那珂西城**の外堀と考えられ、長さが約1300mある。しかし、この堀は小学校の南東約600mにある古墳（上図参照）周辺で消えてしまっている。このため、構築途中で放棄してしまったことが考えられる。また、道路や猪除けなど堀以外の目的で使用された可能性もある。さらに石塚・那珂西双方の小字には、この遺構周辺を「大堀」と表記していることから境界を示している可能性もある。しかし、国道123号線付近の東側の雑木林の中には、最大幅約10m、深さ約3mの堀Aを見ることができる。この規模から単純な境界ではない可能性もある。

　　　　　　（五十嵐雄大）
　＊参考　石﨑勝三郎
　　　　　2012

石塚大堀（A）の堀

門部要害城
（附・門部館、小屋場館）
所在：那珂市門部北坪

　門部館の西方約900mにある久慈川を北に望む門部台地上にある台地を横断する長塁である。この台地は東西に長く北が久慈川の低地、南側は台地を浸食した東西に長い谷津となっている。北側の低地からの比高は約25mである。

　長弾上という者が住んだというが、この人物についてはいつの時代の者か分からない。

南東側から見た曲輪Ⅰの土塁a

　長塁は台地の幅と同じ全長南北約300mあったと推定される。中央部に段差があり、南側が2～3mほど高い。

　半島状台地を遮断する街道閉塞のための長塁であるが、長塁に3つの曲輪（居館を兼ねたものか）Ⅰ、Ⅱ、Ⅲが連結する異形の城である。遺構はかなり失われているが、台地北側、曲輪Ⅰに高さ約3mの土塁aが南北約80m、北側の縁部に東西約60mにわたりL型に存在している。

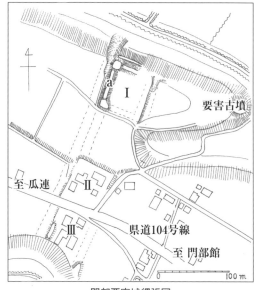

門部要害城縄張図
（作図：青木義一、2000年2月、2016年3月調査）

土塁aの西側に堀跡が残り、北側は竪堀となる。北側の土塁の北下にも堀が確認できる。南側の民家（曲輪Ⅲ）西側にも土塁跡が確認できる。北東端の要害古墳は物見台、狼煙台として使われたと思われる。川崎春二によると本城の西側に堀が1本あったというが、その場所は特定できない。

門部要害城が守る対象であった門部館は台地北縁部に横堀、竪堀と土塁を残すのみであるが、4つ程度の曲輪からなる城であった。

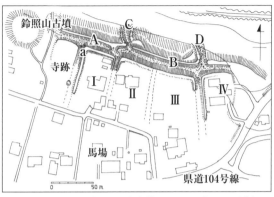

門部館城縄張図（作図：青木義一、2016年3月調査）

館主は分からない。館の形は**部垂城**と似る。高い土塁を持つ曲輪Ⅰか、広い曲輪Ⅲが主郭と思われる。北斜面に深さが5mほどある横堀A、Bが残り、竪堀C、Dが北下に下る。古墳を城域に取り込む点で門部要害城と共通点がある。佐竹氏家臣の城郭であろうが、歴史も明確でない。

また、門部要害城の南の谷津を隔てた台地東端に**小屋場館**がある。

源義家が滞在した館という伝説を持ち、義家鞍掛石と言われるものが近くにある。この館の歴史も明確ではない。

曲輪Ⅰ、Ⅱ、Ⅲからなり、東西約120m、南北最大100mの規模を持つ。比較的大型の館であり、

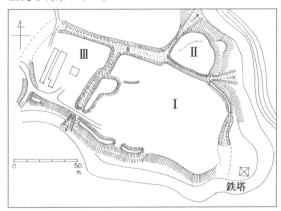

小屋場館縄張図（作図：青木義一、2000年2月調査）

南側の台地からの攻撃から門部館を守るための館と推定される。　　（青木義一）

＊参考：川崎春二1960頃

額田の密書

2011年3月11日の東日本大震災で被災したひたちなか市の民家の土蔵から5通の古文書が見つかった。翌年に茨城史料ネットがこれらの古文書を調査し、その結果、伊達政宗及び伊達家の古文書ということが分かった。その中の1通が、天正17年(1589)那珂市額田の**額田城**主小野崎昭通に宛てた「密書」である。

その内容は、

　　起請文の事
一、南郷出馬の上、何とても入馬候儀、その元へ通信有るべくの事
一、その元事切候以後、若無事に取成事候者、相談の事
一、中川北に江戸領の内、弓箭本意に付き者、宛て行うべくの事
此旨偽に候者、梵天・帝尺・四大天王・堅牢地神・熊野三所権現・八幡大(菩薩)・摩利支尊天・惣而日本国中大小神祇、無紛各々御罰を蒙るべく者也、いよいよ件の如し

天正十七年己丑十月晦日　　　　　　　　　　　政宗(花押)○血判
　　小野崎彦三郎殿　　　　　　　　　　（原文書き下し　五十嵐雄大）

発見された伊達政宗起請文(菊池恒雄氏所蔵　写真提供　那珂市歴史民俗資料館)

現代語に意訳すると、
「南郷に政宗が出馬したら、昭通に連絡すること」
「昭通が佐竹氏と手切れになったら政宗がとりなすよう相談すること」
「那珂川北の江戸領内は、昭通が合戦で取得したら政宗が宛がうこと」
という内容である。

この密書が発給された時期、額田小野崎氏は神生の乱で江戸氏と戦い、江戸氏に味方した佐竹氏との間で和議が結ばれ、領土を削減されていた。また、東北では伊達政宗が佐竹領を侵攻する準備を進めていた。同様の内容の文書が佐竹氏に従っていた**笠間城**の笠間氏にも出されていて、政宗が佐竹氏に属する在地領主を味方に付けたことが伺える。結局、政宗の南進は実現せず小田原征伐になり、額田氏は天正19年(1591)に佐竹氏によって本拠額田城を落とされた。額田昭通は伊達家に仕えたが、おそらく密書の内容を頼りに伊達家へ行ったのだろう。関ヶ原の戦いの後、政宗の娘婿で松平忠輝(徳川家康の六男)に仕えたが、忠輝改易後は水戸徳川家に仕えた。

この古文書は、戦国時代の常陸国の動静を知ることできる貴重な史料であり、今後の研究が期待される。
　　　　　　　　　　　　　　　　　　　　　　　（五十嵐雄大）

＊参考　茨城史料ネット2013

61 大山城

所在：東茨城郡城里町阿波山

城里町北部、旧桂村の国道123号阿波山交差点の西200mにある比高25mの独立丘陵を利用して築かれた城郭である。この独立丘陵は「館山」と呼ばれ、南北約250m、東西約50mあり、周囲を車で一周することができる。

主郭部に城郭風のホテルが建つ。岡の周囲は急勾配である。

南側から見た城址

築城は長承年間(1132－1135)大掾氏家臣鈴木五郎高郷によると言われるが伝承の域を出ない。しかし、いかにも城館を置くに相応しい岡であり、かなり古い時期に城は存在していたものと思われる。大掾氏から那珂氏を経て南北朝の騒乱後、ここは佐竹氏の領土となる。この城を拡張したのは佐竹義篤の子佐竹義孝が康安2年(1362)、南北朝の騒乱で那珂氏等から奪ったこの地域の支配を確立するために知行された以後であったと思われる。そして、その子孫が以後、この城を根拠地として大山氏を称することになる。

山入の乱では大山氏は佐竹宗家に与し、佐竹義舜を本城や**孫根城**に保護し、小場氏と共に山入氏と戦った。山入氏との戦いの舞台になったかどうかについては記録はない。乱終了後、大山氏は佐竹一門の重臣として活躍するが、独立性も高く同族の小場氏、石塚氏と戦ったこともあった。佐竹義宣による常陸国統一後、大山氏は**小場城**、次いで文禄4年(1595)**小高城**に移り城は廃城となった。

岡南端部下に城の解説板があり、そこから南斜面を上がる道が大手道であったと思われ、途中に虎口状になった場所があり、ここに門があったものと思われる。岡の上は平坦であり、南端部が少し高く、本郭（Ⅰ）であったと思われる。東側に神社が建つ土壇aがあるが、物見台、櫓台または城の鎮守の場だったと思われる。土壇の北側には堀があり、ホテルの建つ地Ⅱには堀で仕切られた複数の曲輪があったという。

　岡の北側は緩斜面であるが、端は鋭い切岸となり、横堀が見られる。この横堀は城の東側を覆っていたようであるが、コンクリートで法面が固められており、湮滅している。岡の周囲は水田地帯であるが、岡の東下は水田までの間が水田地帯より2mほど高くなった微高地（Ⅲ）になっており、現在は畑と宅地である。ここに家臣団の屋敷があったのであろう。

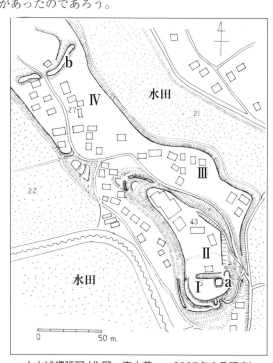

大山城縄張図（作図：青木義一、2007年2月調査）

　城の北西側Ⅳは低くなって微高地が続いていく。この方面が攻撃を受ける場合の攻撃正面となる可能性を持つ。このため土塁bと堀を置いている。ここに門があったのであろう。さらに北西側に木戸があったともいう。

　根小屋はこの方面にあり、北宿という字がある。また、低地を挟んだ東側阿波集落に上木戸、下木戸、古宿という地名が残る。

　岡周囲の水田地帯は当時深田状であり、当時は沼地の中に浮かんだ岡であり、今見る以上の要害性があったと思われる。

（青木義一）

＊参考　阿久津久也・峰岸純夫・菊池卓・山崎一編集1979

62　高久城

所在：東茨城郡城里町高久字館
別名：八幡館

　城里町の**石塚城**から北西に約1.5km、東を不動谷津、西を八幡沢という那珂川低地へと続く谷津に東西を挟まれた、低地との比高約30mの、高久台地南東突端部にある。

　高久城の歴史は、13世紀末期に佐竹行義の六男で、常陸太田市馬渕に居住していた馬渕小三郎景義が常陸大宮市野口に移住、後に高久の地に再移住し高久氏を名乗ったことに始まるとされる。

　以来、佐竹氏家臣となるも15世紀の内紛時代、高久四代目義景は宗家に叛き、大山氏によって攻め滅ぼされたという。五代目時義以降は再び佐竹家臣に戻るが、天文4年(1535)の十代目義貞が当主義篤に叛いて一時攻められて敗走。このときはすぐに降伏したため、義篤から許しを得ている。

　戦国期に宗家に仕えた義時・義貞・宮寿丸の3代は、天文12年(1543)の伊達氏等との間で行われた奥州久保田・関山の合戦の際、他の佐竹家臣等と共に討死、これにより城は廃されたとされる。

　現在、館集落共同墓地となっている郭Ⅰを挟むように、南に1つ、北に3つの郭群が配置され、幅約7m、深さ約3～5mの堀でそれらを区画している。また北へ約400mの台地縁辺部にも寄居集落を囲むように幅約3mの堀跡があり、東西にある谷津の延長線にこの堀跡が位置することから、寄居集落も含めた南北約600m、東西約400mの範囲が城内ということになる。

　場所によっては見事な遺構が見られるが、昭和20年代の豪雨被害による郭Ⅰ周辺の崩落、現在も続く宅地化やそれに伴う開発行為による土塁の崩しや堀の埋め戻し等、全体的に遺構の破壊が進んでしまっているのが残念である。

　ちなみに、西の果樹園内に普及山神宮寺吉祥院という高久氏の祈願所があったが、幕末に廃される際、本堂の彫刻が見事で壊すにしのびないということとなり、さらに西の地に建つ鹿島神社本殿に移築したと伝わり、現存する。　（高橋宏和）

＊参考　加藤太一郎1994、東茨城郡桂村教育委員会1999

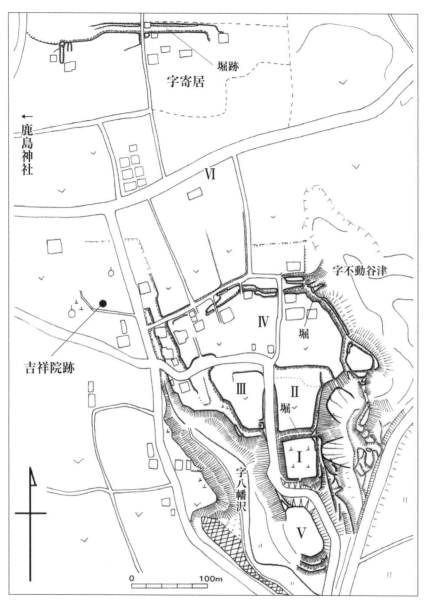

高久城縄張図（作図：高橋宏和、2017年1月19日作成）

63　荻原長者屋敷
所在：東茨城郡城里町徳蔵

　荻原長者屋敷は城里町役場七会支所の南側にある比高40mの台地上にあった。現在は緑地広場として整備されている。

　この城は一般に「荻原長者屋敷」と呼ばれており、長者に関する伝承が残っている。しかし、現在見られる遺構は戦国期の物見、あるいは連絡用のつなぎの砦、というように見られるものである。小規模ながらピリッとメリハリを利かせた構造は、戦国期、佐竹氏かその他の勢力によって築かれたものである可能性が高い。したがって、「荻原長者屋敷」などという名称よりも「○○砦」といった名称の方が、その実態に合っている。ただし、公園化の際の発掘時には、縄文時代など、かなり古い時代の遺物しか検出されなかったという。このことは、築かれながらもほとんど使用されることなく、すぐに打ち捨てられた城郭であったことを示しており、陣城であった可能性が高いといえる。

　この台地の下は、周囲をぐるりと幅20～30mほどの水田が取り巻いている。これはかつては沼沢地であり、天然の泥田堀の機能を果たしていたものだろう。南側の駐車場から急な階段を上がっていくと、曲輪の下から10mほどの高さの所に細い道路が廻っており、かつての帯曲輪であったと思われる。この帯曲輪は幅2mほどで、南側から西側にかけて城の周囲を取り巻いている。帯曲輪からさらに10mほど上がると曲輪内部に入れる。

　曲輪の周囲には深さ4m、幅6mほどの横堀が廻らされている。単郭構造の城郭であるが、城塁の各所が折れや横矢掛になっているので、かなり複雑な形状をしているように見える。横堀の外側にも土塁が盛られている。これは**石神城**や**多気山城**といった佐竹系の城郭によく見られるものである。これによって堀の深さが外側部分も深くなり、空堀の中に入り込んだ敵が、郭内部にも上がれず堀の外側にも戻れなくなっているうちに突き倒してしまおうという戦闘上の利点から工夫されたものである。ただし、石神城等と比べると土塁や空堀の規模はかなり小さい。

曲輪内部の広さは長軸40mほどでさして広くはない。現在虎口は西側と北側、それに東側に2箇所と、計4ヶ所設けられているが、周囲の空堀の形状からして、かつては北、東、西の3ヶ所であったと思われる。このうち北側の虎口は曲輪側と外側の両方に横矢の張り出しがあり、かなりしっかりとした造りである。大手口は東側の中央部分にある虎口aであったと思われ、こちら側にも横矢の張り出しが見られる。

西側の虎口がもともとのものであったのかどうか迷うところである。この規模の砦にしては3ヶ所の虎口は多すぎるように思われる。しかし、西側の虎口と接している堀に食い違いが認められることから、一応、この虎口も元からのものであると考えてよい。南東側の虎口だけは、公園化に際して土塁を崩して造ったものであろう。

主郭部はこのように単郭の小規模なものであるが、さらに台地基部側にも堀切が設けられている。 （余湖浩一）

＊参考　七会村教育委員会1994

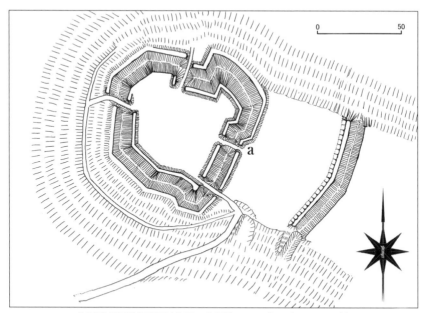

荻原長者屋敷縄張図（作図：余湖浩一、平成10年12月調査）

64 入野城(いりの)

所在：東茨城郡城里町上入野字宿城、龍ヶ谷

　この城については、上入野という字名にあることから、これまで上入野城と呼ばれることが多かったが、後述するように、入野郷支配の拠点として機能した城郭であると想定されるので、この本では入野城の名称を使用する。

　しだれ桜や平重盛墓で有名な、城里町上入野の小松寺の南側背後にそびえる比高100mほどの白雲山が入野城の跡である。

　天文14年（1545）に佐竹義篤が死去した後、跡を継いだ佐竹義昭と江戸忠通との間に抗争が勃発し、天文16年（1547）〜20年（1551）にかけて、入野・大部平・戸村などで両者による合戦が行われている。水戸市の和光院に残る記録（和光院記録）によれば「一、入野郷、太田（佐竹）・当方（江戸）之弓矢故、天文十六年之八月より亡所となり、天文廿年之六月無事ニ罷成候」とあり、入野郷は佐竹氏と江戸氏との抗争の舞台となっていた。その後、天文20年（1551）6月になって無事（和平）となったが、以後も入野郷は、佐竹氏と領域を接する江戸氏の重要地点となっていた。入野城は、江戸氏が佐竹氏に備えて築いた境目の城郭であったと思われる。城主伝承を残していないことから、特定の領主の居城というよりは、番城として使用されていた可能性が高い。とはいえ、堀ノ内、竹ノ下、馬場などといった地名を残していることから、一時的な拠点として終わったわけではなく、入野郷支配の拠点として一定の期間存続した城郭であったと考えられる。小松寺のあるところが、居館であった可能性がある。

　白雲山には遊歩道が整備されており、その関係かヤブも少なく、充実した遺構をハイキングがてらに見学することのできる山城となっている。

　小松寺から山道を比高60mほど登ると、いったん平場に出る。正面には山を直登するような道があり、右手には平坦な尾根が延びている。右手の尾根の先が出丸である。出丸は、200mほどもある細長い尾根に切岸を入れて段郭状に形成したもので、簡素な造りながら、2箇所には堀切も見られる。

　ここから尾根を直登するような道を登っていった先が主郭部である。山頂の

曲輪Ⅰは長軸60mほどの郭で、山頂にしては意外なほどの広さがある。両端には土塁を配置しているが、特に曲輪Ⅲとの間の土塁は高く、曲輪内部からでも3mほどの高さがある。また内部は1mほどの段差によって2段の構造になっている。虎口は南北の2箇所にある。このうち北側のものが大手口であると思われ、虎口の両脇には櫓台のような土塁が配置してある。北側堀の先には土塁が配置されており、この土塁との間を木橋によって接続させていた可能性がある。

　曲輪Ⅰから三方向に延びる尾根のそれぞれに堀切を入れて曲輪を配置している。
　　　　　　　　　　　　　　　　　　　　　　　　　　　　　（余湖浩一）

＊参考　茨城県史編さん中世史部会1974a

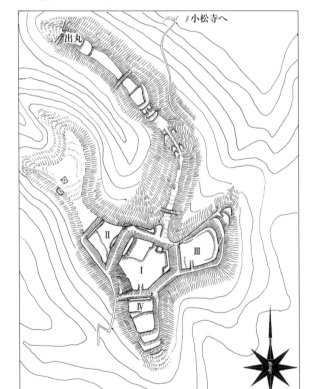

入野城縄張図（作図：余湖浩一、平成16年12月調査）

65　清水城(しみず)

所在:ひたちなか市高野

　東海村とひたちなか市の間にかつて存在した真崎浦周辺には**真崎城**、**多良崎城**等多く城館が存在する。清水城はその奥部、谷津が複雑に入り組んだ標高30mの台地突端部に位置する。

　城は西側以外3方向が谷津に面した東端に曲輪Ⅰを置き、台地続きの西側に曲輪Ⅱを置く連郭式であり、一辺約150mの三角形をしていたと推定される。

　1500年頃の築城と推定され、額田小野崎の家臣、清水氏が城主だったという。額田小野崎氏が佐竹氏に滅ぼされると、当主清水但馬守正重は佐竹氏直属の家臣となった。そして佐竹氏の秋田移封時に正重の次男が秋田に移ったと言われる。長男正永はこの地で帰農し、子孫が続いている。

　現在、城址は畑となり遺構の多くは湮滅しているが、曲輪Ⅰの西側を覆う高さ約3mの土塁aの北側半分が畑の中に残存している。この土塁は東に折れ、曲輪Ⅰの北側から東側を覆い、その外側が横堀Aとなる。曲輪Ⅱ西側の土塁b残痕が南端に残存する。曲輪Ⅱ西側を堀Bが覆っていた痕跡が南端部に残る。

　なお、県道284号線の西側に西郭が存在していた。清水城との間には浅い谷津があり、約400m離れているため、独立した城と言える。このため「清水西城」ともいう。清水城とは双子関係にあったと思われる。台地先端部の台地に続く部分を掘切り、周囲に土塁を巡らせた単郭の城であったというが、現在、遺構は確認できない。　　　　　（青木義一）

＊参考　勝田市史編さん委員会1978

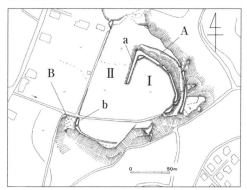

清水城縄張図（作図：高橋宏和、2016年12月）

66 小山城(こやま)

所在：ひたちなか市高野
別名：小山館

かつての真崎浦南岸、ひたちなか市高野地区から浦の入り江跡に張り出した標高31mの台地先端部付近に位置する。台地の東西は浸食された谷津になっており、西側の谷津対岸に清水城が、東の谷津を隔てた対岸に深茂内館（ひたちなか市）がある。

城の来歴については不明である。居住性を有し、さらに真崎浦の入り江を背にした要害性も併せ持つ土豪の居館であろう。

基本的には単郭の城であり、主郭である曲輪Ⅰは東西最大70m、南北90m程度の大きさを持ち、歪んだ五角形をしている。堀、土塁の規模は小さいが、遺構はほぼ完存状態にある。全周に土塁を持つ。台地続きの南側の土塁が立派であり、他の3方面の土塁は低いが、内部はかつて畑として使われていたため改変を受けている可能性がある。外周の堀も台地続きの南側のみが立派であり、幅は約8mある。しかし、堀底から土塁上までは約3.5mの高さに過ぎず、堀は曲輪内を耕地化したため埋められていると思われる。

南側の土塁と堀はうねるように構築され、横矢がかかるようになっており、技巧的である。土橋と虎口が南側にある。東側には堀を隔てて馬出のような曲輪Ⅱがある。（青木義一）

＊参考　勝田市史編さん委員会1978

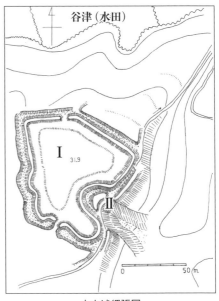

小山城縄張図
（作図：青木義一、2006年3月調査）

67 全隈城(またぐま)

所在:水戸市全隈町字富士山(ふじやま)

　水戸市森林公園の東に突き出した通称、寺山と呼ばれる、西以外の三方を水田に囲まれた、低地との比高約30mの細長い尾根を利用している。

　水戸城主江戸但馬守家臣で全隈村を治めていた者として、付近に今も子孫が残る冨田氏・薗部氏がおり、いずれかの者の城であったものと思われる。天正18年(1590)の水戸城攻略に際して佐竹氏に攻撃され、後に廃城になったと思われる。

　合計4本の堀切で尾根を分断し、幅約20m、長さ約75mの郭Ⅰの周囲を低い土塁や帯曲輪が巡り、東側は幅約2mの横堀となって防御を厚くしている。台地先端の民家辺りに居館があったものと思われるほか、南西対岸にある小山は弁財天跡と伝えられるが、関係は不明。

(高橋宏和)

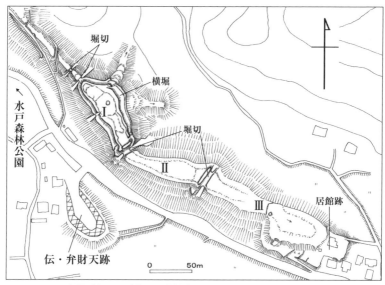

全隈城縄張図(作図:高橋宏和、2017年1月21日作成)

68 有賀北館
所在：水戸市有賀町字川房小屋

　有賀北館は、水戸市西部の有賀地区の有賀神社から北北西約800m、西側を除く三方を低地に囲まれた比高約20mの台地先端部にある。

　戦国期、有賀城（水戸市、有賀神社の南側約100m）城主木村美濃守の家臣に根本・綿引等がおり（『内原町史　通史編』）、いずれかの人物の館かと思われる。

　東西約40mの五角形状の単郭で、勾配が緩い南から東にかけて扇状に段郭を配置、西側には土塁を伴って幅約5m、深さ約2mの二重堀切を設けている。

　居館というよりは、北から東の谷筋を監視する物見と思われるほか、北側斜面下には、戦国末期に佐竹氏による有賀金山の坑道跡が残り、金山経営と関係した施設の可能性も考えられる。

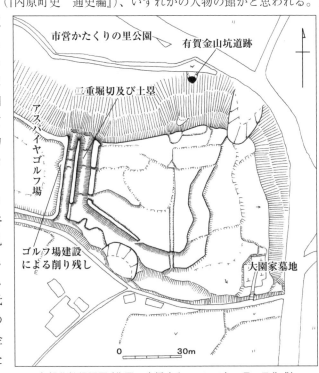

有賀北館縄張図（作図：高橋宏和、2017年1月4日作成）

（高橋宏和）

＊参考　内原町史編さん委員会1996

69 長者山城

所在：水戸市渡里町字長者山

水戸市渡里町には、古代の那賀郡衙跡と考えられる台渡官衙遺跡がある。長者山城はその一角にある城郭遺跡である。

一守長者が平安末期にいて、八幡太郎義家が後三年の役で、この屋敷を通った時に豪勢な歓待を受けたが、それを脅威に思った義家は長者を滅ぼしたという伝説がある。一方で、長者とは富裕人を指し、那珂川の舟運などで財を成した土豪という説もある。ただし、現在残る土塁や堀は15世紀から16世紀にかけてのものであり、江戸氏家臣春秋氏の築城によるものであろう。春秋氏は、**見川城**や**河和田城**にも一族がいたことが確認されていて、江戸氏の重臣であったと考えられている。

現在、11の郭が確認される。城の西側はゴルフ場や宅地造成で地形が変わっているが、1946年の空中写真で復元できる。郭Ⅰの土塁は高さ最大5m、空堀は深さ最大8mある。幅は最大10mあり、圧巻である。この東側に坂虎口がある。郭Ⅲ・郭Ⅴの東側斜面には、郭Ⅰからの堀が続いている。この堀は郭Ⅶで幅3mの竪堀となり終わるが、すぐ南に腰曲輪になり、これが再び横堀となる。堀はⅦ郭とⅧ郭を回っていたようである。主郭から50m先の郭ⅩⅠでは、幅3m深さ2.5mの土塁が残っており、ここが外郭と思われる。また、八幡神社にも切岸状の高まりがある。これは、古代那賀郡衙の遺構と考えられるが、中世にも使われた可能性がある。

Aの堀の様子

数度にわたる台渡里遺跡の発掘調査の過程で、長者山城の範囲から沢山の遺構や遺物が発見された。その中には、瓦礫道という中世の道や生活道具のカワラケが報告されている。城の南側を古代官道である東海道（中世以降は鎌倉街道下ツ道）が通っていて、古代から政治や交通の要衝だったことが窺える。
　また、周辺には「アラヤ」「宿屋敷」など、城館に由来する地名もあることから、城の範囲はもっと広がると考えられる。
　長者山城には周辺に**戸村城**、**那珂西城**という佐竹氏の城がある。このことから、長者山城は佐竹領に接する江戸氏の「境目の城」であったと考えられる。

（五十嵐雄大）

＊参考　水戸市史編纂委員会1963、東京航業研究所2007、田中裕2014

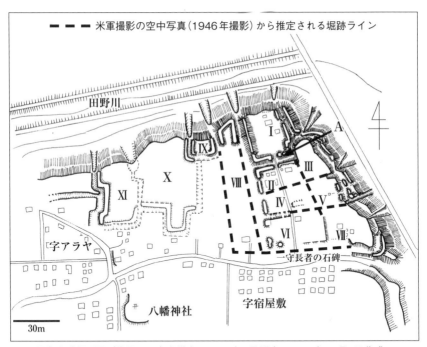

長者山城縄張図（作図：五十嵐雄大、2016年9月調査、2016年10月1日作成、東京航業研究所2007及び田中裕編2014を参考にした）

常陸国の幕末海防施設

　常陸国は太平洋に面し、その海岸線は南北に約190kmを有す。また水戸藩は尊皇攘夷運動の旗手でもある。ここでは、その水戸藩が実施した攘夷具現化、すなわち海防施設について紹介する。

　正保2年(1645)湊村(ひたちなか市)、水木村、磯原村(北茨城市)に異国船遠見番所を設置したのが嚆矢である。文化4年(1807)初めて異国船が鹿島沖に出没したのを皮切りに、文政6年(1823)には川尻、平磯、浜浜の漁民が異国船に乗り込む事案発生、同7年には大津浜に英国人12人が上陸する事態に至った。同8年、幕府は異国船打払令(無二念打払令)を発布、強硬方針を打ち出す。文政12年(1829)になると徳川斉昭が藩主に就任し積極的な海防施策を次々と実行した。海防施設の充実及び増設、大砲鋳造のための那珂湊反射炉建設、海防人員の拡充等である。元治元年(1864)、天狗党の乱が勃発し、いくつかの海防施設は戦乱に巻き込まれて破壊された。攘夷を声高に叫ぶ天狗党が、最も有効な攘夷の実行装置である海防施設を破壊する結果となったのである。なお、常陸国内の台場から異国船に対する発砲の記録はない。

　海防施設はその目的別に3種類存在した。海防陣屋は海岸守備隊司令部及び兵員駐屯地にあたり、友部、大沼(日立市)、磯浜、松川(大洗町)の他計7箇所。台場は沿岸砲台であり最北の大津(北茨城市)から最南の国末(鹿嶋市)まで24箇所。遠見番所は沿岸監視哨にあたり計7箇所設置された。それとは別に海防専門の城郭、助川海防城(日立市)も築城された。なお、北茨城市北部は棚倉藩、成田台場以南は守山藩、それ以外は水戸藩が受け持った。台場、遠見番所は全て沿岸部に設置されたが、海防陣屋はいずれも若干内陸部に置かれている。遺構の現況についてはまちまちで、完存に近いものから湮滅したもの、中には位置が未確定のものもある。海防施設は城郭とは異なり単機能の軍事施設であるため、土塁や堀といった明瞭な遺構は少なくただの平場となっているものが多い。台場も胸墻のような砲台特有の遺構が残存している例は少ない。

　祝町向洲台場は県内唯一の西洋式沿岸砲台であり規模も最大である。それ以外の台場は全て旧式で、築山をいくつか並べてその間隙から砲身を覗かせるような単純なものであったようである。　　　　　　　　　　　　（岡田武志）

　＊参考　水戸市史編さん委員会1982、蓼沼香末由2006、日立市郷土博物館2009、大洗町史編
　　さん委員会1986、美浦村お散歩団2006

茨城の城郭を知るための15のコラム

70　大洗町の海防施設

所在：東茨城郡大洗町磯浜町

　茨城県には多くの海防施設が設置されたが、ここでは比較的保存状態がよく見学し易い磯浜海防陣屋と祝町向洲台場の2題を取り上げる。現代風に言い換えると海防陣屋は海岸守備隊司令部及び兵員駐屯地、台場は沿岸砲台となる。

磯浜海防陣屋(いそはまかいぼうじんや)

　磯山町の商店街を見下ろす標高約28mの台地辺縁部に立地。海岸までは約800m。南東方面の眺望は大変良く海上監視に適している。

　文政8年（1825)、この地に異国船に対処するために設置された遠見番所「望洋館」が前身で、天保13年（1842）に陣屋への格上げ、並びに大幅の人員拡充等を実施し本格的な海防陣屋に生まれ変わった。この頃になると常陸沖に異国船が出没することはめっきり減ったようで、当陣屋が異国船相手に軍事行動をとった形跡はない。元治元年（1864）、天狗党の乱の際、天狗党一派は磯浜海防陣屋を占拠した。鎮圧する幕府軍は当陣屋に砲撃を加え奪取に成功するが、陣屋施設は破壊されその後再建されることはなかった。（『大洗町史 通史編』）

　Ⅰ～Ⅳの平坦面があり、これらが陣屋の主要部であろう。Ⅰが最高所であるので海上監視台があった場所と思われる。「水戸天狗党絵巻」の当陣屋の図にはh、i、jにスロープ（階段）虎口が描かれている、jは藪が酷く調査不能であったが大手道であったようである。また、Ⅲ北側の日下ヶ塚古墳は大きく改変を受けているが、同絵巻には当該古墳と思われる場所に建物が描かれており、陣屋の一部として利用されていた可能性がある。

祝町向洲台場(いわいまちむこうずだいば)

　那珂川の河口近くの海岸段丘上に築かれている。標高は約20m。磯浜海防陣屋からは北東2.7kmに位置する。

　水戸藩主、徳川斉昭は湊に和田台場（ひたちなか市）を築造するとともに、

対岸の祝町向洲にも台場を築く案を安政元年(1854)に計画した(『水戸市史 中巻4』)。当台場の着工、完成時期については不明であるが、安政から文久年間に着工し、元治元年(1864)頃には現在の状態になっていたようである(「常陸国における江戸時代台場の集成的検討」)。当台場から異国船に向けて砲撃が実施された記録はない。元治元年8月13日、天狗党の乱の際に当台場を占拠した天狗党は、敵対する諸生派の日和山台場及び瀧ノ口船場(共に那珂川対岸)との間で砲撃戦を繰り広げている(『大洗町史 通史編』)。外国からの脅威を防ぐために藩主斉昭によって築造された台場が、あろうことか水戸藩士同士の殺し合いに使用されてしまうとはなんたる皮肉であろうか。

　南北に約250mを計る。本来は八角形を半分に切り取ったような形状をした砲台であるが、北端は宿泊施設、南端は県道173号線建設によって消滅している。aの掘り込まれた部分は後世の所産でおそらく通路跡である。飛砂と植林により風化が激しいのは否めない。また、表面観察では火砲設置のための砲座部材のようなものは確認できない。隔壁はほぼ等間隔で8箇所残存する。「郷土大鑑」の図によると隔壁は9箇所あり、北の消滅部分にもう1箇所あった。消滅隔壁から更に西へ胸壁が伸び那珂川へ向けて数個の砲眼が設けられていた。bは最高所で遠見番所及び指揮所を想像できる。砲座は前述の通り2系統ある。主砲座は隔壁間に据えられた計8門で、屈折した塁線の恩恵により水平射界は約90度を誇り、洋上の異国船を長射程で狙う。cは敵からの砲撃を防御する胸壁、dは大砲を設置すると共に砲兵が射撃作業をする歩兵踏垜、eは最も低い塁道の3段構造となっている。現在、砲台内は民家等が建て込んでおり、確認不能であるが、迅速測図及び「郷土大鑑」の図では4段構造となっており、最下部の塁壁路(門庭)も存在していたようである。fは隔壁で大砲が暴発した際、隣の砲へ被害が及ぶのを防ぐための障壁である。配備された火砲がどのようなものであったかは不明であるが、当台場の主砲座に相応しいのはカノン砲身を持つ端軸要塞砲であろう。砲は隔壁と隔壁間の歩兵踏垜上に設置され、砲身はわずかに胸壁より高い位置にあった。側砲座は北側の湮滅した部分gにあり、こちらは那珂川を遡上する異国船を狙っていた。砲眼が開けられていたので、おそらくは低身砲架上に設置された短射程の火砲(臼砲の類)を数門据えていたであろう。那珂川河口対岸には和田台場が置かれ、両者でもって挟撃が可能であった。このように最新の西洋式砲台様式を採用した台場は県内ではここだけであり、貴重な遺跡と言える。

(岡田武志)

＊参考　大洗町史編さん委員会1986、水戸市史編さん委員会1982、蓼沼香末由2004a、2004b、2006、大洗町文化財保存会1969、藤井尚夫2013、大林組CSR室1999、日立市郷土博物館2009、幕末軍事史研究会2008

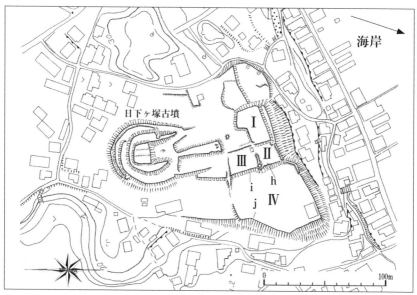

磯浜海防陣屋縄張図（作図：岡田武志、平成27年2月20日測量）

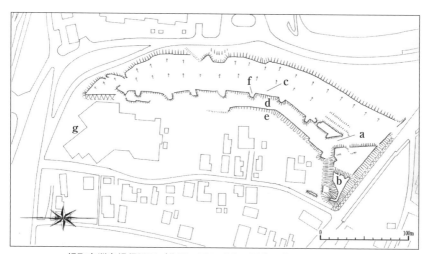

祝町向洲台場縄張図（作図：岡田武志、平成27年2月20日測量）

71 大貫城砦群

登城館	所在：東茨城郡大洗町大貫町字登城
一杯館	所在：東茨城郡大洗町大貫町字一杯館
後新古屋館	所在：東茨城郡大洗町神山町字後新古屋
龍貝館	所在：東茨城郡大洗町神山町字龍貝

大貫城砦群は、南西に広がる涸沼の低地を望む低地との比高約30～40mの、大洗町中央部大貫台地上にあり、低地から複数の谷津が台地内部へ深く入り込む、このうちの1本を取り囲むように築かれている。

大貫地区は、明治11年（1878）より現在まで東茨城郡に属すが、豊臣秀吉による文禄3年（1594）の太閤検地から近世初期まで茨城郡であった一時期を除き、古代から明治まで鹿島郡宮田郷と呼ばれていた。

大貫城砦群配置図（作図：高橋宏和、国土地理院の電子地形図（タイル）に加筆）

この地の築城起源について「西光院由来記」によると、下総国千葉一族資胤が室町初期の応永年間に城を構えたと記している。しかし『大洗町史』によれば、「千葉氏系図」に該当する人物の名が無く、この地に城を構えたことも記していないとして疑問視している。そのため、(1)鹿島郡に属す。(2)鹿島神社の神領である。(3)これらの地は中世初期より大掾氏の領地である等の理由により、大貫に城を構えたのは鹿島大掾一族ではないかとしている。この地より西側は水戸の江戸氏の領地で、同氏は室町後期の文明年間に大貫より涸沼を挟んで対岸の小鶴庄（茨城町）を始めとする大掾氏領へと侵攻を開始。一旦は収まるも、戦国期に再び江戸氏は大掾氏領へ侵攻、各地で合戦が行われている。大貫地区について具体的に記した史料に乏しく、不明な点が多いが、室町後期から戦国期にかけての江戸氏による南方侵攻を警戒し、江戸氏領に隣接する鹿島最北端の大貫の地に、大掾氏によって城砦群が築かれ、地域支配と江戸氏領の監視に当たったと思われる。

登城館 大貫城砦群では最大級の規模を誇る城館で、平成11年に宅地開発に伴う事前の発掘調査が行われ、幅約8m、深さ約4m以上の折れを伴った堀や、ウマの骨を含む多数の遺物・遺構が出土した。しかし開発計画は頓挫、調査後の放置によって荒れ果て、未調査区域の城の東斜面部も近年の再開発により大半が破壊された。また、台地上は耕作放棄地でもあり藪が酷く、遺構が残る西側山林内を除き、確認困難な場所も多い。南北約85m、東西約75mの方形の郭Ⅰを中心に4つの郭を周囲に配置、深

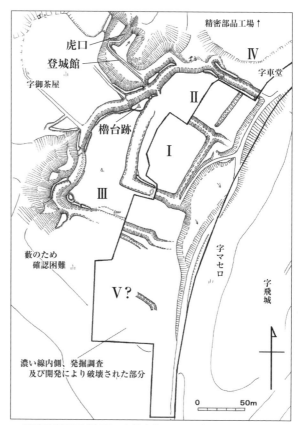

登城館縄張図（作図：高橋宏和、2017年2月17日作成、大貫台地埋蔵文化財発掘調査会2001を元に作図）

さ約3～4m、幅最大約10mの堀によって郭間を区画している。郭Ⅰの北西に谷津へと下る登城路及び虎口があり、これを監視するように郭Ⅰ北西角に櫓台跡が築かれている。全体的に西側に重点を置いた郭配置は、西の江戸氏を意識したものであろう。そのほか北東方向に、字車堂や字常福寺といった寺院関係の地名や、真言宗西光院などがあり、これらは城の鬼門除けの意味もあったのであろう。

一杯館 登城館の北西約730mの大貫台地先端部にあった大貫氏初期の城とも言われるが詳しい歴史は不明。登城館南側にある谷津の出口に位置し、周囲を低湿地に囲まれ、一杯という名称は、台地下から見るとお椀を逆さにした形に

似ることに由来している。遺構の詳細不明のまま、1970年代の土取りにより台地ごと消滅した。

後新古屋館　登城館より谷津を挟んで南西対岸にあり、2005年に確認された城館跡である。南西から反時計回りに北東にかけての台地縁辺部に、途切れながらも幅約5m、深さ約3mの堀が巡っている。また、台地北東部と南西部には、中世から近世にかけて信仰対象として築かれた十三塚と思われる塚群が、一列に複数並んでいる。

　対して、時計回りに西から北にかけては、帯曲輪と思われる平坦地がある程度で、土塁や堀がほとんど設けられていない。耕作による地形改変を受け、どの程度旧状どおりかは不明であるが、最高所の台地中央部に主郭を置き、東から南側にかけて重点的に普請が行われている印象であり、字新古屋久保の谷津や、東側の谷筋を意識しているようである。

龍貝館　谷津を挟んで後新古屋館の北側に隣接、後新古屋館とは台地続きであるが、こちらは比高が約10m下がる。字龍具という地名は、要害が転訛した龍貝が本来の書かれ方であるが、貝と具を誤読し、確認せずにそのまま登記されたのであろう。一辺約50m四方の方形で、東を除く3方を幅約3m、深さ約1mの堀と土塁が巡っていたが、北側のみ崩落により消滅している。遺構の配置や地名、立地等から、東の谷津を監視する物見台という役割が想像できるが、史料が無く詳しいことは不明である。

　これら城砦群は、谷津を監視するように築かれているが、谷筋を街道が通っていたのか、あるいは水量が多い時代に船着場があったのか等、史料に乏しく詳しいことは分からない。城砦群に囲まれたこの谷津が、塞ぎからの転訛地名と指摘されている字兎田であることも（コラム「「うさぎ」追いし茨城の城郭」参照）、一つの防衛線として意識された名残なのかもしれない。　　（高橋宏和）

＊大洗町史編さん委員会編集1986、大貫台地埋蔵文化財発掘調査会編集2001、
　茨城県東茨城郡大洗町史編さん委員会編1981、江原忠昭1962、茨城城郭研究会編2006

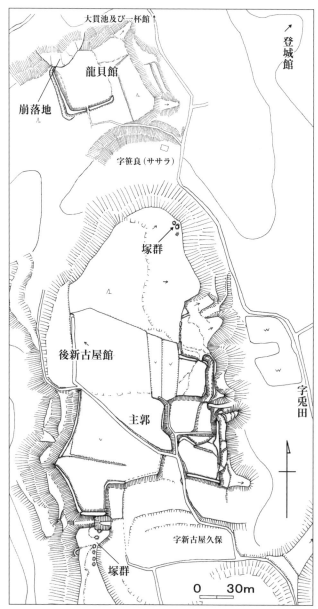

後新古屋館と龍貝館縄張図（作図：高橋宏和、2017年1月28日作成、参考図：美浦村お散歩団2005）

72 宮ケ崎城と宮ケ崎古館

所在:東茨城郡茨城町宮ケ崎

宮ケ崎城は涸沼南岸の台地突端部、海老沢地区の東方にある鹿島神社北側に位置し、県道16号線が城域の南を通過する。城の南側と東側は台地が浸食されてできた谷津がある。この谷津は幅30m以上あり、天然の堀となっている。

この城は鹿島氏の流れを汲む宮ケ崎氏が築いたという。宮ケ崎氏は田野辺政幹の次子家幹が鎌倉初期に興した一族であり、涸沼の水運を管理していたという。宮ケ崎氏については、又太郎幹顕が南北朝時代、建武5年(1338)に起こった**神宮寺城**攻めに大掾一族とともに出陣した記録が残る。そして上杉禅秀の乱に連座して滅亡したといわれている。

曲輪Ⅰが主郭である。涸沼を北に見下ろす比高25mの台地北西端の高台に位置し、その周囲に曲輪Ⅱ、曲輪Ⅲ、曲輪Ⅳを展開させる。全体として一辺約300mの三角形をしている。

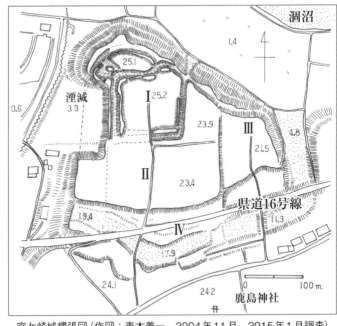

宮ケ崎城縄張図(作図:青木義一、2004年11月、2015年1月調査)

堀、土塁が確認できるのは主郭部のみであるが、曲輪Ⅰ南側の土塁と堀は耕地化により一部湮滅している。曲輪Ⅰは約100m四方の広さでほぼ全周、土塁が囲っていたようである。南側、西側は高さ約4mほどの土塁が囲み、東側、北側の土塁の高さは約2mと低い。さらにその周囲、北東側を除いて幅8～10mの堀が取り囲んでいる（南側は湮滅）。西側の堀底から曲輪Ⅰの土塁上までは約6mの高さがある。曲輪Ⅰの北西側は独立した曲輪に見えるが、曲輪Ⅰ西側斜面が土取りで崩されているため、本来は曲輪Ⅱとつながっていたと推定される。ここは涸沼が一望の下に見渡せる眺望に優れた場所であり、湖面監視用の物見の場所であったものと思われる。この下の湖畔には「津」（港）があったのであろう。曲輪Ⅰの南側、東側は畑となっているが、そこが曲輪Ⅱ、さらに2～3mの段差を置きその東側が曲輪Ⅲ、南側が曲輪Ⅳとなる。曲輪Ⅱには土塁が存在していたというが、耕地化により失われている。曲輪Ⅲの南東部に宮ケ崎氏の菩提寺跡があり、五輪塔が出土している。

宮ケ崎氏の居館は鹿島神社南にある宮ケ崎古館（別名「古館」、「きゅうでん堀」）であったという。この館は南北約140m、東西約100mの規模を持つ巨大な方形館であり、堀、土塁が半分程度残存する。この館の規模から宮ケ崎氏の実力が想像できる。

宮ケ崎城は涸沼の水運監視と非常時の避難所として築城されたと思われるが、今に残る姿はその目的以上の規模としっかりした構造を持っている。これは宮ケ崎氏滅亡後、涸沼の水運管理を継承し、大掾氏と対立関係にあった江戸氏の南の最前線である**小幡城**の後方補給拠点として拡張整備され、管理されていた結果と思われる。

（青木義一）

＊参考　茨城町史編さん委員会1995

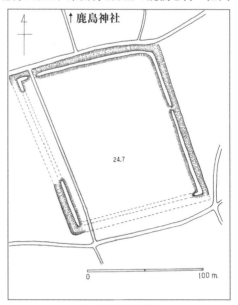

宮ケ崎古館縄張図
（作図：青木義一、2004年11月調査）

73 海老沢館
えびさわ

所在：東茨城郡茨城町海老沢

　海老沢館は涸沼の南西、鉾田台地の北端近くに築かれた丘城である。台地の辺縁より600m程台地内部に位置する。城の北西側は後に勘十郎堀となる谷津が入り込み、その対岸の台地上には内手館（茨城町）が存在する。海老沢館を含めこの地域は、内手館、網掛館（茨城町）、**宮ケ崎古館**等、単郭方形館が多く見られる。

　城主と目される海老沢氏は鹿島氏の一族でこの地、海老沢の発祥と伝えられ、海老沢館、内手館の2か所に居館を有した。のちに北西1.7km南島田の**天古崎城**へ居を移したという伝承がある。この頃、江戸氏の家臣となったようで、天正16年（1588）の府中合戦の際には江戸重通が海老沢弾正忠に官途状を発給している。また「江戸氏旧臣禄」には海老沢土佐が江戸氏の家臣として名を連ねている。天正18年（1590）、江戸氏滅亡の際、海老沢氏は帰農して涸沼湖畔に土着したようである。

　遺構の保存状態は良好であるが、北側は土砂採取でごっそり削り取られている。縄張りは典型的な単郭方形の居館タイプで、短辺45m長辺70mを計る。北、西側には土塁の外側に堀が残る。南側も若干凹んでおり、本来は全周を堀で囲んでいたのではなかろうか。北側は二重土塁になっている。土砂採取による土地改変もあり得るが、明治初期作成の迅速測図を見ると現況と同様、二重土塁状のものが描かれているので当館の遺構であると判断できる。郭内は平坦ではなく、段がついて西側が高くなっている。これは地勢と構造物の調和をとるためのものであろう。土塁は東角が最も高く、郭外からの比高で約3.5mほどもある。単純な縄張りの割に大きな土塁が印象的である。郭Ⅰの西側には緩やかな傾斜のある平坦面Ⅱがありその北西面は切岸となっている。

　海老沢館と共に海老沢氏の館とされる内手館は海老沢館から北北西200mの谷津を挟んだ台地先端に位置している。両館ともほぼ同じ規模の単郭方形館である。両館の詳細な関係性は不明だが、似た規模と構造を持った二つの館で挟

み谷津を守る配置になっているのは注目したい。また、海老沢館周辺には城下集落がないにも関わらず城中、城跡、城跡東下、城大海老沢、ウサキ等の城館関連地名が多く見られる。それに対し、内手館には本郷の名がつく城下集落があるにも関わらず城郭関連地名は全く見られない。これらは両館で何らかの役割分担があったことを示唆していると思われるが、詳細は不明で今後の研究を待ちたい。

　一般的な築城セオリーからすると谷津の末端を扼する海士部(あまべ)神社付近が最適な占地であるにもかかわらず、それより奥まった場所にある海老沢館は異質といえる。これは涸沼と稲作に起因するものではなかろうか。涸沼は現在でも汽水湖でその水を稲作に利用することは出来ない。涸沼周辺の低地は耕作地としては不向きで、水田に適した土地は谷津田の他なく、良好な谷津田は生産基盤の主力であった。当時、水害の際は谷津入口付近にまで海水が流入することがあり、自ずと守るべき良質な水田はそれよりやや上流となり、その位置に両館が配置されたと考えられる。

（岡田武志）

＊参考　茨城県史編さん近世史第1部会1968b、茨城町史編さん委員会1993、1995、大内政之介1993

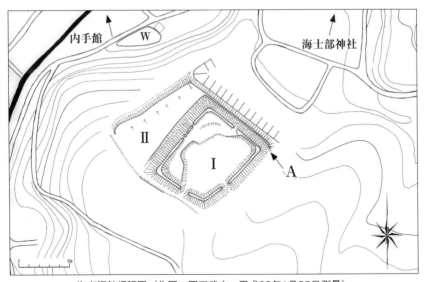

海老沢館縄張図　（作図：岡田武志、平成28年1月22日測量）

74　小幡城外郭
(おばたじょうがいかく)

所在：東茨城郡茨城町小幡字山崎・奥ノ谷
　　　東茨城郡茨城町秋葉

　小幡城には、秋葉新堀堀切1500m、山崎堀切300m、奥ノ谷新堀堀切1000m、奥ノ谷前新堀堀切800mという外郭の堀切遺構が残っている。これら4つの堀切は、谷や湿地帯を堀で分断するという特徴を持っていることが石﨑勝三郎氏の研究の成果で明らかになった。
　奥ノ谷新堀、奥ノ谷前新堀については、東関東自動車道建設に伴い、平成18年（2006）に発掘調査が行われた。調査によって、堀幅最大8.4m深さ最大2.5mの巨大な堀であったことが明らかになった。堀が機能していた年代は、16世紀前半から小幡城廃城までと考えられている。つまり、これらの堀の普請者は江戸氏ということになるであろう。現在でも小幡北山埴輪製作遺跡南側や国道6号の東側最大高さ3m、幅2mの土塁と堀が残っている。山崎堀切は、高さ5m幅7mの堀が折れを伴って残っている。山崎堀切周辺の道路は、堀の所でクランクしている。おそらく木戸が置かれていたのであろう。秋葉新堀堀切は高速道路の北東側に、幅3m高さ3.5mの土塁付き堀が残存している。
　江戸氏は山入の乱中に**水戸城**を手に入れると、県南地域に盛んに軍事進出を行うようになった。文明13年（1481）には、江戸氏の動きを警戒した大掾氏・小田氏・宍戸氏連合軍と江戸氏が小幡城より北の小鶴で合戦を行った。江戸氏が小幡城を手に入れた後、大掾氏・小田氏に対抗するため、外郭の堀が築かれたと考えられる。彰考館所蔵文書の「石川氏文書11号」では、「三月二日平戸安芸守宛江戸忠通書状写」に小幡城に在番中の平戸氏が関所抜けした宍戸の人間50人を「山崎」で捕縛したことが記されている。「山崎」が小幡近くの山崎を指すのであれば、この時にはすでに山崎堀切が普請され、関所施設として使用されたと考えられる。この地域には大掾氏や鹿島氏・小田氏など大小さまざまな在地勢力がいて、これらと対峙するために外郭土塁が恒常的に必須だったと考えられる。これに、**堅倉砦**も外郭土塁として含めるならば、さらに小幡城の範囲は広くなると考えられる。

（五十嵐雄大）

＊参考　石﨑勝三郎2012、芳賀友博・須賀川正一・杉澤季展 2009、茨城町史編さん委員会 1995

発掘された奥ノ谷前新堀堀切

①秋葉新堀堀切
②山崎堀切
③奥ノ谷新堀堀切
④奥ノ谷前新堀堀切
A→発掘された奥ノ谷前新堀堀切

小幡城外郭位置図（作図：五十嵐雄大、国土地理院の電子地形図（タイル）を基に加工）

75 石崎城(いしざき)

所在:東茨城郡茨城町上石崎字親沢(おやざわ)
別名:親沢城

　涸沼の北岸には南側に突き出している親沢鼻があるが、石崎城は、この親沢鼻を見下ろす比高15mほどの台地先端部にある。東南に延びた台地の先端を利用した城郭であり、先端の曲輪Ⅰがよく残されている。

　江戸氏は小田氏や大掾氏との境界に当たるこの地域を重要視していたようで、**小幡城**のような拠点的な城郭が置かれている。さらにそのネットワークとして、支城網が形成されていたと考えられる。

　伝承では、石崎城は、石川氏の一族であった石崎禅師房聖道の居城であったという。この人物は鎌倉時代の人であるので、この城は鎌倉時代に豪族の居館として取り立てられたものということになる。

　しかし、現在見られる土塁や堀などの遺構は戦国期のものと想定できる。鎌倉時代の石崎氏の居館は平地にあったとするのが現実的な解釈となる。

　城が現在見られるようなものになったのは、戦国期、江戸氏の手によってではなかったか。小幡城を中心とする城郭ネットワークの中に組み込まれ、**天古崎城**などと狼煙による連携が意識された城であったと想定できる。

　曲輪Ⅰは長軸70mほどの曲輪である。台地基部との間には土塁と堀があるが、規模の大きなもので、戦国期の城郭であることを感じさせるに十分なものである。堀の深さは最大で6m、幅は8mほどある。堀には横矢掛け構造も見られる。北側に張り出している土塁の部分は幅が広くなっており、櫓台であったと見てよいかもしれない。

　特筆すべきは土塁の高さである。郭内からでも4mほどの高さを持つ土塁は、この規模の城郭に見られるものとしてはかなり巨大な部類に属する。虎口と見られるものは曲輪Ⅰの西端にある。これは西側下から登ってくる道から接続しているものである。台地基部との接続部分は完全に分断されているため、現在明確な虎口と見えるのはこの部分だけとなっている。

　曲輪Ⅰの東寄りの位置には土壇がある。高さ1.5m、幅6mほどのものであり、

櫓台というほどの高さはない。それにもともと台地先端近くは見晴らしがよいので、櫓がこの位置に必須であったとも言えない。この土壇の上部には円形の窪みがあることから、これは狼煙台であったと想定される。狼煙台の設置は、上記の通り石崎城の城郭としての位置づけの上で大きな意味がある。似たような土壇は天古崎城にも見られる。 （余湖浩一）

＊参考　茨城町史編さん委員会1995

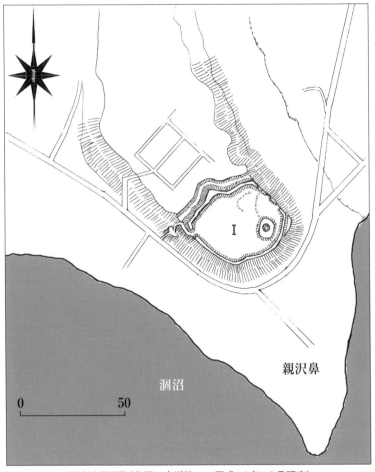

石崎城縄張図（作図：余湖浩一、平成10年10月調査）

76 飯沼城
いいぬま

所在：東茨城郡茨城町上飯沼
別名：桜井城

飯沼城は福性寺の東側の微高地にあり、現在は飯沼城址公園となっている。

飯沼城の城主は桜井氏であったという伝承があり、そのため飯沼城は桜井城とも呼ばれていたといわれるが、桜井氏については確実な史料では確認できない。むしろ戦国期の飯沼氏に関連した城郭であった可能性がある。

公園となっているのはかつての曲輪Ⅰである。飯沼城は本来、南北に3つの曲輪を配置した城郭であったが、曲輪Ⅱと曲輪Ⅲとは破壊されてしまっている。昭和22年(1947)の空中写真を見ると、北側の小学校も南側の墓地もまだ造成されておらず、かつての城域を理解することができる。その後、昭和40年代の小学校の建設および南側の墓地の造成によって、南北の遺構は破壊された。ただし、南側の曲輪Ⅱにも旧状の地形がかすかに維持されている。北側の曲輪Ⅲも、東側の一部だけが、削り残されて残存している。

（余湖浩一）

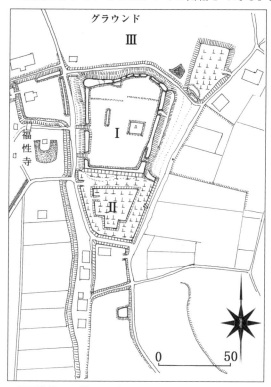

飯沼城縄張図（作図：余湖浩一、平成28年8月調査）

＊参考　茨城町史編さん委員会 1995

77 天古崎城
    てごさき

所在：東茨城郡茨城町南島田字天古崎

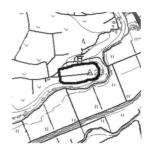

 県道16号線の「神宿」のバス停の辺りから西側に入っていく道があるが、ここから西側の正面に見える比高10m余りの台地が城址である。この台地は北側に自然の谷津が入り込んでおり、台地基部が細くくびれている。これによって東に細長く突き出した先端部分を利用して城は築かれている。

 天古崎城の城主は海老沢氏であったという。海老沢氏はもともとは東南1.2kmほどの海老沢地区に**海老沢館**、内手館（茨城町）という2つの居館を持っていたが、島田、鳥羽田、海老沢、神宿等で250貫文を知行するに到って、この地に進出して城を築いたのだという。現在、海老沢館、内手館周辺には海老沢姓の家はなく、この天古崎城の近くには城主の子孫と伝えられる海老沢家がある。このことも、戦国期に海老沢氏がこの城に移ってきていた傍証といえる。

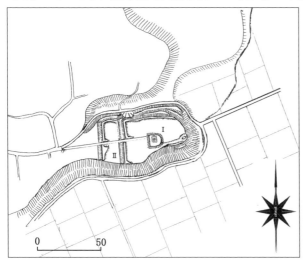

天古崎城縄張図（作図：余湖浩一、平成10年10月調査）

城は2郭構造である。先端の曲輪Ⅰは長軸70mほどの曲輪で、中央南部に方7mほどの櫓台のようなものがある。似たようなものは涸沼北岸の**石崎城**にもあり、狼煙台として使用された可能性がある。現在、この上には稲荷神社が鎮座している。（余湖浩一）

＊参考茨城町史編さん委員会1995

78 飯田城
所在：笠間市飯田

　飯田ダムより南へ飯田川が流れ、その流域は大きな谷津となっている。飯田城はその右岸の峰上に築かれた丘城である。笠間城の北3.7kmに位置する。その峰は南北に細長く、東・北側に谷津があり天然の泥田堀となっている。西側は浅い谷津を挟み山塊と繋がっている。南側は緩やかな傾斜となり飯田川とさほど比高差のない丘となっている。

　『聚成笠間誌』に「（笠間）出雲守朝貞の家臣大嶺広基、飯田を領す。広基禄五百石にて、飯田及石寺真端を領す。陣屋を飯田村前原に築いて居住す」また『和文笠間城記』にも同様の記述とともに「後ち陣営を猿田嶺に移す」とある。飯田集落に鎮座する三瓶神社南方の水田にかつて前原という地名があり、そこが大嶺広基が築いた前原陣屋跡だという（『笠間市史 上巻』）。年代不明ながら、大嶺氏はそこより北西900mにある猿田嶺（飯田城）に拠点を移し、笠間氏滅亡（天正18年）まで飯田城を居城にしていた、と考えられる。なお大嶺氏は主君笠間氏の庶流である。

　保存状態は良いものの、かつては盛んに畑作が行われており、一部改変が見られる。北先端部に郭Ⅰを設け、その南側に郭Ⅱを梯郭式に配置している。郭Ⅰと北東方向の谷津との比高は約30mで北側は横堀aが構築され、北西部は二重横堀となり、最も厳重な防御が施されている。また郭Ⅰ南西角には高さ5～6mもある巨大な櫓台bがそびえる。これは西側の山地より繋がる通路cを監視するもので、その方面から攻められたときは重要な火点にもなる。郭Ⅱの南側は土塁の残欠状態から本来は堀で遮断されていたと思われる。さらにその南側は何面かの平坦面があり、現況において防御性の高くない郭群となっている。その南側は藪が酷く測量不能であったが、昭和24年（1949）撮影の空中写真には、Dに堀のようなものが写っている。

（岡田武志）

＊参考 笠間市史編さん委員会1993、秋田県公文書館2001、笠間史談会1974、
　　　久保整伯1972、笠間市文化財愛護協会2002、茨城県教育庁文化課1985

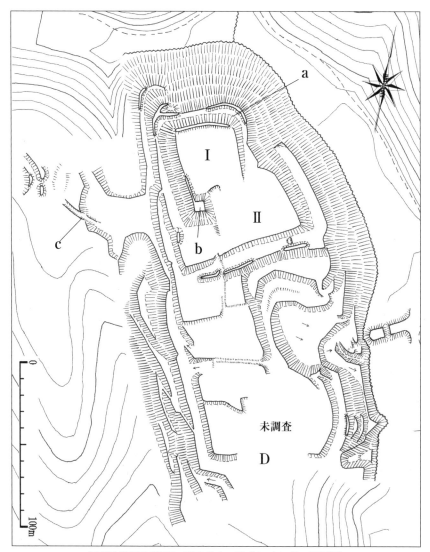

飯田城縄張図(作図:岡田武志、平成27年2月1日測量)

79 小原城

所在：笠間市小原字館

　小原城は、宍戸城から北東約800mの小原集落一帯にある。
　里見家基が永享元年（1429）小原に領地を得て、弟の満俊が居住したことに始まる。里見氏は新田源氏で、室町時代は鎌倉府の奉公衆として活躍した。里見氏は応永年間に手綱郷の地頭であったことが朝香神社の棟札で確認されている（龍子山城も参考にされたい）。里見家基は足利持氏に従って反鎌倉府だった山入一族を掃討し、その功績から持氏が家基に那珂西郡の小原に所領を与えたと思われる。その後里見家基は結城合戦で戦死し、家基の子義実が安房国に渡り、この系統が戦国大名里見氏になったとされている。一方、満俊の一族は小原に土着した。永享7年（1435）の「常陸国中富有仁等人数注文」の中に「志多利柳郷」に富有人「右衛門三郎」がいて、知行者に「里見四郎」の名がある。「志多利柳郷」はおそらく小原城周辺を指すものと思われ、「里見四郎」とは、満俊もしくはその一族と思われる。おそらく涸沼の水運で富を蓄えた「右衛門三郎」を里見氏が保護していたのだろう。その後、文亀2年（1502）頃、里見七郎義俊が現在の館を中心に小原城（館）を形成し、周囲の坂場・和尚塚・橋場（木戸場）には見張所を置いたと伝えられている。義俊は、宍戸大田町の養福寺仁王像の文明12年（1480）の胎内墨書紙片に、「源義俊、子息二郎義治、並に三郎里景、豊王里元殿」とあることから、この頃里見氏の当主になったと思われる。おそらく里見義俊の時代に、現在残る城の姿になったと考えられる。里見氏ははじめ宍戸氏に属していたが、江戸氏が勢力を拡大していく中で江戸氏の傘下に入り、最終的に城は天正19年（1591）に佐竹氏の攻撃で落ちたと思われる。その時、里見氏は江戸氏と共に結城秀康の下に逃れた、もしくは滅亡したといわれている。
　現在、小原城本丸跡は笠間市指定文化財に指定されている。本丸跡には御城稲荷神社が建ち、その背後に高さ最大5mの土塁と堀が巡らされている。また、字精進場には深さ最大5m幅6mの土塁付き横堀が東西25mにわたって残る。その他古宿、本内にも堀と土塁が残っている。城の北西約600mにある保

呂輪神社にも城郭遺構と考えられる土塁と空堀が残る。Aは幅1mの用水路となっているが、小原城の水堀といわれていて、1946年の空中写真を見るとこの堀のラインが新宿まで伸びていたことがわかる。久保宿・古宿は元々、石塚〜宍戸街道の宿場町だったものが、城郭の発展と共に城下に包摂されていったと考えられる。久保宿の北には里見氏開基の廣慶寺があり、現在も中世の五輪塔が多数残っている。2012年、2013年に周辺遺跡で大規模な発掘調査が行われ、廣慶寺の東側の一角で幅3mの空堀Bが発見された。城の北東側600mでは街道閉塞土塁と考えられる掘割遺構も発掘され、小原城の城域を考える上で、貴重な情報がもたらされた。これらのことを総合すると小原城の範囲は、南北2km、東西1.5kmという広大な面積になり、当時の里見氏の力を窺い知ることができる。

(五十嵐雄大)

＊参考　関東文化財振興会株式会社2013、友部町史編纂委員会1990、
　　　　高萩市史編纂専門員会1969

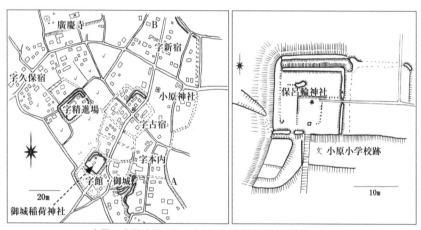

左図：小原城縄張図　右図：保呂輪神社内城郭遺構図
（作図：五十嵐雄大、調査2016年10月、2016年11月1日作成）

80 湯崎城と長兎路城

湯崎城

所在：笠間市湯崎字館内
別名：湯崎住吉城

　本覚寺の南側一帯にある城である。本郭は笠間市の市指定文化財になっている。南側の涸沼川、西側の根田沼に挟まれた台地に立地している。

　建仁3年(1203)に宍戸氏が宍戸城の南東方面を守るために造ったといわれている。城の西側にある鈴大明神(現二所神社)は、宍戸氏が勧請した神社であり、湯崎地方の支配を宍戸氏が行ったと考えられる。湯崎城も宍戸氏によって築かれたと思われる。文明13年(1481)、大掾・小田・宍戸連合軍は小鶴原の戦いで、江戸氏を敗退させた。この時、連合軍の陣城として湯崎城が使用されたと言われているが、詳細は不明である。宍戸氏は城の管理を上野氏に任せたといわれ、現在でも上野姓が城近くに住んでいる。

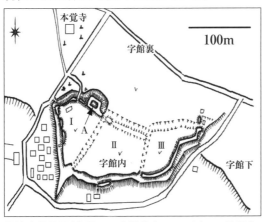

湯崎城縄張図（作図：五十嵐雄大、2016年11月調査、2016年12月1日作成、友部町史編纂委員会1990をもとに作成）

　城の遺構は、北西側が最もよく残っている。中でもAは、高さ4mの土塁に囲まれた横矢腰曲輪とされる遺構である。東側は畑の造成に伴い、土塁や堀は地表には見えないが、古絵図や現地の地形から、かつて城は三つの郭があったと考えられている。また、城の東側の館下地域にも土塁が残っていて、城域は東側に広がっていたと思われる。

長兎路城

所在：笠間市長兎路字三嶋

　北川根郵便局から東へ500m行った台地上に位置する。南側は涸沼川の作った崖、西側には藪沼、東側には谷があり、城を造るのに絶好の場所である。

　歴史は不明であるが、湯崎城の出城と思われる。東には古代東海道が通っていて、**下安居堀之内館**と同様に何らかの関連があったと思われる。

　東側から西側にかけて最大高さ6mの土塁を伴った横堀が主郭の回りを巡っている。真北側Aと東側Bに虎口が残っている。西側斜面には、堀跡と思われる個所があり、そこに中世の五輪塔が3基ある。ここには玄中寺という寺があったといわれている。また、城の北東800mには、長堀という地名があり、台地上の堀切施設が想定され、城域は広がっていたようである。

　二つの城は宍戸庄の境界に位置し、また涸沼舟運との深い関わりがあった城と思われる。

（五十嵐雄大）

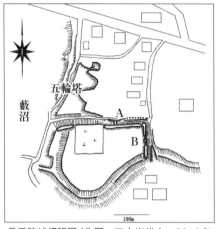

長兎路城縄張図（作図：五十嵐雄大、2016年11月調査、2016年12月2日作成）

＊参考　友部町史編纂委員会1990

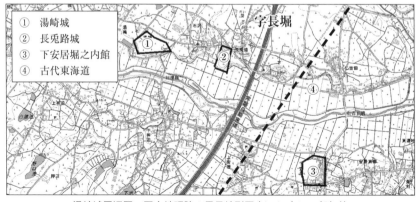

湯崎城周辺図　国土地理院の電子地形図（タイル）に一部加筆

各地へ広がる城郭遺構整備

　遊歩道や案内板の設置や景観等、城郭遺構の整備はこれまで行政主導の下で行われてきた。しかし近年、ゲームや漫画による全国的な歴史ブームという追い風も影響してか、地域の歴史を宝としてもう一度見直そうと、民間主導の動きが活発化している。そして、それに触発されたかのように、後から行政が補助あるいは主導で整備計画を出してくるといった例を見かけるようになってきた。

　常陸太田市の山城、**久米城**では、2010年頃から地元住民2人で藪払いや樹木の伐採が始められ、徐々に参加人数を増やしながら、橋や順路看板の設置を行い、数年後に常陸太田市行政から補助を受けた。これにより山城としては、推定される広大な城域にあるほぼ全ての遺構が見られ、なおかつ、ハイキングコースとしても歩きやすい、茨城県北では最初（2016年現在）の場所となった。

　お隣、常陸大宮市では行政による森林整備事業が盛んで、その一環として北部の美和地区では、地元工務店が中心となり**高部城**の樹木伐採等の整備が実施された。その後、支城の高部向館も追加で整備、両城を含む街並みや歴史といった、高部地区を紹介する冊子を発行をするに至った。将来的には、美和地区内に所在する全ての城館跡が整備されるという。

　他にも鹿嶋市の**林外城**では、南側の広大な外郭群が2020年の東京五輪に伴う開発に晒されながらも、主要な3つの曲輪で木々の伐採や藪払いが民間で行われ、雄大な堀や土塁が露わとなり、今後は史跡公園として整備・保存が検討されている。また、那珂市の南酒出城や茨城町の**宮ヶ崎城**でも、藪払いや案内板の設置が行われた。

　このように、県内各地で地元住民主導による整備の機運が高まっている一方で、やはり従来通りの無秩序な開発も行われており、菅谷地区や**戸村城**など那珂市内複数箇所の城館の遺構が事前に十分な調査も無しに破壊されるという、文化財保護法に抵触すると思われるような遺構の破壊が現在でも行われ続けている。

　各地に残る城館跡は、その地域を形作ってきた基礎あるいは中心であり、地域の宝そのものと言える。たとえ、遊歩道の設置や藪払い等が行われなくとも、案内板の設置や地元広報誌への掲載あるいは各町内会での議論等がもっと行われ、住民への周知がなされ語り継がれていくことを願うばかりである。

（高橋宏和）

茨城の城郭を知るための15のコラム

81 泉城(いずみ)

所在：笠間市泉
別名：鐘転山城(かねころばしやま)

　愛宕山から南東に伸びた尾根の先端部、通称鐘転山に位置し、標高218m、比高は約170mほどの山城である。この主尾根上の山城部分と、東端のアンテナ施設付近、さらにその直下山麓の3箇所を総称して泉城と呼ばれている。

　泉城は南北朝〜室町期に岩間地方を領した岩間宍戸氏が築城したらしい。宍戸持里は嘉吉2年(1443)もしくは3年に泉城で挙兵、関東管領軍と合戦があったことが「筑波潤朝軍忠状写」によって知られる。室町中期には成立していた城である。

　泉城の山城部(鐘転山城)は東西約300mの尾根に築かれており、先端部Ⅰが主郭とみられるが、その南は採石により大きく損なわれている。尾根上には3条の堀切と、堀切に面して土塁があるが、曲輪内部の削平は不十分で造りは粗い。北側の尾根続きの防御を意識しているのは確かである。一方、東側尾根突端部のアンテナ施設付近は現在立入禁止のため遺構の状況は不明であるが、帯曲輪などの痕跡があるらしい。その東側山麓には折れを伴う大きな空堀と土塁がある。これは居館に伴うものであろうか。現状では完全な縄張りの復元は難しい。

（本間朋樹）

＊参考　岩間町史編さん委員会2002、結城市史編さん委員会1977

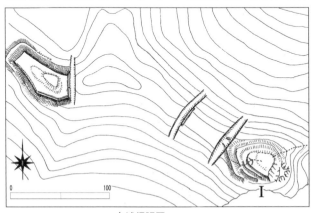

泉城縄張図
（作図：本間朋樹、平成28年11月、平成29年1月調査）

82 下安居堀之内館(しもあごほりのうち)

所在：笠間市下安居字堀之内

　南川根郵便局の西側一帯が下安居堀之内館である。この城の西側を古代東海道が通り、安候駅家(あごのうまや)が置かれ、交通の要衝であった。おそらくその重要性は中世にも引き継がれたと思われる。

　安居地域は中世、宍戸庄に属した。永享7年(1435)8月9日の「常陸国富有仁注文写」に「一、阿子郷 平内三郎 同人(竜崎弾正少弼)知行」と書かれている。このことから、安居地域は竜崎氏の知行地で平内三郎という富有人がいたことが分かる。おそらく、涸沼と街道の関税で財を成した人物がいたのであろう。竜崎氏は下河辺政義の子孫であり、室町時代には鎌倉公方の奉公衆で、**龍ヶ崎城**を築いた一族といわれている。下安居堀之内館はその富有人の屋敷、もしくは知行人の竜崎氏に関わる城館と考えられる。また、涸沼との関わりが高い城であり、周辺に「津」があったのだろう。なお、館跡周辺の遺跡からは常滑壺、ロクロかわらけ、内耳鍋などの中世遺物が採集されている。周辺には新屋や宿などの城跡に付随した地名も残っている。

Ⅰ郭南側の土塁

　現在4つの郭を確認することができる。郭Ⅰは民家の周辺に土塁最大3m、深さ最大4mの堀がほぼ全周している。一部北東側が、氏神社の土取りで改変を受けている。主郭の南西側には石造五輪塔があり、城郭に関わる人物の墓ないし供養塔であろう。郭Ⅱは民家になっている。郭Ⅲは高さ1.5mの土塁が南北に残っている。

また、郭Ⅳは広大な面積を持ち、地域住民の避難所もしくは荷揚げのスペースと考えることができる。古墳が2基あり、物見台として活用されたと思われる。また西側から北側にかけては堀跡のくぼみが残っている。比高は北側で最大5mある。おそらくかつては、二重の堀が巡った城跡だったと思われる。
（五十嵐雄大）

＊参考　岩間町史編纂委員会2002、大関武2015

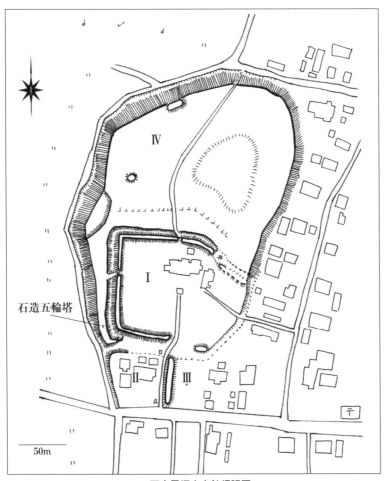

下安居堀之内館縄張図
（作図：五十嵐雄大、2016年9月15日作成、岩間町史編纂委員会2002を基に作成）

83 堅倉砦(かたくらとりで)

所在：小美玉市字堅倉
別名：片倉砦

堅倉小学校の東200mの所にある長塁である。

文書の発給が天正13年(1585)のものと推定される「水府志料」所収文書の江戸通長・同通澄連署書状写に「其地之御用心仕置・片倉之普請彼是候間」とある。「水府志料」のこの文言は「其地」＝小幡、「片倉」＝堅倉と考えられる。これは、江戸氏が大掾氏の攻撃に備え、堅倉砦とその北東にある**小幡城**の普請を小幡氏と平戸氏に命じた内容とみられ、この頃の江戸氏と大掾氏の間に緊張関係があったことが伺える。この後に堅倉より南西にある大掾方の**竹原城**を江戸勢が攻略している。合戦後の史料はないので、すぐ廃城になったと思われる。

現況は、高さ60cmから最大2mの土塁と深さ50cmの堀が二重に南北500mにかけて残っている。また、南の谷津田から北の高池にかけて土塁と堀で繋いでおり、**稲敷の街道閉塞土塁**や**飯富長塁**と同じような構造を示している。2箇所に物見台らしき張り出し部分が見られる。また、東側の畑にも堀跡と思われる段差や小学校の北側に2箇所の溝状の普請跡が残っている。北側には猪除け土塁といわれる土盛り遺構も残っており、これらすべてが砦の遺構とするならば、江戸氏は大掾氏に対し相当の警戒体制を敷いていたと考えられる。

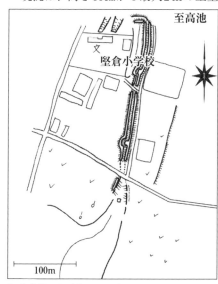

堅倉砦縄張図（作図：五十嵐雄大2016年10月調査、2017年1月10日作成）

（五十嵐雄大）

＊参考　美野里町史編さん委員会1989

84 鶴田城
つるた

所在：小美玉市鶴田字要害

　鶴田城は、東側の低地に突き出した比高10mほどの台地の中ほどのところに築かれている。東側から城址に向かって小川入谷・橋本入谷という2本の入谷が入り込んだ地形である。歴史については不明であるが、大掾氏の勢力圏内にあることから、大掾氏に関連した城郭であったと思われる。

　鶴田城は、国指定史跡の神田城（栃木県那珂郡那珂川町）にも似た、東西114m×南北216mの長方形の居館である。かつては、城内の北東部に「狼煙台」が、南西部に本郭と目される「天王山」とよばれる土壇があったというが、いずれも湮滅している。このうち「天王山」については、昭和36年の空中写真を見ると、方形の区画の存在を確認することができる。城の東南には「奥の院」の土塁があったが、これも大方破壊されてしまった。その後も開発が進み、近年まで良好に残されていた北側の土塁と堀も現在では破壊されてしまっている。この図は平成13年時点のものである。　　　　（余湖浩一）

鶴田城縄張図（作図：余湖浩一、平成13年8月調査）

85 竹原城
たけはら

所在：小美玉市竹原

　竹原城は園部川が常陸台地を浸食して形成された舌状台地上に築かれている。園部川と主郭との比高差は約16m、急傾斜は少なくなだらかな地形である。

　『美野里町史 上』によると、永禄2年(1559)、大掾貞国が府中城の支城として竹原城を築いて弟の義国を城主とし、天正18年(1590)、佐竹氏の攻撃により府中城とともに落城したとしている。中根正人氏によると「烟田旧記」にある「竹原ゆふかいせめ子とし」を「足利基頼書状」（真壁文書）との比較により永正13年(1516)の出来事として、所伝より早い時期に当城は存在していたとする。また「烟田旧記」には①天正14年(1586)8月「六日、江戸殿小幡へ御馬出され、七日ニ竹原ノゆけの小屋打落シ、竹衆あまた打死」、②天正16年2月24日「佐竹殿・江戸殿、竹原ニ御陣とらせられ候」とある。中根氏は②について、この時竹原城での合戦はなく、当城を佐竹・江戸氏の合流地点としている。

　台地突端部に郭Ⅰを配置しその三方を郭Ⅱで囲む梯郭式の様式を持つ。郭Ⅱの北西部に大規模な堀A（水堀）と土塁Bを構築し台地との切り離しを図っている。昭和24年(1949)撮影の空中写真を見ると、c、dにも土塁と思われるものが写っており、開口部eは存在しない。主要部より北東の山林内には広範囲にX、Y、Z遺構が残存する。これらは郭ではなく、台地続きから迫る敵を食い止める陣地群と見てよい。X、Z遺構は明瞭であるのに対し、Y遺構は非常に不明瞭な2条の堀と明瞭な櫓台状土壇fからなる。なお、XYZ遺構だけでは防御不十分と見え郭Ⅰより北東1.5kmと北東2.5kmの地点に竹原城に続く台地を断ち切るように堀切が構築されている。さて、Y遺構に立ち郭Ⅰ、Ⅱ方面を望むとその内部が丸見えである。即ちY遺構の方が標高が高く、ここは竹原城の弱点と言える。想像ではあるが、竹原城攻略のためにY遺構を占拠した攻城軍は堀を埋めて郭Ⅰ、Ⅱ内監視のために櫓台fを構築したのではなかろうか。　　　　（岡田武志）

　＊参考　美野里町史編さん委員会1989、中根正人2016、茨城県立歴史館史料学芸部編2017、石崎勝三郎2007

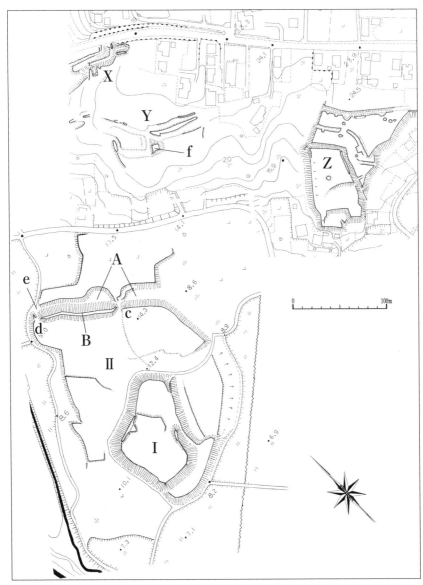

竹原城縄張図(作図:岡田武志、平成28年1月11日測量)

86 宮田館
みやた

所在：小美玉市宮田小屋ノ台

宮田館は、県道59号線沿いの宮田地区にある城郭である。城は小川台地を園部川とその支流が削った台地先端部にある。

『小川町史』によると、天正18年（1590）に**小川城**落城後、幡谷城（小美玉市）城主の子孫が宮田に移り宮田九郎兵と称し、後には府中大掾氏系の者が入ったとしている。宮田館周辺は戦国時代、園部川を挟んで小川城主園部氏と**府中城**の大掾氏の境目に位置していた。宮田館の周辺には、**小井戸要害**や**竹原城**といった大掾側の城郭や、中根城や下田城（ともに小美玉市）などの園部氏の城もあり、この地域が戦乱の舞台だったことが想像できる。廃城は佐竹氏の常陸統一の頃であろう。

標高24.5mの字小屋ノ台周辺に横堀が残っており、おそらくここが主郭で、堀の深さは最大6mある。道路拡幅に伴って行われた2013年の発掘調査で、この堀が薬研堀であることが分かった。また、堀の普請は16世紀であることも分かり、宮田館周辺の政治状況と築館時期が一致した。現在は削られているが、主郭の堀は戦前まで小屋ノ台全域を囲んでいたという。谷を挟んだ南北の台地には、堀切や切岸、土塁などの遺構が残っている。さらに、小川憩いの森内にも出城と考えられる城郭遺構が残っていて、宮田集落すべてを城郭にしていたものと思われる。

（五十嵐雄大）

左　宮田館縄張図（作図：五十嵐雄大、2017年1月1日調査作成）
右　宮田出城縄張図（作図：五十嵐雄大、2017年1月3日調査作成）

＊参考
小川町史編さん委員会1982、公益財団法人茨城県教育財団374号2013

87 取手山館(とりでやま)

所在：小美玉市田木谷(たぎや)
別名：玉里城、玉里砦、田余砦、田木谷堡障

　取手山館は園部川に浸食されて形成された半島状台地先端部に築かれた丘城で、園部川対岸東南東900mに**小川城**、また西北西8kmに**府中城**が位置する。
　この地は、園部川河口に位置する水運の要衝であり、大掾氏領の最東端でもある。さらには園部川を挟んで敵対する園部氏居城小川城と向き合っており、大掾氏にとって極めて重要な拠点であった。天文6年(1537)府中城主大掾貞国は園部氏との抗争に備え取手山館を築城。園部氏との対立は激化し、大掾氏は天正13、16年(1585、1588)に当館を修築して合戦に備えるとともに、天正13、15年に当館から小川城を攻撃している。天正16年、和議を斡旋していた佐竹氏はこれに応じない大掾清幹の討伐を決意し、2月16日佐竹義重・義宣親子は江戸重通とともに取手山館攻撃を開始した。清幹は500騎を率いて迎え撃った。当初園部川を挟んでの戦闘であったが翌17日佐竹勢が橋を敷設して渡河に成功し、取手山館を包囲した。城将三村左衛門尉は籠城戦に転換したため長期戦に移行(『佐竹家譜 上』)。同年3月、佐竹勢は周辺の郷村を残すことなく放火した(江戸通長・同通澄連署書状「関文書」)。同年4月、城兵の死傷激しく三村氏は降参やむなしとし、残党の助命を条件に開城を懇願したが清幹は許さなかった。佐竹勢は見せしめのため「籠城の男女小童に至て皆殺(みなごろし)にせんと議」し、25日夜ついに落城した。「討捕所の首級三百有余、打捨数を知らず」(『佐竹家譜 上』)とあり大殺戮戦であった。事実、堀Cの底より10歳くらいの女児頭骨が出土しており、壮絶な戦闘を物語っている。「和光院過去帳」には「二百余人打死」とある。
　平成25年(2013)、県道144号線建設のため取手山館の一部は湮滅した。図は『茨城県小美玉市取手山館跡』掲載図面から縄張図風に復元したものである。なお、土塁A、Bは発掘時にはすでに湮滅しており、筆者の想像であることを注記しておく。異様なのは堀Cより城内へ向かって何本もの竪堀状溝が穿たれていることである。調査の結果、堀Cは当初薬研堀であったものを大規模に埋

め戻し堀底を浅くした上に箱堀状に改修されており、竪堀状溝群はその際に土塁の下を貫いたトンネル跡であることが判明した。即ち堀Cは本来、敵の侵入を防ぐための薬研堀と土塁（湮滅）のセットであったものを、防御力を高めるために鉄砲陣地（塹壕）へと改修したと見られる。このような場合、郭内との連絡を確保するために背後の土塁Bは撤去すべきであるが、当館の場合、何本かのトンネルを穿つことで解決している。これらの遺構は他に類例を見ず大変珍しい。なお、トンネルの床面は突き固められており、攻め手側による構築とは考えにくい。

(岡田武志)

＊参考　玉里村史編纂委員会1975、2006、石岡市史編纂委員会1979、鉾田町史編さん委員会1999、原武男校訂1989、塙保己一編1979、茨城県史編さん中世史部会1974b、毛野考古学研究所2013

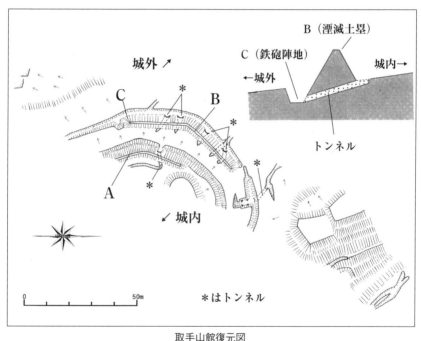

取手山館復元図
(作図：岡田武志、毛野考古学研究所2013掲載図面を元にした)

88 大増城(おおます)

所在：石岡市大増
別名：八幡平城

　大増城は八郷盆地の最北端附近の加波山より東へ延びる尾根上に築かれた山城で、南北を谷津、東を低湿地に囲まれた天然の要害となっている。笠間、益子方面から府中へ通ずる街道（県道64号線）沿いにあり、北方より板敷峠を越えて八郷盆地に侵入する敵を食い止める役目を持っていた。往時の街道は板敷峠から南下すると大増集落の中を突っ切り顕徳院前丁字路を左折するルートであった。

　大増城城主、古尾谷氏は現在の埼玉県川越市古谷本郷を発祥とする土豪で、その一部が常陸国へ移住した。『八郷町史』ではそのきっかけ、即ち当地の支配権を得たのは応永23年(1416)の上杉禅秀の乱と想定している。「臼田文書」に、文安3年(1446)某憲景が所有する「常州北郡大増郷（中略）武蔵国入東郡古尾谷名主職」等を臼田政重に譲与する「憲景譲状」が存在する。これが大増と古尾谷氏を結びつける最も古い史料と見られる。某憲景は病に伏せ子もいなかったので、縁者である臼田勘解由左衛門尉の子息、政重に所領等を譲与するという内容で、憲景が大増郷と古尾谷名主職を有していたことが判る。憲景については不詳であるものの、文面を読む限り関東管領山内上杉氏の被官であったと推測できる。諸説あるが、憲景を古尾谷憲景とし彼に嫡子がなかったため縁者の臼田政重を養子にしたとする大図口承氏の説は興味深い。大増が臼田氏領になっているにもかかわらず、その記録が見当たらないのは養子縁組によるものと考えれば納得ができる。戦国末期、大増郷領主古尾谷氏は**小田城**主小田氏の配下にあったようで、「小田家風記」では小田家臣団の外家大名「大増城主　古尾谷隠岐守」の名が登場し、また天文18年(1549)には小田氏治が古尾谷彦四郎に安堵状を発給している。足利義氏から古尾谷隠岐守への官途状（年欠）が残されており、この頃古河公方陣営に属していたことが判る。大増城下にある正法寺は永禄2年(1559)古尾谷隠岐守治貞が創建したものと伝わる。永禄9年(1566)頃の佐竹氏による八郷盆地侵攻の際には佐竹氏の軍門に降ったよ

うで、天正20年（1592）には佐竹一族東義久から古尾谷彦四郎へ「久」の字を与える一字状が発給されている。秋田藩家臣の記録『系図目録1』に古尾谷久貞について「初常州水戸ノ住、慶長七年天英公御遷封ノ時御供ニテ秋田エ来ル」とある。古尾谷氏は家の生き残りを賭けて佐竹氏の家臣となって水戸で暮らしていたのかもしれない。「水府地理温故録」には、慶長7年（1602）、佐竹氏国替の際に秋田へ同行しなかった者一覧があり、そこに「古尾谷」の名がある。佐竹氏は慶長7年以降でも旧家臣を召し抱えているので、その時に再仕官したと思われるが、第1回目で外れされているのをみるとやはり良い待遇ではなかったと見える。

　これまで城主古尾谷氏について述べたが、大増城の築城年代等については定かでない。現況を見ると戦国末期に機能していたと思われる。古尾谷氏が大増を退去したあと、佐竹氏に改修された可能性もある。

　半島状尾根に立地するが、先端部ではなく、やや山側に主要部が配置されている。郭Ⅰ付近の保存状態は良好であるが、その東側の平坦部は判断が付きにくい。というのも、薮があまりに酷く調査できないのと、空中写真から判断すると1970年代後半に耕地整理があったらしく畑の形状が大きく改変しているのである。郭Ⅰの南西に一段高い土壇fと土塁が築かれている。北東辺は何度かの折れが入った塁線を持つ。虎口はa、b、cの3箇所で、特にcは内桝形虎口で土橋と繋がり、その細長い土橋通路はほぼ直角に曲げる工夫がされ技巧的である。堀Gは中途半端で終わっており、本来はdまで繋がって、郭Ⅰの2/3ほどを被っていたのではなかろうか。虎口eは土塁と竪堀で巧みに行き場を失わせると同時に横堀へ誘導する仕掛けになっている。郭Ⅰより南西側は一気に山城の様相を呈している。基本的には尾根のネック部を2本の堀切で断ち切り山側からの攻撃を食い止めるプランになっているものの、非常に複雑な構造を持っている。城下の顕徳院（弘治3年（1557）古尾谷隠岐守の命により祈願所となった）は有事の際、軍事施設化し街道封鎖の一翼を担ったと考えられる。また前述の正法寺も大増城の背後に回り込まれるのを防ぐ絶好の位置にあり、こちらも軍事的な意図を持って配置されたものと思われる。

（岡田武志）

＊参考　八郷町史編さん委員会2005、茨城県史編さん中世史部会1970b、大図口承1984、
　　　　筑波町史編纂委員会1986、茨城県立歴史館1994a、秋田県公文書館2001、
　　　　茨城県史編さん近世史第1部会1968c、阿部徳之助1987、茂木和平2008、
　　　　常陸国中世史備忘録（常陸大掾氏と常陸府中）2014a、2014b

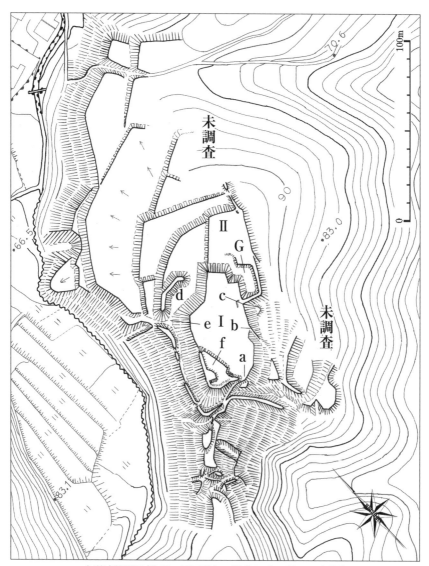

大増城縄張図(作図:岡田武志、平成27年1月24日測量)

89 猿壁城
所在：石岡市小屋

上曽地区の真北に位置する標高242ｍの猿壁山の山頂にある。南下の上曽地区からの比高は約200ｍを測る。

上曽氏の上曽城、根古屋館（石岡市）の詰め城と言われる。

上曽氏は小田氏一族であったが、**片野城**を拠点に佐竹氏家臣太田三楽斎資正が

南下上曽地区から見た城のある猿壁山

小田領を侵食し、最終的にこの地域は佐竹領となる。

猿壁城は佐竹氏と小田氏の抗争以前から存在していたと思われるが、今に残る城の姿は佐竹氏と小田氏の抗争が激化した頃に整備された姿であろう。小田氏の勢力が駆逐されると上曽氏は佐竹氏の家臣となり、その後も上曽付近に住んだようである。そして関ヶ原合戦後、佐竹氏に従い秋田に去る。この時、猿壁城も廃城になったのであろう。

猿壁山山頂部の北西から南東にかけての長さ約170ｍ、最大幅約50ｍが城域である。三つの曲輪からなるが、南端の曲輪Ⅲは不整地であり幅広い緩斜面に過ぎない。ここが曲輪と言えるか迷うところである。

北端に堀切Aがあり、その5ｍ上が本郭に相当する曲輪Ⅰである。この曲輪は70ｍ×25ｍほどの広さがあり、内部は3段になっている。

虎口は北端部にあり、斜めに本郭に入るようになっている。本郭の北側に天幅約15ｍ、本郭側からの深さ約7ｍの堀Bがある。この堀から本郭の東下に南東側に通路を兼ねる横堀Cが約40ｍ延び、先端が竪堀となって落ちる。

その末端部から東に比較的広い尾根が下って行く。これがおそらく大手道であり、麓の根古屋館に通じる。

北西側は尾根続きのため、曲輪Ⅱが構築される。この曲輪は30ｍ×15ｍと小さいが、北側に土塁を巡らし、東側には内枡形のスペースを持つ。曲輪Ⅱの北下約4ｍに尾根を分断するU字形の横掘状の堀切Dがある。堀Dの東西斜面は急坂であり竪堀となる。

規模は小さい城であるが、遺構の風化も少なくメリハリが効いており、緊迫感を感じさせる城である。

（青木義一）

＊参考　関肇（八郷町）2002、八郷町史編さん委員会2005

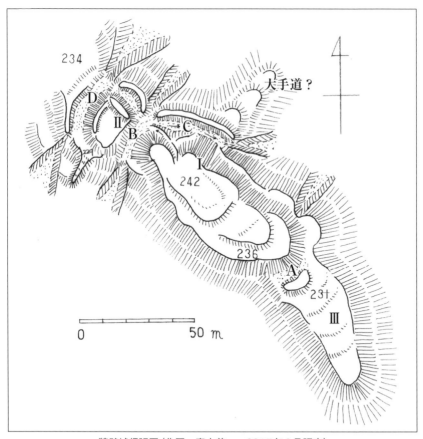

猿壁城縄張図（作図：青木義一、2015年3月調査）

90 諏訪山砦

所在：石岡市小幡

小幡の集落北東約800mの比高25mの山が城址である。

小田一族小幡氏の本拠、小幡堀之内館（石岡市）の西を守る支城であり、西側に面する土塁、堀が立派であり防備が厳重であるため、上曾峠や湯袋峠を越えて攻めて来る可能性がある北西の真壁氏を想定した砦であろう。

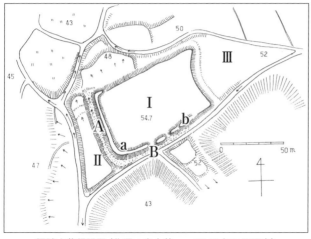

諏訪山砦縄張図（作図：青木義一、2010年3月調査）

館は西から東に張り出した尾根先端部にあり、館の西側は平坦な台地になっている。館西側の道路は堀Bの跡である。

主郭Ⅰは西側に幅約7mの堀Aがあるが、かなり埋まっている。それでも土塁a上まで4m程度はある。

南側に虎口があり、東側から南側を高さ1.5～2mの土塁bが覆う。主郭Ⅰは東西約80m、南北約40mの長方形を成し、内部はかつて畑であり、後付けの農耕機用の入口が土塁間に開く。南側の道は堀跡である。東側は畑であるが、堀が埋められた痕跡がある。

現在は単郭の状態であるが、西側のⅡ、東側のⅢも曲輪であり、本来は直線連郭式の城であったのではないかと思われる。

（青木義一）

＊参考　関肇（八郷町）2002、八郷町史編さん委員会2005

91 長峰城
ながみね

所在：石岡市小幡字膳棚
別名：膳棚城・手葉井山城

　長峰城は、つくば市方面から山稜を越えて石岡市の小幡地区に通じる尾根道沿いの比高160mほどの地点に築かれている。この道はかつて「馬車道」と呼ばれ、山越えをして東方に抜けるルートの1つであった。長峰城の築かれている位置は、まさにその街道を掌握する位置にあり、別名にもある膳棚のように、東側に向けて段々に曲輪を配置する形状は、東方への防備を意識した構造となっている。また、城内には上記の街道が取り込まれており、城そのものが関所の機能をも果たしていた。この城の荒削りな構造は、野戦築城の所産であったことを匂わせるが、東方の先端部分には横堀を配置するなど、部分的には手の込んだ構造を見ることもできる。永禄12年（1569）の手這坂合戦に関連したといわれている城郭である。（コラム「いわゆる手這坂合戦について」参照）　　（余湖浩一）

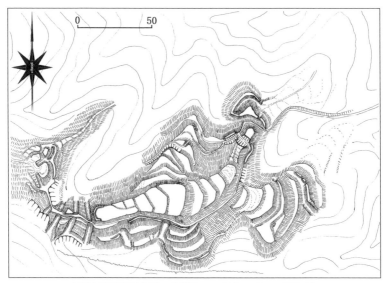

長峰城縄張図（作図：余湖浩一、平成26年12月調査）

92 吉生城(よしう)

所在：石岡市吉生
別名：古久保砦

　フルーツライン（小幡街道）沿いに吉生小学校があるが、この台地続きに吉生城があった。小学校のグラウンドの裏側に自然観察園が併設されており、城址はこの観察園となってほぼ完存している。小学校の敷地内であるので、見学の際には許可をもらうとよい。

　吉生城は小幡氏の関連城郭の1つとされ、永禄年間に小幡入道道三が築いたといわれる。小幡氏の本拠であった堀之内館（石岡市）の北東800mほどの位置にあり、北方防備のための城館であると想定される。永禄12年（1569）11月23日のいわゆる手這坂合戦の際に、小田勢が「よしう村よりい」を攻撃したという記述が「烟田旧記」にあり、吉生城がこの合戦の舞台となった可能性がある。

　小学校のグラウンドとの間には、深さ5m、幅10mの大きな堀があり、この先が曲輪Ⅰである。曲輪Ⅰは長軸80mほどのひょうたん型の曲輪である。この曲輪と1.5mほどの段差を隔てて西側に曲輪Ⅱがある。これは20m×60mほどの細長い曲輪である。この2つの曲輪のみによって構成されており、小規模な砦といった趣の城郭である。　　（余湖浩一）

＊参考 八郷町教育委員会2002、鉾田町史編さん委員会1999

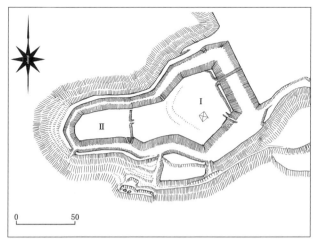

吉生城縄張図（作図：余湖浩一、平成26年12月調査）

93 二条山館(にじょうやま)

所在：石岡市宇治会(うじえ)
別名：宇治会館

　八郷盆地の中央よりやや北、恋瀬川とその支流が浸食して出来た南北に細長い丘陵が伸びる。その西の辺縁部に二条山館は位置する。東側に小規模な谷津、南側は台地鞍部になるため半島状台地となっている。比高は約30m。極めてなだらかな丘でとても要害とは言えず、築城に適した地勢ではない。

　二条山館は後に佐竹氏に逐われることとなる路川氏の居所であったとされる(『八郷町誌』)。また「小田家風記」には「氏江館主　八千石　道川摂津守」の名が見え、同氏は小田氏配下の立場であったようである。それ以上の詳細は不明であるが、現在でも石岡市に路川姓が多いことから、この地の土豪と考えて良いか。また天正年間、笠間氏家臣に路川大和守なる人物がおり(「宇都宮国綱書状写」)これと同族かもしれない。

　「文禄五年御蔵江納帳」に「高五百九十弐石五斗五升　此内百八石一斗七升荒　同(御南御預り)うちへ」とある。この史料は佐竹義宣蔵入地等の一覧であり、この頃宇治会は佐竹南家預かりの義宣直轄領だったことが判る。その一方で、同盆地内でも柿岡(長倉氏)、根小屋(石塚氏)等の村は義宣家臣の所領であり、両者が混在していた。主だった直轄村を掲げると、宇治会、小塙、小見、中戸、小山田、小屋、狢内、鯨岡等であり、二条山館は当該村のほぼ中心に位置する。盆地なので外部と繋がるルートは自ずと限られるが、当時、東から盆地内へのアクセスには瓦会街道と瀬戸井街道があった。二条山館の北東に県道42号線が走っており、これはかつての瓦会街道の一部である。迅速測図(1886年)を見ると当館のすぐ南を通る道路Pは現在と同様に描かれており、東進すると瓦会集落で瓦会街道と繋がる。道路Pが戦国時代にまで遡ることができるなら、当館は容易に東の盆地外へアクセス出来る街道沿いに立地していたと言える。眼を西に転じると二条山館の西300mに恋瀬川が流れている。恋瀬川は八郷盆地を縦断し**府中城**下を経て霞ヶ浦へ流れ込んでおり、水運に最適な河川である。義宣直轄地の中心地、街道と水運のクロス点、そして後述する縄張り、

以上のことを踏まえて推察すると、二条山館は路川氏を追い出した後、佐竹氏により八郷盆地内直轄地支配のために最新式城郭に建造し直したものと言えないだろうか。直轄地内から水運等で運ばれた年貢米は、一旦二条山館に集積され、その後瓦会街道、水戸街道を経て、佐竹氏の本拠**水戸城**へ運搬されていったことが想像できる。

　二条山館は小田氏の一被官に過ぎなかった路川氏の城とは到底思えないほどの規模と技巧の縄張りを持つ。現在の遺構は明らかに戦国末期から織豊期にかけてのもので、八郷盆地内でも異彩を放っている。郭Ⅰが主郭でひしゃげた長方形をしており、周囲を三重堀や二重横堀で厳重に守られている。おそらくこれはこの丘の斜面が緩やかなため、それらで補完しようとしたものであろう。虎口はf、g、hの3箇所で確認できる。fは郭Ⅱへの連絡路で土橋により連結されていて、しっかりした土塁が残る。gは帯曲輪へ降りる坂虎口。hは台地基部側からの入口になるが、これは後世の改変のようにも見える。郭Ⅰはかつて畑として使用されていたとのことなので、hは作業用通路として開削された、もしくは拡幅されたものかもしれない。Ⅱは馬出である。当地方でこれほど明瞭な馬出は珍しい。しかも西辺には内桝形虎口dまで附属している。この虎口は櫓門が付属していたことが推定できる。dから外に出るとすぐに竪堀A、または通路eを経て竪堀B、Cと繋がり城外へ出られる。これらの竪堀は緩斜面のため、昇降は楽である。Cは竪土塁が付属し、兵の移動を敵に悟られないよう工夫されている。郭Ⅲは整地されておらず、中途半端な印象を受けるが、堀Dがあるので一応郭としてよいだろう。建物は建ちそうもないが、兵、領民の収容くらいは出来そうである。それより北は城外であろう。Eは堀切構築の場として最適であるので、そう見えるが、かつてこの北で工事が行われたという証言を得ておりその際に車両通行用に改変された可能性があり、何とも言えない。郭Ⅳは整地されているものの、緩斜面であり大型の腰曲輪のようである。

　全体を見ると、決して適した場所とは言えない低い丘に、当時最先端の築城技術を投入した感がある。技巧を凝らした効果的な縄張りと膨大な工事量を惜しまなければ、もはや天然の要害性は不要と言わんばかりである。戦国の世が終わり、周囲に敵がいない領国内部の経営拠点に相応しい城館と言えまいか。

（岡田武志）

＊参考　八郷町誌編さん委員会1970、2005、筑波町史編纂委員会1986、栃木県史編さん委員会1978、真壁町史編さん委員会1994、平凡社1982、石岡市教育委員会2016、常陸国中世史備忘録（常陸大掾氏と常陸府中）2016

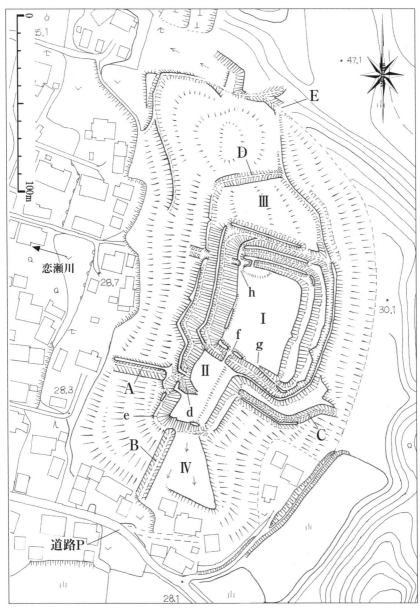

二条山館縄張図（作図：岡田武志、平成27年1月18日測量）

94 高友古塁(たかとも)

所在：石岡市柿岡

　古墳を利用した城は数多くあるが、茨城県内ではこの高友古塁が代表例であろう。古墳の利用方法にも多くのパターンがあり、この城は古墳を物見台に利用していたと思われるが、古墳をほとんど改変していないことが特徴であり、異形の城と言える。
　城は八郷の中心部、柿岡の恋瀬川北岸の高友地区の北の標高60m、比高約45mの山にある。

古塁の南側の横堀

　ここに前方後方墳の丸山古墳がある。全長55m、高さ7mの前方後方墳で、内行花文鏡等の副葬品が出土した5世紀の初頭に築造された古式の古墳である。この古墳とその西側を深さ約4m、幅約12mほどの堀で囲んだのが高友古塁である。広さは東西約80m、南北最大70mほどあり台形をしている。
　城の歴史は不明であるが、堀はしっかりしており、陣城等、臨時的な城郭とは考えにくい。『八郷町史』は古塁南東にある佐志能神社の神主の居館ではないかとしている。（青木義一）

＊参考　関肇（八郷町）2002、
　　　八郷町史編さん委員会2005

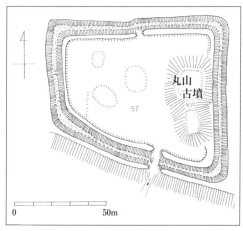

高友古塁縄張図
（作図：青木義一、2010年3月、2015年1月調査）

95 片岡館(かたおか)

所在：石岡市片岡

　東筑波カントリークラブ北側の水田地帯になっている谷津に南側から突き出た標高30ｍの岡末端部にある。館の歴史、館主等は不明である。

　館のある岡の東側と北側は水田で、水田からの比高は約9ｍである。南のゴルフ場との間は切通の道になっているが、堀跡を利用したものである。

　現在は単郭の館だが、本来複数の曲

主郭内部と南側の土塁a

輪を持っていたものがゴルフ場造成で外郭部が湮滅したという。残された主郭はほぼ完存状態である。やや歪んだ方形で、東西約50ｍ、南北約60ｍ、周囲は土塁が囲む。岡続きの南側付近の土塁aは高さ約3ｍと特に高い。西側と東側には深さ約6ｍ、幅約10ｍの横堀A、Bがあり、北側は帯曲輪となっている。

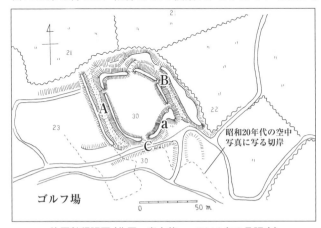

片岡館縄張図（作図：青木義一、2010年3月調査）

現在の南側の入口は本来のものか疑問で、北側の土塁欠損部が本来の虎口かもしれない。

（青木義一）

＊参考　関肇（八郷町）2002、八郷町史編さん委員会 2005

96 根当要害

所在：石岡市根当字方八丁
別名：

石岡市立北小学校から南東に約570m、東を流れる園部川とその支流による低地に三方を囲まれた、低地との比高約10mの台地先端にある。

築城時期は不明ながら、大掾氏家臣の鶴町因幡守の居城とされる。天正18年(1590)の佐竹氏による府中侵攻に際して落城したという。

郭Ⅰは広さ約50mの五角形状で、周囲に土塁が残るが、南東端部は鉄塔建設で削られてしまっている。最大幅約15m、深さ最大約7mの堀がその外側三方を囲っている。郭Ⅰ北側の山林や周囲の畑地も郭ⅡやⅢといった城域と思われ、根小屋や軍勢の駐屯地のような場所だったと思われる。構造からは、居城というよりは陣城といった趣で、江戸氏と大掾氏の対立、その後の佐竹氏との抗争など、永禄から天正年中の緊迫した時期に、府中防衛のために築かれたのかもしれない。

（高橋宏和）

＊参考　石岡市文化財
関係資料編さん会1996

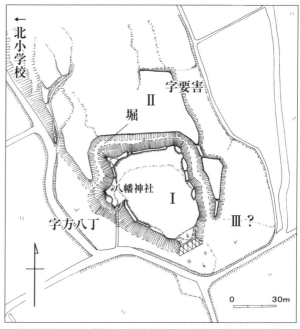

根当要害縄張図（作図：高橋宏和、2017年1月19日作成）

97 三村城

所在:石岡市三村字御城

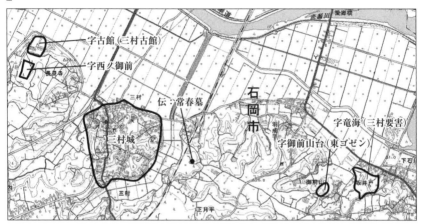

三村城と関連地名分布図(作図:高橋宏和、国土地理院の電子地形図(タイル)に加筆)

　かすみがうら市宍倉地区との境界に近い石岡市南東端部、霞ヶ浦に注ぐ恋瀬川河口部右岸の、低地との比高約20mの台地突端部に建つ三村小学校を中心に、その周囲の集落全体を城域としている。

　城域内にある曹洞宗常春寺を開基した、大掾一族の「萬隆院殿却外常春禅門」という法号を持つ人物が城主とされるも、詳しい築城時期等は不明である。「南城高家録」という軍記物には、天正元年(1573)に佐竹氏と薗部氏が手を組み大掾氏と対立、その隙をついて小田氏治等が攻め寄せ落城した等の記述がされているという。しかしなにぶん軍記物であり、信憑性に疑問が残る。

　このほか、『新編常陸国誌』には上記同様、小田氏治等に攻められ落城、戦死した城主の塚があること、城の東西に西ゴゼン・東ゴゼンの屋敷地がある等の記述がある。要約すれば、元々は大掾氏の本拠である**府中城**南方の守りとして大掾一族によって築かれ、佐竹氏との対立が本格化してきた天正年間に、更

195

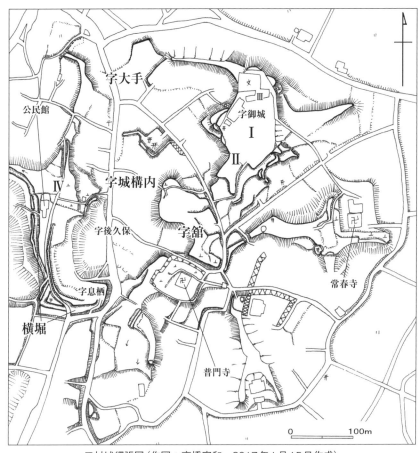

三村城縄張図（作図：髙橋宏和、2017年1月15日作成）

に南側から小田氏等によって攻められ落城したという流れのようである。
　主要部である字御城の地には現在小学校が建ち、台地上に遺構はほとんど残っていないが、明治17年の陸軍迅速測図を見ると、現在の校庭を中心とし（郭Ⅰ）、南北から挟み込むように郭Ⅱと郭Ⅲが配置、郭間を堀で区画していたようである。これら3つの郭を主郭とし、ここから字城構内と呼ぶ集落を囲むように台地は西へ大きくカーブ、台地斜面の至る所に切岸を細かく数多く設け、三村公民館がある西側対岸には幅約5m、深さ約2mの横堀を設けている。取り囲む台地それ自体がいわば巨大な土塁であり、集落全体を取り込み城の一部とした

196

城砦都市の様相そのものである。集落北側出口を字大手と呼び、ここからどの方向へ登っていっても、常に上から監視を受けているような感覚に陥る。一方で、南側は全体的に勾配が緩く、周囲を囲む低湿地が頼りであることが伺え、南側から攻められ落城した話に説得力を持たせている。

小学校より北西約1kmの地点に字古館（ふるだて）という場所がある。台地北端が最高所となるこの場所には、三村城築城以前の館跡があったとされ、先端に塚があったという。非常に展望が利き、城を築くには絶好の場所であるが、1970年代以降、土取り及び開発により台地ごと削られ消滅した。

その古館の南に字西ノ御前が隣接、東に字長見寿（チョウケンジ＝長見寺か）等の地名があり、関連があることが想像できる。対して、小学校より東南東約2kmの坂井戸地区内、かすみがうら市との境界線沿いに要害地名が転訛したと思われる字竜海（りゅうかい）という場所があり、砦跡（要害跡）の可能性がある。北側へ突き出した台地だが、ここも昭和初頭の土取りで台地の北半分が削られ大きく形状が変貌している。台地西側下にお堂や畑地となっている根小屋跡と思われる微高地がある他、現状では台地上に堀や土塁は見当たらず、急斜面や湿地等の自然地形に頼る形態の砦だったように感じられる。

この要害跡の少し西より、三村小学校から約1.7kmの地点に字御前山台という半島状に突き出した台地があり、資料に見られる東ゴゼンに相当する場所と思われ、台地上に墓地がある以外はほぼ自然の山で遺構は無いが、地元では姫の居住伝承が残る。　　　　　　　　　　　　　　　　　　　（高橋宏和）

＊参考　石岡市文化財関係資料編さん会1996、中山信名著・栗田寛補1974

伝・三村城城主墓石

98 小井戸要害(こいど)

所在:石岡市小井戸字要害山(ようがいさん)

　小井戸要害は、小美玉市境界付近の石岡市東端部、園部川右岸の微高地に築かれた要害山古墳群1号墳という前方後円墳である。
　天正18年(1590)、佐竹氏による府中侵攻に備えて**府中城**の支城として大掾方により築かれたが、佐竹氏に占領され拠点の一つとして使用されたという。
　約30年前に重機で先端を数m削られたが、全長はほぼ変わらず約75m、高さ約10mの後円部を物見台とし、長さ幅とも約30m、高さ約6mの前方部上部を削平し土塁を巡らせ曲輪としている。周囲の斜面は切岸状に整形、古墳の周溝を転用した横堀等、短期間で築城を行うため古墳の形状がうまく利用されている。

（高橋宏和）

＊参照　井博幸2016、石岡市文化財関係資料編さん会1996

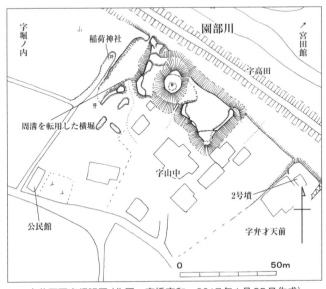

小井戸要害縄張図（作図：高橋宏和、2017年1月25日作成）

いわゆる手這坂合戦について

　かつての所領地であった石岡市の小幡・上曽地域を奪還するため、筑波山を越えて小幡地区に侵入した小田氏治の軍勢が、太田三楽斎・梶原政景・真壁氏幹らと戦った合戦が、いわゆる「手這坂の合戦」と呼ばれているものである。この合戦の最中に、真壁氏の別動隊によって小田城を奪われたため、氏治は居城である**小田城**に帰還することができなくなってしまうことになる。

　この合戦について、「烟田旧記」の記述や、翌日に発行されたと考えられる佐竹義重の感状などから、永禄12年（1569）12月23日に実際に小幡地域で両者による戦闘が行われたことは間違いないと考えられる。しかし、これらの史料には「手這坂」という地名は出てこず、実際にどこで合戦が行われたのかも、はっきりしない。軍記物には「手拝坂」（「奥羽永慶軍記」）、「手葉井山」（「小田天庵記」「小田軍記」）と現れ、また「岡見氏系図」には「手這坂」とあるが、これらは表記も内容もまちまちで、手這坂がどこを指すのかもよく分からない。

　小幡地区西方の山中に築かれている**長峰城**は、つくば市地域から小幡地域に通じている街道を取り込む構造をしており、この城へ続く坂道が「手葉井坂」であり、合戦はここで行われたというのが通説のようになっている。しかし、現地で聞き取ったところでは、「この城は膳棚城と呼ばれており、手葉井山・手葉井坂という地名は聞いていない」とのことであった。

　実は小幡地域には、「兜山」（小田軍の陣地伝承地）、「五通台」（小田軍が通過したという道）、「一戦場」（合戦伝承地）、「梶山」（＝勝山？佐竹軍の勝利地）、「手這・手葉井・手葉手・手匍匐」（複数の場所ではなく、様々な字が当てられている）などこの合戦にかかわると思われる多数の関連地名が存在しており、こうした地名から考察すると、合戦は長峰城ではなく、その東側から南側にかけての山麓一帯で行われた可能性が高いと思われる。長峰城に逃げ込んだ小田軍に、坂を登って追い打ちをかけるというのは攻撃側にとってはなはだしく不利であり、山麓の「一戦場」付近で合戦が行われ、そこで敗れた小田軍が「手這」方面に逃げ込んだとする方が実際に起こりそうなケースであるといえる。

　この合戦によって小田氏と佐竹勢力の現つくば市地域での勢力関係は逆転し、当地域における佐竹氏の影響力はますます拡大していくことになる。

（余湖浩一）

＊参考資料　八郷町教育委員会2002、2003

99 甲山城と周辺の城館

甲山城
所在:土浦市大志戸字堂山上

　県道199号線(通称フルーツライン)が朝日トンネルへ差し掛かる800mほど南の朝日交差点から東側に見える、標高98.3mの甲山山頂に築かれている。城址南側に山頂の三十番神社への参道入り口がある。

　城主小神野氏の祖は小田家四代時知の三男時義で、小神野姓は崇拝した高岡小神野宮(岡の宮鹿島明神:岡の宮館の場所)に由来するという。この城を築いたのは初代時義とも十代越前守経憲ともいわれる。天正元年(1573)10月、佐竹軍によって**藤沢城**が攻められた時、小高館、本郷館、**永井城**などとともに落城し、経憲は小田治久とともに**土浦城**へ逃れたといわれる。

　まっすぐな参道を進むと虎口らしき場所がある。ここから岩が並ぶ道を登ると、途中に岩で囲まれた井戸跡の様な窪みaがあり、山頂手前には門跡を思わせる大岩が立ちはだか

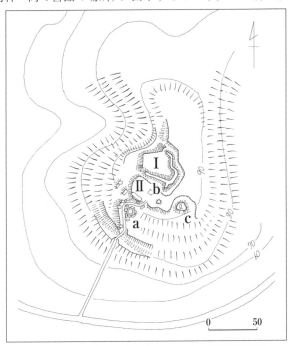

甲山城縄張図(作図:西山洋、2016年1月25日調査)

る。その脇を過ぎると馬出のような平場Ⅱがあり、三十番神社の社bが祀られている。東側には古墳のような土壇cがあり、石造りの塔が立っている。社の北側には堀を挟んで主郭Ⅰがある。主郭はおよそ40ｍ四方で、西側を除き土塁と堀で囲まれている。土塁は折れや横矢が明瞭で、堀底からは4ｍ、郭内からは2.5ｍほどあるが、堀は埋まって浅くなっている。西側下は帯郭のようになっているが、この郭の北側や東側には城郭遺構はないようである。

　茨城県無形民俗文化財に指定される日枝神社例大祭・流鏑馬祭（2017年現在、毎年4月第1日曜日に行われる）は、この地を治めていた小神野越前守（従羅天）が、家臣で弓の達人市川将監の力を借りて村に害をなす大猿を退治して百姓たちを救ったという伝説をもとにしたストーリー性のある珍しい流鏑馬である。

周辺の城館

　鎌倉街道小田城線が通ることから中世を通じて交通の要衝と考えられる地域であるが、現在ではほとんど遺構が残らないため、概略位置図および名称、所在と簡単な記述に止める。

▶**本郷館**：本郷字館。堀、郭の跡が残存する。
▶**沢辺古屋敷**：沢辺字古屋敷。日枝神社の南側の田を挟んだ微高地。沢辺将監館跡と言われる。
▶**小高館**：小高字寄居。現在の小高集落の谷津を隔てた西側の台地と言われる。
▶**田宮館**：田宮字天神。高岡台地の西端、天神山に堀・土塁が残ると言われる。
▶**田土部館**：田土部字村内。田土部公民館の北側に堀が、西側に堀と土塁がわずかに残る。
▶**高岡丸ノ内館**：高岡字丸ノ内。別名沖城。斗利出小学校（2018年3月閉校）の運動場西側に沿って幅の広い土塁が60ｍほど残る。
▶**岡の宮館**：高岡字鹿島神社。藤沢城の西側、現在新治ふるさとの森になっている細長い台地上。別名小神野宮館。明瞭な城郭遺構は認められない。
▶**藤沢城**：『図説 茨城の城郭』に掲載。
▶**上坂田館の内館**：上坂田字タチノ内。館の内、堀の内、りゅうげなどの地名と、民家敷地内に堀・土塁が残る。
▶**峯台城**：上坂田字峯台。成就寺南側。堀・土塁がわずかに残る。
▶**下坂田屋敷内城**：下坂田字屋敷内。雷神社の西側200ｍの台地辺縁部に土塁が残る。

▶今泉城：今泉字外山。集落の中に堀跡が残る。
▶永井城：永井城の項を参照。

（西山洋）

＊参考　茨城県教育庁文化課1985、岡本武雄198-、高橋修・宇留野主税編2017、土浦市教育委員会2011、土浦市史編さん委員会1975、土浦市立博物館2014、斗利出小学校4年2017、新治村史編纂委員会1986、本堂清1981

甲山城と周辺諸城館の概略位置（作図：西山洋、国土地理院の電子地形図（タイル）に加筆）

100　永井城

所在：土浦市永井字大日
別名：馬場城

　甲山城の東側約2km、県道53号線と県道236号線の交差点の北西にそびえる比高40mほどの大日山の頂上に築かれている。南西側の麓から参道が付いている。山頂手前の塚上に立つ高さ3mの宝篋印塔は寛永3年(1626)造立の大日如来塔で、城の戦いに関連する供養塔といわれるが、常陸南部では寛永期に大日塔建立ブームがあり、城郭との関連については検討が必要と思われる。大日山の西側の寄居地区は、平時の居住地だったと推測される。

　常陸国守護職に加えて大掾職をも狙う八田知家の子知重は、政治的画策により大掾氏の所領佐谷郷を領土化したが、鎌倉幕府はそれを非難し大掾氏への返還を命じた(「大掾経幹申状」)。その後も佐谷郷を狙う小田氏は、西に接するこの地に周辺監視の出城として永井城を置いたと思われる。戦国期には小田氏家臣の前野修理がいたといわれ、最後は佐竹氏が小田氏を制圧することにより、甲山城などとともに廃城になったのであろう。

　郭は方40mほどの単郭で、土塁は一周完存している。東側の開口部aが虎口であろう。郭の南側には、幅6mほどの横堀がほぼ半周巡っている。郭の西側と北側に角状の土塁の突き出しb、cがあり、この城の構造的特徴となっている。角状の土塁は横堀に対して横矢を掛けて進入路を監視する虎口関連の仕掛けのようである。　　　　　　　　　　(西山洋)

＊参考　雨谷昭編修 2015a、b、大澤泉 2015、新治村史編纂委員会1986

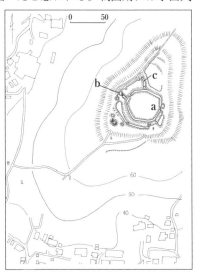

永井城縄張図
(作図：西山洋、2016年2月8日調査)

101 常名城(ひたな)

所在:土浦市常名

　常名城は殿里に近い水田の中、八幡とよばれる小字の地にあったといわれる。その場所は現在、常名新田集落の西方、国道6号線バイパスの「P7」と書かれた橋脚の西側の水田中にわずかに畑地として残っている。

　木田余城と同様、もとは台地上にあり、後に低地へ移ったらしい。天正18年(1590)、城主菅谷弾正治貞のとき、佐竹義宣によって滅ぼされたと言われる。常名城の城主が菅谷弾正だったことを裏付ける史料は今のところ見つかっていないようだが、常名神社境内にある天神山古墳前方部上の宝篋印塔は安土桃山時代のもので菅谷弾正治貞墓塔といわれ、また、菅谷氏の菩提寺である常名金山寺には古い五輪塔が残る。

　常名城がもとあった場所は、国道6号線バイパスと国道125号線が交わる真鍋跨道橋交差点のすぐ北側で、かつて八幡社があった八幡台といわれる場所であるが、現在は一部が国道6号線バイパスや住宅地となり、往時を偲ぶものは何も無い。低地へ移った常名城の場所は、水田の中に畑としてわずかに残り、そこに八幡の祠が置かれ、常名新田の某家が管理してきたという。ただし、現在残る祠は比較的新しいものと思われる。常名の水田は戦後の耕地整理によって大々的に道の付け替えが行われたが、この畑だけはそのまま残ったという。これは常名城の言い伝えが残っていたからと推察される。地元の旧家の方の話では、周囲の水田よりもわずかに高いこと、かつて畑や蓮田での耕作中に1mほど掘ると礎石と思われる大きな石や炭化した木片が出たということである。ここは桜川の河道の北側で、かつては氾濫原あるいは低湿地で水城として強固な防御性があったと想像できる。

　昭和21年(1946)の空中写真を見ると、水田の中に郭、堀を思わせる地割が認められる。現在畑地として残るのは図のa部分である。

(西山洋)

＊参考　土浦市史編さん委員会1974、1975、永山正1989

常名城推定地（作図：西山洋、2017年2月7日調査、上：米軍撮影の空中写真（1946年撮影）および下：国土地理院撮影の空中写真（2008年撮影）に加筆）

102　木田余(きだまり)城

所在：土浦市木田余

　『土浦市史』によると、木田余城跡は常磐線の南東側で、ほぼ300ｍ四方の小字中城が残り、周囲に堀があったが今は水田化して外からは分からないとある。この部分は出版後の時間経過によって若干分かりにくくなっているので、以下に解説しておく。

　『市史』が発行された昭和50年（1975）当時、常磐線は現在の下り線側（北側）のみを走っており、その後昭和59年（1984）に線路の南側に土盛りして拡幅し電留基地が建設された。これにより、畑として使われてきた中城中央部の微高地（木田余城本丸跡）は常磐線の下になり隠滅した。現在、電留基地内に建つ「信太氏一族の墓」と標柱は、中城のほぼ中心位置に相当し、城跡を線路の下に埋めるにあたり供養のために設置した新しいものと思われる。また、かつて信太八幡境内だったといわれる場所が常磐線の西側、浅間下踏切の西南西300ｍのところにあり、ここも木田余城の一画だったと思われる。ここには信太一族ゆかりのものといわれる三基の五輪塔（範宗・その妻・嫡子紀八の墓と伝えられる）と「信太八幡大菩薩」と彫られた小さな石宮が置かれている。現在、神社はここにはなく、宝積寺内で管理されているという。

　「菅谷系図」によると、信太氏は信太荘司紀貞頼の後裔で、小田氏に仕え南野荘の管理にあたる代官となり木田余に移ったと考えられるが、その時期は分からない。永禄期と思われる「小田氏治味方地利覚書」（上杉文書）に「きなまりしたのいせ」と記されている。永禄7年（1564）1月の山王堂の戦いで上杉氏と連合した佐竹氏は**小田城**を奪い、11月5日には烟田氏に木田余城番を命じている（「烟田旧記」）。その後、小田氏治は小田城を取り戻すが、同じ頃に木田余城も信太氏に戻ったと思われる。しかし、永禄13年（1570）、佐竹義重の工作により氏治に離反を疑われた信太伊勢守は**土浦城**で誅殺され、木田余城は小田氏に接収された（「烟田旧記」、「明光院記」）。その後は小田氏家臣の菅谷氏の居城となるが、小田城、**藤沢城**を奪われた小田氏治がたびたび在城したよう

である。天正6年(1578)、佐竹義重に攻められ落城、一旦奪還するも再び奪われ、翌7年に破却され廃城となった。近世になり木田余城の消滅を惜しんだ土浦城主朽木氏は城跡に宝積寺を移して保存に努めたが、明治36年(1903)に汽車からの飛び火によって焼失した。その後も本丸は畑地となって残っていたが、前述の如くJRの電留基地建設により完全に隠滅した。現在は、中城(中条)、北堀、横沼、南堀などの地名と、一面の蓮田だけが水城の名残をとどめている。

下図は昭和21年(1946)に米軍が撮影した空中写真を下敷きに、『土浦市史別巻 土浦歴史地図』収録図(明治20年代の公図を基にした図)を参考に縄張りを推定復元したものである。

(西山洋)

＊参考 牛久市史編さん委員会2000b、c、2002a、土浦市史編さん委員会1974、1975、鉾田町史編さん委員会1999

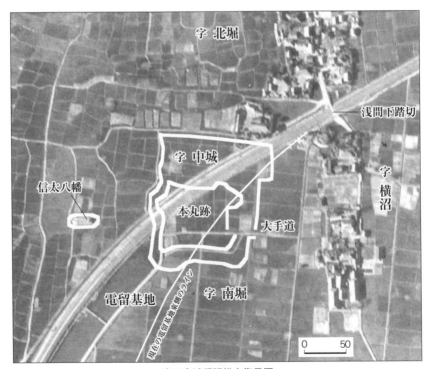

木田余城縄張推定復元図
(作図：西山洋、2017年1月22日調査、米軍撮影の空中写真(1946年撮影)に加筆)

103 志筑城と権現山城

志筑城

所在：かすみがうら市中志筑

　志筑城は常磐自動車道千代田石岡ICの北東約1.7km、恋瀬川の低地に南から突き出した岡の先端部にある。その標高は24.4m、恋瀬川の開析した低地からの比高は約18mを測る。ここは南西側に岡がつながり、他の三方面は低地という要害の地であり、城址にはかつて志筑小学校があった。

　築城は鎌倉時代初期、源頼朝の近臣として仕えた鎌倉幕府の御家人下河辺政義（のち益戸氏）という。彼は藤原秀郷の流れを汲む小山氏の一族下河辺行義の子であり、養和元年（1181）頼朝に叛いた浮島の信太義広を討った功により常陸南部の地頭となり、この地を領し、築いたのがこの城と伝わる。ただし、

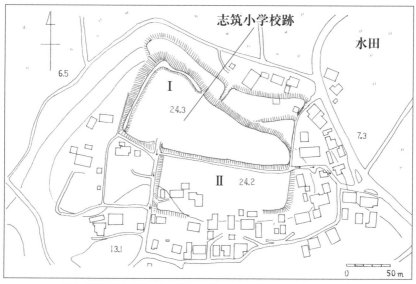

志筑城縄張図（作図：青木義一、2010年3月、2015年1月調査）

初期の城はここではないという説もある。

　南北朝時代、下河辺顕助、国行父子は**小田城**の小田治久と共に南朝方に属し、石岡の大掾高幹と戦うが、暦応4年（興国2年、1341）11月、国行は城を捨てて一族の小山氏のもとへ逃れたという。

　しかし、益戸氏を名乗る下河辺氏の一族は大掾氏の家臣として続いていたようであり、戦国時代の史料にも名前が登場する。城も**府中城**の南を守る拠点として存続していたと思われる。大掾氏は小田原の役後滅亡し、志筑城は佐竹氏の支配下に置かれたが、慶長7年（1602）佐竹氏の国替えに伴い、出羽国から移封された本堂茂親が領主となり、正保2年（1645）から明治維新まで本堂氏が陣屋として使用した。

　主郭の曲輪Ⅰは東西約160ｍ、南北最大約80ｍの広さを持ち、二等辺三角形に近い形をしている。小学校になっていたため、遺構は改変されているが、西側と北側に高さ約1ｍの土塁が残る。小学校南側の宅地と畑が曲輪Ⅱであろう。南の低地の池は水堀の役目を果たしている。

権現山城
所在：かすみがうら市上志筑/石岡市半田

　志筑城の詰めの城とされるのが、志筑城の西方約1.2kmの標高99.3ｍの金山にある権現山城である。南の山麓が産業技術総合研究機構の農林試験場である。

　山の中腹に、昭和4年に行われた陸軍大演習の昭和天皇観閲記念碑（御野立所の碑）が建つ。この碑の建つ場所は物見台であったようであり、眺望に優れる。碑の西側が城域である。

　南北朝時代、益戸国行が北朝方の大掾氏と戦った時に拠った城は、志筑城ではなく、より要害性の高いこの権現山城と考えるのが妥当であろう。ただし、今残る城跡は横矢を持つ戦国時代の城の姿である。周囲の堀、土塁はしっかりしているが内部は不整地状態である。居住用の城ではなく、有事における詰めの城として維持管理されたものと思われる。

　鞍部状の曲輪Ⅲの西が主郭部（曲輪Ⅰ、Ⅱ）であり、内部は段差があり、頂上部の曲輪Ⅰの西側と北側は一段低く、西側は土塁で区画され、L型をした腰曲輪Ⅱとなっているが、基本的には単郭である。

主郭部の大きさは東西約80m、南北約60mの長方形である。その周囲を幅約10mほどの横堀が、南側で岩が張り出している部分と犬走りになる北東部を除きほぼ一周する。また、西側では土塁に横矢折れが見られる。城の西側は幅広い尾根が続くが遺構はない。
　　　　　　（青木義一）

権現山城東側の横堀

＊参考　関肇（八郷町）2002、八郷町史編さん委員会2005、阿久津久也・峰岸純夫・菊池卓・山崎一編集1979

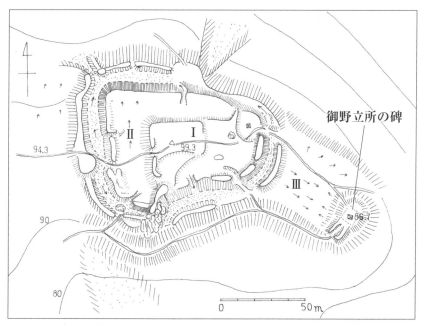

権現山城縄張図（作図：青木義一、2010年3月、2015年1月調査）

発掘された城郭遺構

これまで、県内各地で多数の城郭遺跡が発掘されている。詳細は各城郭解説に委ねるが、その中で代表的な事例を紹介する。

常陸太田城では古地図には載っていない堀が検出された。この堀は佐竹氏が構築した可能性が高く、城の変遷を知る上で貴重な遺構である。

城里町の藤前遺跡・並松遺跡では、**石塚城**の外堀と思われる箱薬研堀が長さ36mにわたって出土した。その結果、石塚城の範囲が宿を取り込むような大規模城郭であったことが分かった。

日立市の**山尾城**では、堀切部分を発掘し、表面上高さ2mだった堀が、8mある巨大な堀であることが分かった。表面観察では分からなかった城の姿が明らかになった。

石神城では、公園化に伴う全面発掘調査を行った。発掘前、石神城は戦国時代を通じて使われたと考えられていたが、城内の遺物か

山尾城発掘調査　写真提供　日立市郷土博物館

ら15世紀に機能していた城で、16世紀にはほとんど使われなかった可能性が高いことが分かった。石神城と石神氏を考える上で、さらに今後の研究が期待される。茨城県内のこの他の城郭遺跡でも、かわらけや堀の形によって15世紀に整備されていたことが明らかになった例がある。

これまで、大規模な堀や土塁、技巧的な虎口などの遺構は16世紀頃に築かれたという考えがあった。しかし、近年の発掘成果からは、すでに15世紀には城郭の大規模化へ向かう基礎が出来ていたことが示唆される。15世紀に起こった戦乱においても、大軍の戦闘があったことで、より大きくより堅固な城郭への志向が高まったためと思われる。

城郭遺跡の発掘調査が行われるのは、多くの場合、開発などでその城が無くなってしまう時である。本来ならば避けなければならないことではあるが、調査を行うことで、伝承によらない城郭の真実の姿が明らかになるという一面もある。　　　　　　　　　　　　　　　　　　　　　　　　（五十嵐雄大）

＊参考　東海村教育委員会1992、常陸太田市教育委員会2008、茨城県教育財団2011

104　坂戸城

所在：桜川市大泉

北関東自動車道桜川筑西ICの北西に位置する標高218m、比高約150mの「城山」にある。山の南の中腹に「筑波学園CC」があり、カート整備場裏手に山に登る道がある。

南から見た城山

　坂戸城は多くの史料に登場する。それだけ要衝に位置するということであろう。『新編常陸国誌』は宇都宮氏重臣の芳賀氏一族の小宅高国が応永年中（1394-1427）に築城したとしている。主郭が山の西側にあるのは、西方約3kmに位置する**小栗城**との連携するためではないかと推定される。のち小宅高国の子景時は小栗城に移り、高田豊前が城主となったという。早乙女坂の合戦で宇都宮氏が敗退し、勢力が衰えると小栗城は結城氏の城になり、坂戸城は小田政治に支配されたらしく、天文年間（1532-55）の城主には信田掃部介の名が見える。その後、小宅尚時は、上杉謙信関東出兵に際して北条氏に加担した結城氏が放棄した小栗城を回復、さらに永禄7年（1564）、上杉謙信の小田攻め（山王堂合戦）に応じて坂戸城主信田掃部介を攻め、坂戸城を回復したという。廃城は慶長2年（1598）の秀吉による宇都宮氏改易時と推定される。

　城のある「城山」の斜面は急であるが、山頂部は一辺約200mのT型をしており、比較的平坦である。山の西側にある城は基本的には単郭である。山頂の東側部分は自然の山である。西端の主郭部から山頂部東側部分に続く尾根は、主郭部から10mほど低くなり、ここが大手道と推定される。この尾根筋を堀C、Dと曲輪Ⅱで遮断するが、この方面の遺構は曖昧な感じである。

主郭である曲輪Ⅰは台形をしており、南北最大50ｍ、東西40ｍほどの広さを持ち、内部は南北2段になっている。中央部に高さ3ｍほどの土壇状の段差があり社が建つ。主郭周囲を高さ1ｍほどの土塁が巡り、所々高い部分がある。南側の土塁は土留用と考えられる石を含む。西下約10ｍに横堀Ｂがあり、南下に竪堀となって下る。曲輪Ⅰの北端部が約7ｍ突き出し、その部分が櫓台状になっており、北下に帯曲輪が、さらに約15ｍ下に横堀Ａが巡る。

　このように歴史に名を残す城の割に規模は小さいが、この「城山」はかなり高く険しく要害性に優れる。あくまで緊急時の城であり、平時の居館は北の「堀ノ内」地区または南の山麓にあったと思われる。

　また、山頂部は広くかなりの人員の収容が可能である。軍勢の駐屯地でもあり、地元住民の避難所としての役目もあったのではないだろうか。縄張図の右側、山頂東部分の広い平坦地がその場所と想定できる。　　　　（青木義一）

＊参考　岩瀬町史編さん委員会1983、中山信名著・栗田寛補1974

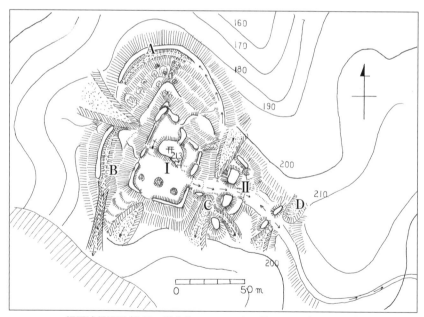

坂戸城縄張図（作図：青木義一、2011年4月、2016年1月調査）

105 門毛城(かどげ)

所在：桜川市門毛字前根
別名：室町屋敷

　門毛城は、標高533ｍの雨巻山から南西の門毛の集落に延びた幅広の台地先端部分に築かれている。
　「門毛由来記」によれば、戦国期、この地域は室町氏の支配地であったという。この城の別名を「室町屋敷」ともいい、室町氏の施設であった可能性がある。
　山麓の集落からの比高は20ｍほどと、比較的低い位置である。城内には雨巻山へと続く切り通しの登山道が通っており、この道を押さえるように遺構が展開する。
　充実した遺構が見られるのは、雨巻山方向に向かう北側部分であり、城域の北端に、尾根の両側を竪堀で削った堀切がある。そこから南下して行くと、通路の両端に折れを伴った堀と土塁が残されている。この辺りが城の中心部であり、土塁の手前に城址標柱が立てられている。
　北側から西側、東側のそれぞれに横堀が派生しており、そのいずれにも明確な折れが見られる。また、東側には竪堀と組み合わせた構造が見られるなど、かなり技巧的なものであり、戦国期の城郭の雰囲気を見せている。また東側には上の段と合わせて2段構造になっている部分も見られる。
　一方西側には明確に張り出した櫓台状の部分があり、この城の大きな特徴の一つとなっている。ただし、堀の規模はそれほど大きなものではなく、最大でも深さ3ｍ程度のものであり、さほど要害堅固な印象は受けない。
　城内はきちんと削平されておらず、なだらかな傾斜地形となっている。このように曲輪内部の整地作業は不完全であるが、この程度の傾斜であれば建造物を建てるのに支障はない。
　判別しにくいのは南側の区画である。南側には微妙な段差は残されているが、明確な堀と土塁は残されていない。ただ、西側の一部に埋められた堀の痕跡のようなものが見られることからして、かつて南側にあった堀などは、後世の耕作化によって埋められたと見るのがよいかもしれない。

門毛城の構造は居住用の城というよりも、街道を塞ぐための関所のような要素が強い。北西部分に接続する平らな山稜が加工されずにそのままになっているのは、内部の街道の監視のみを優先した結果であろう。　　　　（余湖浩一）

＊参考　岩瀬町史編さん委員会1983
＊参考サイト・図　下野戦国騒乱記2016

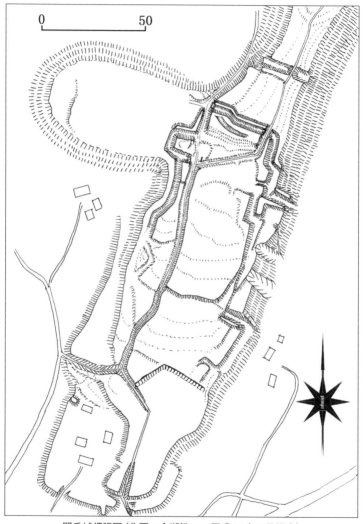

門毛城縄張図（作図：余湖浩一、平成28年7月調査）

106　池亀城
いけがめ

所在：桜川市池亀

JR水戸線岩瀬駅の北東約6kmの池亀地区に五大力堂がある。ここから約400m南の尾根末端部の標高約110m、比高約20mの岡平坦部が城址である。

笠間氏家臣池亀氏の城であり、益子氏側の**富谷城**との間に発生した天正12年（1584）の富谷合戦では笠間方の拠点の一つに登場する「池上」（「関東古戦録」）が、この城を指していると思われる。

岡の上は4段になっており、切岸は2～3mの高さがあり明瞭である。岡の斜面も帯曲輪が残る。城域は東西約100m、南北約300mと広い。岡上は畑になっているが、岡南縁部、曲輪Ⅴ南端に土塁が、岡東縁部に堀B、Cや土塁が残る。曲輪間にも堀と土塁が存在していたかもしれない。もっとも良好な城郭遺構は北端部の曲輪Ⅰである。堀Aの北に土塁aがあり、その北側に南北約35m、東西約30mの規模の土壇を持つ。ここを地元では「城山」と呼んでいる。曲輪Ⅰの北側は浅い堀があるのみであり、北方面に遺構はない。この曲輪Ⅰは一見、主郭に見えるが、城の北を守るための曲輪であり、主郭は南側の曲輪Ⅱだったのではないかと思われる。岡上はかなり広く、城主や家臣の居館があったのかもしれない。この城は居住性に優れ、戦闘用の城ではない。

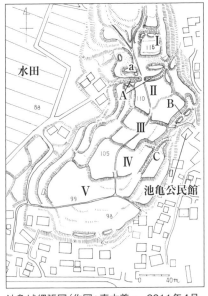

池亀城縄張図（作図：青木義一、2011年4月、2015年11月調査）

（青木義一）

＊参考　岩瀬町史編さん員会1983

107　磯部館
いそべ

所在：桜川市磯部

　国道50号線の北、磯部稲荷神社境内から岩瀬東中学校の敷地にかけての台地北端部が館跡である。この台地の比高は約15m、比較的傾斜は緩い。周囲の低地は当時湿地帯であったと思われる。高い位置にある曲輪が低地にある居館を守る「穴城」である。根小屋にあたる磯部集落は居館より標高が高い場所にあり、この点では小諸城（長野県小諸市）等と同じである。なお、同構造は那珂市の**南酒出城**にも見られ、根小屋から居館を見えなくしていることが特徴である。

　笠間氏家臣磯部氏の館であり、「関東古戦禄」に天正12年（1584）の富谷合戦における笠間方の拠点の一つとして登場する。

　主郭は東側下の神社宮司宅（曲輪Ⅰ）であり、低地側以外の3方向を二重、一部三重の堀と土塁が巡る。そこを現在、神社境内になっている曲輪Ⅱが守る造りである。神社東側に二重横堀A、Bが良好な状態で残るが、この堀は神社を守るためのものではなく、曲輪Ⅰを守るためのものである。中学校側にも堀Cがあったが道路となってほとんど湮滅状態である。ただし、東側に一部が残存する。

　神社から宮司宅に下る道は竪堀Dを転用したものであり、竪土塁が伴う。この竪土塁は低地際まで延びていたという。神社南側鳥居前の道路も堀跡であり、東西に竪堀が下り、東側の堀Eは残存する。　　（青木義一）

＊参考　岩瀬町史編さん委員会1983

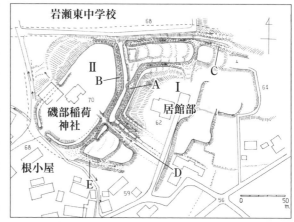

磯部館縄張図（作図：青木義一、2015年1月調査）

108　富谷城
（とみや）

所在：桜川市富谷

桜川市岩瀬地区の北、富谷山の南山麓に位置し、北側に石切場がある。

戦国時代、ここは益子氏の領土であり、益子築後守重綱が笠間氏の**橋本城**に対して天正初期に築城し、家臣加藤大隅守が居城していたという。益子氏・笠間氏間で、天正12年(1584)に富谷合戦が発生、益子方が敗れ、富谷城は落城したとも、益子氏滅亡時に廃城になったともいう。

城は約150ｍ四方の大きさの梯郭式であり、城の東の沢が天然の水堀になっている。城の中心部、曲輪Ⅰが主郭であり、字名も「御城」という。

曲輪Ⅰ付近は良好な状態で遺構が残存する。主郭北側と東側は高さ約4ｍの土塁ａが覆い、南側以外を幅約15ｍの堀Ａが覆う。西側の堀は浅いため土塁を崩して堀を埋めた可能性がある。主郭の北側と西側を覆う曲輪ⅡはＬ形をしており、幅は30～40ｍ、道路建設で一部が破壊されている。曲輪Ⅱの外側に堀Ｂが存在し、北側の堀底は道路として利用され、道路に面し高さ約3ｍの土塁ｂが残る。北の石切場に向かう道路の西側には堀と土塁が残り、曲輪Ⅱの南西側は畑に堀の痕跡が認められる。曲輪Ⅰの南下5ｍに帯曲輪が巡る。そのさらに南下の民家の地も城域と推定されるが、今では遺構が分らなくなっている。城は居住性を備えており、居館を兼ねていたものと思われる。　　　　　　　（青木義一）

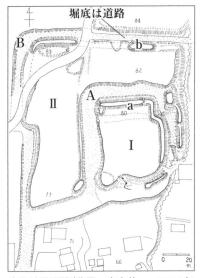

富谷城縄張図（作図：青木義一、2011年4月、2015年11月調査）

＊参考　岩瀬町史編さん委員会1983

109 谷中城
やなか

所在：桜川市岩瀬

　岩瀬町運動公園東の傾斜が緩やかで洗面器を伏せたような形をした標高109m、比高約60ｍの山が城址である。山上の城を「牙城」という。南東山麓部の民家が居館跡であり、鋭い切岸が確認でき、民家背後に横堀を伴う土塁bが存在する。牙城は50ｍ×100ｍほどの楕円形をした曲輪の周囲を幅9〜12ｍの横堀と土塁aが囲む単郭構造である。山の勾配が緩いため、全方向を警戒するためにこのような構造としたのであろう。東西に土壇があり、東側の土壇は径約15ｍ、高さ約5ｍの規模を持ち物見台であろう。西側の土壇は南側下の諏訪神社方面を警戒する場所であろう。北側が少し歪んだ形状になっており、虎口がある。さらに西側斜面に竪堀が3本確認できる。地元の土豪谷中氏の城と言われる。この山上の牙城は守りには難がある。ここは陣城的な感じであり、攻撃の起点とする軍勢の駐屯地、出撃基地のようである。北側の虎口は軍勢の出撃口であろう。

　この地は戦国時代、笠間氏と益子氏の抗争の地である。天正12年（1584）、両氏の間で起こった「富谷合戦」では、笠間氏の軍勢が入った場所に「諏訪の峰」が登場するが（「関東古戦録」）、それが谷中城であろう。

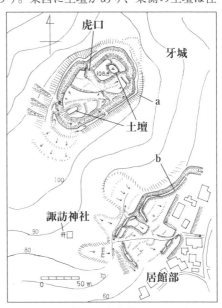

谷中城縄張図（作図：青木義一、2005年1月、2016年1月調査）

（青木義一）

＊参考　岩瀬町史編さん委員会1983、中山信名著・栗田寛補1974

110 富岡城

所在：桜川市富岡

　北関東自動車道桜川筑西ICの北東250mに位置する杉に覆われた標高58m、比高約15m、南北200m×東西300mの独立丘が富岡城である。
　歴史はよく分からないが、『岩瀬町史』は**坂戸城**主小宅氏家臣稲川土佐を城主に挙げている。天正13年(1585)結城氏と笠間氏間の戦いで、結城方の重臣片見郎党月山坊が富岡城に入り、笠間勢と戦ったという記録(「播龍記」)があり、陣城として使われた可能性もある。
　岡東側に主郭Ⅰがあり、岡西側に堀跡Cや平場Ⅲ等が確認できるが、住宅や耕地となり遺構は不明瞭である。主郭は径50～60mの大きさがあり、北側と西側に土塁が巡り、北西端に虎口がある。周囲を幅8～15mの堀Aが東側の竪堀部を除き一周するが、堀の埋没は進んでいる。東側の竪堀Bは出撃路であったのかもしれない。南側の堀外側は鋭い切岸となっており約6m下に帯曲輪Ⅳが巡る。八坂神社がある主郭西側の曲輪Ⅱは緩斜面でありほぼ自然地形である。
　富岡集落に続く北側以外の3方の周囲はかつて湿地であり、防御に優れていたと想像される。遺構の残存は良好であるが、全体的に古い印象を与える。

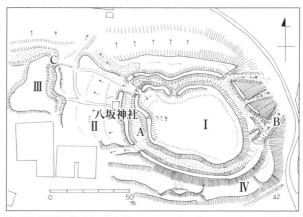

富岡城縄張図(作図：青木義一、2005年1月、2015年11月調査)

（青木義一）

＊参考　岩瀬町史編さん委員会1983

111　山王山城

所在：猿島郡五霞町山王山

　山王山城は、現江戸川を挟んで関宿城(千葉県野田市)の北西に位置している。一般に山王山砦と称されているものであるが、以下に示す史料において「彼地に向て二ケ城築き立て」とあるうちの1城であると想定されるため、山王山城と称する方がふさわしい。

　永禄11年(1568)から翌年にかけて行われた関宿合戦においては兵船による合戦が行われていた。永禄11年8月28日付「鮎川図書助宛簗田持助感状写」には「今度敵、兵船を以て、塚崎之郷へ相働き候処、城内より船を以て懸け合ひ、正面の奥に於いて数刻相戦ひ、敵合ち討ち致す事、両人誠に以て忠信感悦之望に候」とあり、北条氏の兵船に対して、関宿城からも兵船が出て迎え撃ち、巧みな戦法で北条方の船を相打ちにさせ撃退したと述べている。このような状況に際して、北条氏照は、関宿城に対する拠点構築の必要性に迫られていた。

　(永禄11年)10月17日付「白川義親宛北条氏政書状写」には「簗田中務大輔逆心を企つること顕形に候間、彼地(関宿)に向て二ケ城築き立て候」とあり、この時、関宿城の向城を2か所に築いたことが分かる。翌18日付「正木時忠宛北条氏政書状写」には「関地(関宿)、落居程あるべからず候、極々の躰に候」とあり、拠点構築の成功ゆえであろうか、関宿城を攻め落とすことについて自信満々に述べている。

　この2つの向城のうちの1か所は、(永禄12年)正月6日付「田村清顕宛芦名止々斎書状写」に「山王山のこと、源三(北条氏照)方、小田原へ退散の人衆の由申し候」とある山王山城のことであったと思われる。もう1か所については、(永禄12年)3月7日付「上杉謙信宛長尾憲景書状写」に「仍て関宿の儀、不動山、敵今に相抱へ候の間、日を追いて手詰まり、御越山無きに至りては、自落為すべく候」とある不動山城のことであると言われている。不動山城は境町にある田向城のことであると筆者は推測する。

　(永禄12年)5月7日付「柿崎和泉守宛北条氏照書状写」には「越相(上杉氏

221

と北条氏)御一和誓詞を以て仰せ合せの上は、山王山人衆引かるべき由……山王山之事に就きては、氏照人衆楯籠り候時に、関宿眼前に候といへども、既に御一和の儀、最前より如何様走り廻るべき段、逼塞せしむるの条、いかでか是非申すべく候や、早々破却致すべき由申し越し候……」とあり、氏照は山王山城に立て籠もり関宿城落城は目前であったが、和睦が整ったからには早々に山王山城を破却すると、多少恩着せがましく述べている。同日付「山吉孫次郎宛北条氏照書状写」にも同様の内容が見られ、関宿城の向城であった山王山城は上杉方との和睦成立に当たって破却することが条件となっていた。(永禄12年閏5月5日付「簗田持助・晴助連署書状写」では5月4日未の刻に破却したとある。)

しかし山王山城はその後も利用されたようで、(天正2年(1574))1月16日付「石山三河守宛簗田持助感状写」には「今度の籠城に、山王山北曲輪において種々走り廻り候、誠に以て感じ思し召し」とあり、山王山城の北曲輪で合戦が行われていた。「北曲輪」があるのだから、複数の曲輪を持った城郭であったことも分かる。

さらに天正5年(1577)の「北条氏照朱印状写」には「舟橋、山王山南の構への小ほり半分づつ、両宿より之を致すべく候」とあり、南にも曲輪があり、堀を廻らせていた様子が伺える。となれば合わせて2～3の曲輪を有していたことになる。このように改修工事まで行われていたことからすると、山王山城は、単なる向城ではなく、恒久的な城郭とすべく整備されつつあったとも考えられる。

東昌寺に残る堀

山王山城については、その構造を想像できる絵図も残されている。それは、「正保城絵図」のうちの「下総国世喜宿城絵図」である。ここには、関宿城と逆川をはさんで西方の間近に堀で囲まれた区画が描かれており、そこに「昔之仕寄場」の書き込みがある。「仕寄場」とは戦時に敵に向かって構築した陣地のことである。近世初期にはその遺構がよく残されていたため、絵図に記入されたのである。図に描かれた形状は、各方向の城塁に張り出し部分を持った戦闘的な構えとなっている。しかもかなり大きなもので、関宿城本体に匹敵するほどの規模があった。

現在、山王山地区の東昌寺には堀や土塁が残されており、この場所こそが山

王山城跡の最有力候補地と目されている。東昌寺は、簗田氏の菩提寺であるが、関宿合戦の際に北条氏照に接収されて関宿城攻撃の拠点となったものと考えられる。

東昌寺の山門の西側脇には堀跡と思われる窪みがあり、北条氏の城郭によく見られる比高二重土塁の名残の様相を見せている。また、寺院背後の北側には土塁と堀が残されている。これら現存する遺構からすると、方100mほどの規模の構えを想定できるが、これだけでは万単位の北条氏の軍勢を収容することはおぼつかない。東昌寺は主郭に相当する部分であり、周囲に北曲輪や南曲輪などの複数郭が設置された広大な構えであったと推定される。それらすべてを含有した外郭部分が「下総国世喜宿城絵図」に描かれている巨大な仕寄場であったのではないだろうか。周辺の遺構の多くは、その後の耕地整理などで失われてしまったようで、現在、遺構は確認できないため、正確な構造は不明である。

東昌寺には「小田原の役の際に徳川家康が陣を置いた」という伝承が残されており、事実とすれば、かつての山王山城の遺構がその際に再利用された可能性がある。また、小田原の役後には、羽柴秀吉が奥州仕置きの際に東昌寺に滞在したともいわれ、その際発行された禁札も残っているという。　　（余湖浩一）

＊参考　総和町史編さん委員会2004

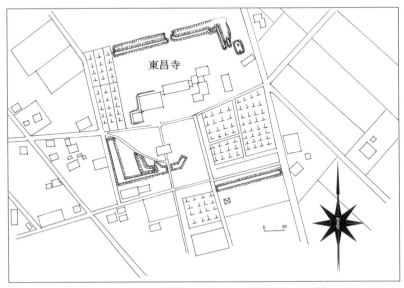

山王山城縄張図（作図：余湖浩一、平成28年5月調査）

近世記録にみる常総の古城

　江戸時代になるとそれ以前に築城された中世城郭の多くは破却され、そのまま放置されて山林化したり、耕作地に転用されたりした。それらのうちのいくつかは、江戸時代の様々な記録に書き留められており、時代とともに中世城郭跡がどのように変化したか、また江戸時代の人々にどのように受けとめられていたかを垣間見ることができる。常総地域の中世城郭についてもいくつか記録が残っている。代表的なものを紹介してみたい。

◆小場城：佐竹氏一族の小場氏の城であったが、佐竹氏の秋田移封により廃城となった城である。江戸中期、小場城主の末裔に連なる小場義村は出羽大館城の城代に任じられていた。この頃、秋田藩では藩史編纂の動きがあり小場義村は前小屋民部忠利と平山半左衛門春芳の2名の藩士に故地の巡検を命じた。この時の模様は「常陸御用日記」に記されており、「三重堀」「堀型確かに残り候」と明瞭な遺構があることを記す反面、本丸は「大方畑に罷成」と曲輪が畑になり、堀も一部は埋められていることが記されている。江戸期中期には既に中世城郭跡は農地などに転用されながら変貌しつつあったことがわかる。

◆栗橋城：幕末の郷士である赤松宗旦の紀行記『利根川図志』の中で、「古河城旧跡」として記録されている。栗橋城は近世初頭の権現堂川改修により村も城域も分断されており、利根川図志の中でも「権現堂川を掘りしより、城も栗橋も二になれり」と記されている。また同書には挿絵もあり、現在も一部が見られる「七曲」と呼ばれる堀などが完全な形で描かれている。江戸初期から既に河川改修により失われつつある城址の姿が描かれるとともに、現在は見られない遺構も記録されている。

◆守谷城：江戸後期の文化14年（1817）に成立した、武蔵国在住の高田與清の紀行記『相馬日記』の中で、「平将門偽都」として登場する。この中で與清は村長の斎藤徳左衛門らの案内で守谷城を尋ねて「分け入」っている。そこには「相馬小次郎師胤が城跡」があり「から壕・桝形などのさま、昔のままに残れり」とあり、今も見ることができる空堀や枡形虎口などを見物している。さらに畠の中を二十町ほど進むと大壕・曳橋・平ノ台などの地名があり、そこには「めくるめくばかり」の深い空堀があった、と記している。平将門の偽都伝説や相馬師胤などの時代感は異なっているが、江戸期の人々が中世城郭を見学する貴重な記録となっている。

　このように、近世記録を見ると、江戸期の人々の古城址に対する接し方や感じ方が伺えるとともに、当時既に失われつつある城の姿や、逆に今でも見られる遺構などの様子が描かれており、貴重である。

（本間朋樹）

＊参考　東海村史編さん委員会1992、東海村歴史資料検討委員会2000、高田与清1932、赤松宗旦1967、大宮町史編さん委員会1980

茨城の城郭を知るための15のコラム

112 栗崎城と吉沼城館群

所在：つくば市吉沼、他

つくば市の西部で小貝川東岸の台地上、吉沼地区の南北1km、東西500mほどの範囲に5つの小城館が集中して存在する。

初めは小田氏家臣の豊田氏の流れを汲む藤原氏(原氏)に関わる城であったが、多賀谷氏がこの地を攻略した後、そのまま継続して使用した城と新規に築城したものとが混在しているようである。

栗崎城

所在：吉沼字坂本

別名、吉沼城。坂本集落から北方に突きだした台地先端部にあり、正福寺の境内になっている。現在でも周辺の田は深く、膝までズボッと入ってしまうということである。正福寺と坂本集落の間を県道56号線バイパスが東西に貫いている。かつては主郭と思われる郭Ⅰに内坂公民館、Aに正福寺本堂があったが、公民館はなくなり本堂と社務所が郭Ⅰへ移っている。

吉沼の「飯岡氏系図」によると、城主原外記は

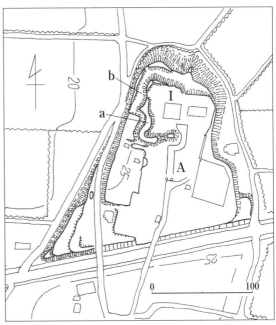

栗崎城縄張図（作図：西山洋、2015年12月28日調査）

豊田氏の一族で、天文4年(1535)8月、多賀谷家重に攻められ落城し、外記父子は討死、外記の家臣飯岡勝豊(道珎)も八幡坂(道鎮坂)下で討死したとされる。これについては諸説あり、「多賀谷家譜」および「多賀谷七代記」では文明15年(1483)、多賀谷家植の時代のこととされる。正福寺は、多賀谷重政の子政経が天文12年(1543)に建立したといわれる。

　西側の土塁aは横矢を伴い、なんともいえない優雅な曲線を描いている。5mほど下には北から西にかけて幅6mほどの腰郭bが巡っている。東側はすでに埋められているのであろう。また、台地先端部(正福寺)と台地基部(坂本集落)を隔てる堀切にバイパスを通したと考えたいところであるが、少なくとも明治13年頃に作られた迅速測図には明瞭な堀切は描かれていないので、かなり早い時期に埋められていたか、あるいはもともと単郭であったのであろう。

大坪館
所在：吉沼字大坪

　栗崎城の南東300m、金蔵院付近が館跡。金蔵院本堂北側に高さ2mほどの土塁が巡るが、平坦地を作ったときの名残かもしれない。一方、東側の墓地は土塁上に置かれているようにも見える。南側墓地のさらに南側の

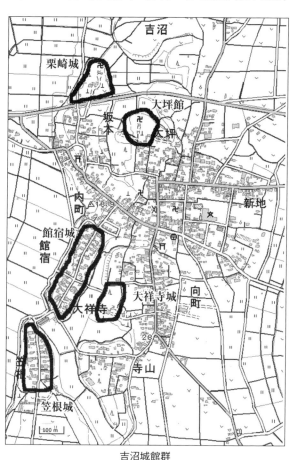

吉沼城館群
(作図：西山洋、国土地理院の電子地形図(タイル)に加筆)

藪中には段郭のような地形が見られる。栗崎城の出城だったと思われる。

大祥寺城(だいしょうじ)
所在：吉沼字大祥寺

　現在、大祥寺がある。西側に突き出した台地の先端部に近く、西側はかつて笠根沼といわれた沼沢地で、北西側に館宿城、南西側に笠根城が笠根沼を抱くように位置する要害の地である。

　大祥寺の石碑によると「永正元年、豊田氏の臣、藤原清知がこの地に来て城を築いて居城とした。天文2年(1533)に大祥寺が現在の地に移ってきた」とある。

　大祥寺の裏手は杉林で一段高くなっている。寺院との比高差は2mほどで、東西20m、南北には100mほどの平坦地で郭の跡と思われる。本堂北側裏手も一段高く竹藪になっている。竹藪の北側に東西方向に深さ1m程の堀がある。

館宿城(たてじゅく)
所在：吉沼字館宿

　別名、新吉沼城。大祥寺の西側で、北側から南に突き出た半島状台地にあった。館宿という地名は大祥寺城の根小屋を表しているものと思われるが、集落になっていて遺構は分からない。集落中央部の稲荷神社の高まりは、土塁の残欠あるいは櫓台の跡かもしれない。沼を挟んだ南側に笠根の集落がある。

　天文4年(1535)、栗崎城を落城させた多賀谷重政は、家臣渡辺道金を城代として館宿に城を築かせたという。

笠根城(かさね)
所在：吉沼字笠根

　大祥寺の南西側で、南側から北に突き出た半島状台地にあり、北東側の大祥寺城、北側の館宿城とともに笠根沼を取り囲んでいる。台地北端部に城塁のような土手や虎口様の切通しが見られるが、台地上は集落となっているため遺構は分からない。台地を連郭式に堀で分断していたと想像され、大祥寺城の出城と思われる。大祥寺城、館宿城、笠根城は半径600m以内に寄り添うように存在していることから、関連する城郭と考えるのが自然であろう。　　　（西山洋）

　　＊参考　大穂町史編纂委員会1989、小林覺右衛門尉尚房寫1978、下妻市教育委員会1996

113　花室城
はなむろ

所在：つくば市花室字御城外
別名：花室館

　花室川東岸の南へ突き出た比高8mほどの舌状台地先端部に立地し、台地続きの北西側以外は低地に囲まれている。県道土浦学園線によって南北に分断され、南側は畑地、北側は住宅地となり、覚王寺、八坂神社などの寺社も存在する。
　築城については明らかでなく、小田氏家臣と思われる城主大津長門之助貞兼は佐竹氏との合戦で討ち死にし、その子大津図書も佐竹氏に降伏したと言われるが、それがいつの頃かは定かでない。永禄12年(1569)11月、吉生城攻めに端を発した小田氏治の小幡(石岡市)侵攻を阻止し土浦へ敗走させたいわゆる「手這坂の合戦」(コラム「いわゆる手這坂合戦について」参照)で、小田城を奪い陣を敷いた佐竹義重は帰還に当たり、烟田・玉造・手賀の諸族に花室城番をさせたとある(「烟田旧記」)。下って、天正16年(1588)4月7日、取手山館で佐竹軍と大掾勢力の攻防戦が行なわれている最中に、矢田部(谷田部)を攻めた北条氏直に対して、小田氏治は花室台(城)に布陣し、藤沢城攻めの兵に大打撃を与えたとある(「佐竹家譜」)。また、天正18年(1590)の小田原攻めの頃に作られたと思われる「関東八州城之覚書」には、小田氏治分城の中に「花室　平塚弾正忠」と記されている。しかし、文禄年間の過去帳では城跡一帯は畑としてすでに農民の所有になっていたということなので、佐竹氏が小田氏領へ侵攻して以来、取ったり取られたりを繰り返していた両勢力の攻防も、天正18年(1590)に佐竹氏の勝利が決定すると、花室城は役目を終え、まもなく廃城になったものと思われる。
　現在畑地となっている県道土浦学園線南側の台地先端部西側の50m四方ほどの微高地Ⅰに「御城」の字が残りここが主郭と思われる。かつて御城は周囲を「一の堀」で囲まれていたが、北側部分は県道土浦学園線によって完全に隠滅し、東側部分は埋められ、現在は西側台地縁に長さ45m幅4mほどの空堀aが残るのみである。台地下には腰郭や段郭が認められるが、さらにその下に巡っていたはずの空堀あるいは水堀の痕跡はなく、「からめ」、「からめ下」など

の字が残るのみである。郭Ⅱの北と東を囲んでいた「二の堀」もほとんど残っていないが、八坂神社西隣宅地内の進入路と土塁のカーブbは「二の堀」北側の堀の輪郭を残しているように見える。一方、同神社南側の堀と土塁cは地籍図をもとに復元した堀の輪郭と一致せず、本来の城郭遺構ではない可能性もある。郭Ⅲは住宅地、寺社境内となっているため明瞭な遺構は見られないが、覚王寺の南西北を巡る一段低い部分は「三の堀」跡と推定される。この「三の堀」は城をほぼ全周していたと思われる。「二の堀」と「三の堀」の間は一つの郭とするには広すぎる印象ではあるが、番城として使われていたと考えれば、このような空間の必要性も納得できる。

(西山洋)

＊参考　茨城県教育委員会1971、牛久市史編さん委員会2002b、桜村史編さん委員会1982、つくば市教育委員会2008、原武男校訂1989、鉾田町史編さん委員会1999

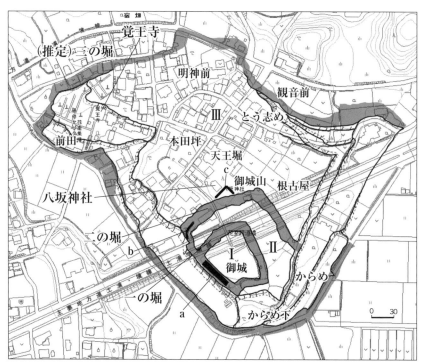

花室城遺構復元図（作図：五十嵐敏之、2017年4月24日作成、地籍図およびつくば市教育委員会1971、2007を参考にした）

114 若栗城(わかぐり)

所在:つくば市若栗字御城山
別名:御城

　若栗城は牛久沼へ注ぎ込む東谷田川左岸で、念向寺・筑波茎崎霊園北側の南西に細く突き出した比高10mほどの舌状台地先端部に位置する。

　若栗城は岡見氏の支城で、「東国闘戦見聞私記」などでよく知られている知将・栗林義長(吉長)の居城とされ(「岡見系図」)、義長が**足高城**で病没後、佐竹・多賀谷連合軍に攻め込まれ落城したといわれる。

　連郭式に3つの郭Ⅰ、Ⅱ、Ⅲが並び、ⅠとⅡの間に幅10mほどの堀がある。深さは2mほどで幅が広い割に浅いのはかなり埋まっているためであろう。この堀の北西側に櫓台のような独立した高まりaがある。Ⅱの北側にさらに広大なⅢが続く。Ⅲと台地基部との間には横矢の掛かった食い違い土塁bが残っておりここが虎口であったと思われる。空堀が無いのはおそらく埋められたのであろう。Ⅲは幅5mほどの大きな土塁cによって北側台地と区画されている。　　　　(西山洋)

＊参考　牛久市史編さん委員会 2000a

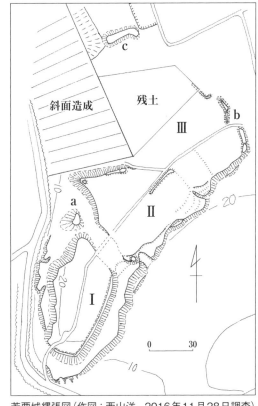

若栗城縄張図(作図:西山洋、2016年11月28日調査)

古河公方と常総の領主たち

　室町中期に幕府及び関東管領・上杉氏と対立し、鎌倉を離れた関東公方・足利氏は新たに**古河城**を居城とし、古河公方と称された。これにより、常総をはじめ北関東の領主たちは古河公方家の動向と深く関わりあうこととなった。

　守谷城の城主・相馬氏は千葉氏の一族から独立領主化した下総国相馬郡の領主であると同時に、古河公方筆頭重臣である関宿城主・簗田氏の「同心」として古河衆に組み込まれていた。しかし簗田氏は北条氏へ従属するにあたって相馬氏領を併呑することを要求、北条氏もこれを認めた。これに対抗するため相馬氏は古河公方・足利義氏に働きかけ、居城の守谷城を一時的に公方の御座所とすることを願い出た。この古河公方御座所の守谷移転は諸般の事情から実現しなかったものの、これによって相馬氏は古河公方直属の奉公衆としてその独立的立場を認められるに至り、結果的に戦国末期まで家名を存続できた。

　反対に、**栗橋城**主であった野田氏は簗田氏に次ぐ公方家の重臣であったが、居城・栗橋城を北条氏照に接収され、事実上北条氏の配下に入った。その後野田氏は北条氏に反抗するも降伏、簗田氏出身の妻と離縁、栗橋城主の地位も失って事実上没落した。

　特殊な技能をもって公方家と関係を持っていた領主に、常陸行方郡の行方氏一族である芹澤氏（芹澤城主）がいる。芹澤氏は常陸平氏出身の在地武士であると同時に医業に優れた技能を持っており、古くは古河公方初代である足利成氏の時代から公方家に対して戦傷者の治療や薬の配合などで奉仕している。戦国末期にかけては例年公方家に年頭の贈答品として薬を贈っていたほか、戦傷者の治療方法の指示なども行っている。さらに芹澤氏は古河公方家と関係を強める北条氏や、従属する高城氏ら国衆とも医業を通じて親交を持ったほか、政治的には古河公方家・北条氏と敵対関係にある佐竹氏一族とも親交を結んでいる。芹澤氏が武士としての政治動向の壁を越え、医者として広く活躍している様子がわかると同時に、公方家に奉仕しながらも直属の奉公衆ではなく独立領主として認められていたことも伺える。

　古河公方は足利義氏の死によって断絶したが、遺児・氏姫は側近らに守られ、古河にいた。そして天正18年（1590）、北条氏の滅亡とともに古河公方家も消滅し、氏姫は鴻巣の旧**古河公方館**で隠遁した。その際、豊臣秀吉の正室・おねと音物を交わす等の親交を重ね、やがて喜連川家の創設にいたる。氏姫は北条も豊臣も滅び去った元和2年（1616）、父祖伝来の鴻巣館でこの世を去った。公方家と関係の深かった常総の領主たちも殆どが没落するか、旗本・藩士として近世大名に仕えていた。

（本間朋樹）

＊参考　黒田基樹2001、2012、取手市史編さん委員会1986、茨城県史編さん中世史部会1970a、1974a、茨城県立歴史館1990、1992、1994b、1996

115　三条院城
所在：つくばみらい市南太田

　三条院城は伊奈台地の南の縁に築かれた丘城である。現在、その南西側は広大な水田が広がっているが、往時は小貝川、牛久沼に繋がる沼や低湿地であった。当城より東南東4.6kmに**足高城**、北西800mに板橋城（つくばみらい市）、西北西1.8kmに小張城（同）が存在しており、いずれも伊奈台地の縁に位置し、この4ヵ城はほぼ一直線上に配置されている。

　三条院城に関する史料等は今のところ発見されておらず、伝承等も伝わっていないので、その歴史については不明である。岡見氏の知行地一覧である「岡見氏本知行地等覚書写」（天正10年代成立と推定）には前述の3ヵ城と共に近隣の大和田、野堀、福岡等の村々が列挙されているので、この時点で当地は岡見領だったことは間違いない。天正15年（1587）頃、**下妻城**主多賀谷重経は小張城、足高城を攻撃しており、この地は岡見、多賀谷両氏の争奪戦の舞台であった。従って両氏のどちらかによって築城されたと考えてよいだろう。

　郭Ⅰが主郭で、南辺の郭Ⅱと最も接近する箇所aには郭内からの比高で約3mもある土塁で厳重に守られている。郭Ⅰと郭Ⅱを隔てる堀Bは幅15〜20m、深さ約8mを計り、当城で最も見応えのある遺構である。この堀に土橋、橋台、スロープ等は見当たらず、郭Ⅰ、Ⅱ間の連絡路は確認できない。郭Ⅱは南東側が大規模に削り取られており、その縁に一本の直線状土塁Cが残されている。郭Ⅱに虎口は確認できない。郭Ⅰの北西に幅約15m奥行き約35mの掘り込みDがある。『図説伊奈のあゆみ』では当該遺構を「舟入（舟の係留地）」と想定している。舟入の北西には浅間神社がある小山Eがあり、いかにも物見台跡といった風情がある。この物見台と郭Ⅰは細い土橋のようなものfで連結されているが、これを通路とするには極めて不便である。

　全体の縄張りを眺めると、堀Bのような大規模工事をしているかと思うと、虎口が貧弱であったり、各郭間の連絡路がなかったりとアンバランスな印象を受ける。これは短期間に一気に築造し、その使用期間も短かったためではなか

ろうか。在地領主の拠点城郭というよりは、陣城の性格が強いと言える。

(岡田武志)

＊参考　伊奈町史編纂委員会2001b、2007

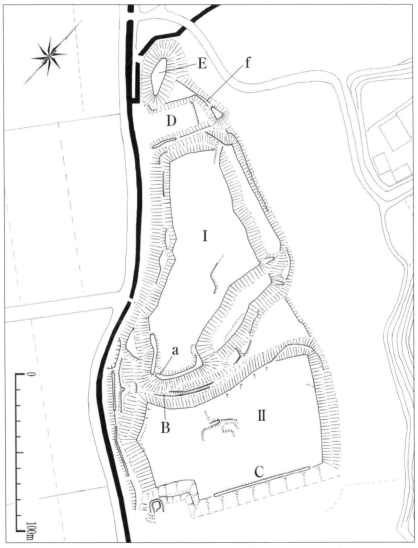

三条院城縄張図（作図：岡田武志、平成28年1月5日測量）

233

116 高野館

所在:守谷市けやき台
別名:今城(いまんじょ)

けやき台の住宅団地片隅の「うららか公園」が城址の一部である。
　高野館は南北朝期に相馬氏が北畠顕国のために築いた城であろうと比定されているが、根拠は乏しい。より確実な史料では、年未詳5月15日付、鮎川図書助宛の足利高基感状の中に「高野要害」での戦功を賞すというものがある。高基の活動時期から考えて、戦国初期には何らかの形で存在し、実際の合戦があったことが窺われる。
　往時は半島状台地に東西600m、南北200mにも及ぶ規模であり、3つの空堀に区切られた3郭程度の構造の城であったというが、現在は殆どが新興住宅地として開発されてしまい、わずかに公園内に主郭の一部と推定される比高10mほどの丘陵を残すばかりである。この丘陵上の平坦面には高さ1mほどの土塁状の高まりがあるが、往時の遺構かどうかは判別できない。残念ながら今となっては全容が分からない城である。

（本間朋樹）

参考:守谷町史編さん委員会1985

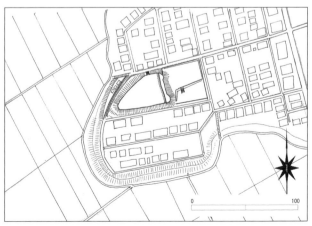

高野館縄張図(作図:本間朋樹、平成28年11月調査)

117 古渡城(ふっと)

所在:稲敷市古渡
別名:古谷城

　古渡城は小野川が霞ヶ浦へ流れ込む河口付近の低地に築かれた平城である。古渡は中世においては「海夫注文」に登場する「古渡の津」、近世に至っては「霞ヶ浦四十八津」において南津頭を務めるほどの有力な津(港)であった。

　関ヶ原の合戦で軍功を挙げた山岡景友がこの地に1万石で封じられ古渡城が築城された。慶長8年(1603)、改易されていた丹羽長重が同じく1万石で入封し大名として復活した。元和5年(1619)、長重は2万石に加増され**江戸崎城**主となり古渡城は廃された。丹羽長重は織田信長の重臣、丹羽長秀の嫡男で、関ヶ原の合戦において西軍に与したため改易となっていたものである。元和8年(1622)には棚倉5万石、寛永4年(1627)には白河10万石に加増移封された。改易されていた人物が10万石まで登り詰めたのは希有な例と言える。その復活の地となったのが古渡城なのである。

　保存状態はいいとは言えず、部分的に土塁と堀が残るのみである。方形の郭Ⅰが主郭でそれを取り囲むように郭が存在したようであるが、現在では判別出来ない。　(岡田武志)

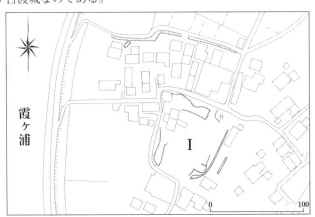

古渡城縄張図(作図:岡田武志、平成28年12月30日調査)

＊参考　河井淳2009、中山信名著・栗田寛補1974、桜川村史編さん委員会1979

118 伊佐津城(いさつじょう)

所在:稲敷市伊佐津字竹の内
別名:竹内城、二条城

 小野川と新利根川に挟まれた伊佐津の台地の東端、下太田工業団地の約500m西側、愛宕神社の約300m北側にある南に突き出た丘城である。県道5号線工事により北側台地との接続部の遺構は失われたが、南北に連郭式に並んだ二つの郭が残っている。

 城主金剛寺光壽は、天文11(1542)年、明応年間(1500年頃)以来40年以上に渡り小田氏によって奪われていた**江戸崎城**を奪還するため龍ケ崎を足掛かりに北上を開始した土岐治頼との戦いに敗れ、城から追放され翌年没したとされる。

 主郭と思われる郭Ⅰの東側は幅10mの帯郭a、西側は幅5mの横堀bが取り巻いている。aはそのまま北側の郭Ⅱの東側下へ続く。部分的に土塁が残る西側の横堀bは郭ⅠとⅡを隔てる堀切へ連続する。この堀切は広いところで幅20mほどあるが、中央部へ近づくに従って埋められて浅くなり、現在では二つの郭をつなぐ土橋状cになっている。郭Ⅰの内部は平坦で2002年頃までは果樹園だったが現在は放棄され荒れている。

 県指定文化財円福寺山門は、改修されてはいるが城主光壽が伊佐津城裏門を移築したものと伝えられている。　　　　　(西山洋)

 ＊参考　阿見町史編さん委員会1983、新利根村史編纂委員会1983、新利根町教育委員会1999

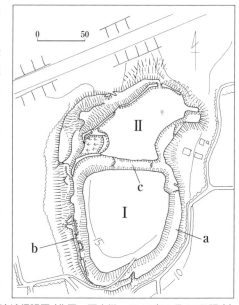

伊佐津城縄張図(作図:西山洋、2015年1月12日調査)

119　立の越館
たてのこし

所在：稲敷部阿見町阿見字真木後
別名：真木後館

立の越古墳群のある舌状台地の付け根付近に、立の越旧館（阿見町）と呼ばれる中世城館跡があり、谷津を挟んだ西側の舌状台地先端に立の越館は立地する。

江戸崎土岐氏の西側の境目の砦で戦国末期のものと考えられている。規模は大きくないので大室城（阿見町）の出城的役目をしていたと思われる。

舌状台地の先端に位置し、郭Ⅰが主郭と思われる。緩斜面の突端部と郭Ⅰの間を土橋aのある堀切で隔て、郭ⅠとⅡは連郭式になっている。郭Ⅱは一段低く、羽成監物屋敷跡と伝承されるが、近世に西光寺があったため遺構の残りは悪い。北端部に深くて大きな10m四方の入り江状構造物bがある。郭Ⅱの西側下の構造物c、dと類似のものと思われる。周囲の水田の高さに近いのでかつては水が入っていた可能性もある。船隠しのようではあるが、近代の戦争遺跡の可能性もある。また、2016年現在、dは土砂で埋められている。　　　　（西山洋）

＊参考　阿見町史編さん委員会1985

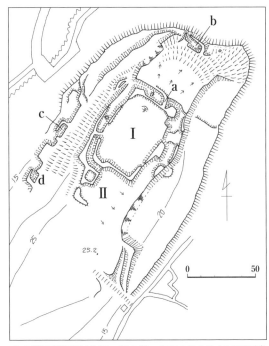

立の越館縄張図（作図：西山洋、2014年1月14日調査）

120 島津城(しまづ)

所在:稲敷部阿見町島津字御城

島津城跡は霞ヶ浦南岸の東西に細長い舌状台地の鞍部に構築されている。現在では全体の把握が不可能なほど破壊されているが、御城と呼ばれる本郭跡周辺には遺構がかなり明瞭に残っている。

本城の構築時期は小田勢力が信太庄へ侵入した永正期といわれる。戦国末期には小田氏が衰退して、信太の支配は江戸崎土岐氏に代わった。地元の伝承によると、小田方島津軍と土岐方木原軍とが清明川畔で合戦をした際、土岐方龍ケ崎軍に軍兵の留守を突かれて落城したという。最後の城主は宮本内膳と伝えられ、現在もその後裔が地元に残っている。

現在、御城は畑になって一画に稲荷社が祀られている。北西端の隅櫓aは北と南の堀底を監視するのに絶好であるが、それ以外の土塁は崩されたのであろう。御城の西側は横矢が掛かった幅10mほどの横堀bが巡り、「ミニ小幡城」の気分が味わえる。南側の横堀cは幅15mほどあり、土塁の西端は一段と高く、南側からの敵侵入を監視している。

(西山洋)

*参考 阿見町史編さん委員会 1983、1985

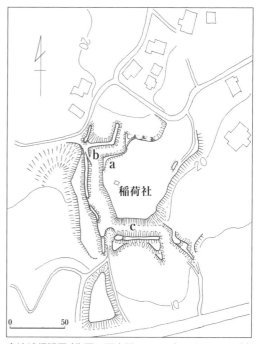

島津城縄張図(作図:西山洋、2014年1月20日調査)

121　牛久沼東岸の城館群

所在：牛久市遠山町、龍ケ崎市庄兵衛新田町など

　牛久沼の東側の舌状台地先端部を利用した複数の小城館あるいは砦が、牛久城と牛久沼の東縁に張り付くように並んでいる。北から遠山城、屏風ヶ崎城、八幡台城で、**牛久城**防衛に関連した城館群と考えられる。

遠山城と街道閉塞土塁
所在：牛久市遠山町、牛久町など

　谷津を挟んで牛久城の東側にあるこの舌状台地先端は牛久城よりも古い時代の城跡と考えられている。ここ遠山へ至る東側からの街道に沿って、桜塚土塁、東城台土塁、遠山土塁（いずれも仮称）と極めて密な間隔で街道防御を目的としたと思われる土塁が築かれていることから、この地が防衛上重要視されていたことが推測される。遠山城については『牛久市史 原始古代中世』に詳しい。

屏風ヶ崎城
所在：龍ケ崎市庄兵衛新田町馬場台

　「岡見系図」の岡見義綱および経吉に関する傍注によると、屏風ヶ崎城は岡見山城守の城で多賀谷氏に落とされたとあるが、この城については地元でもほとんど知られておらず、場所も不明であった。「旧記集覧」記載の古絵図の写しに、城中（牛久城）と若柴の中間に描かれているのが手がかりになる。沼側からは長い台地縁がまさに屏風のように見えることから屏風ヶ崎に相応しい場所として図の台地と推定した。台地上には小規模な堀と土塁が認められる。かつて台地は常磐線を越えて北西方向へも伸びていたようだが、今となっては土取や削平で旧状を偲ぶものは馬内踏切西側の大杉神社背後の小山くらいである。台地を東西に横断している県道八代庄兵衛新田線の南側台地の西側辺縁に沿って土塁状の盛り土構造があるが、これは土取などの遺残かもしれない。城郭関連地名として、台地上に馬場台、台地下に馬場下という小字が残っている。

八幡台城
はちまんだい

所在:龍ケ崎市若柴町八幡台

　金龍寺の400m北西で若柴の台地の北西端に位置する。堀・土塁が残存するといわれるが、主郭部にあった企業撤退後の遺構の状態は不明である。

(西山洋)

＊参考　伊奈町史編纂委員会2001a、c、牛久市史編さん委員会2000a、2004、藪ログ2008a、b

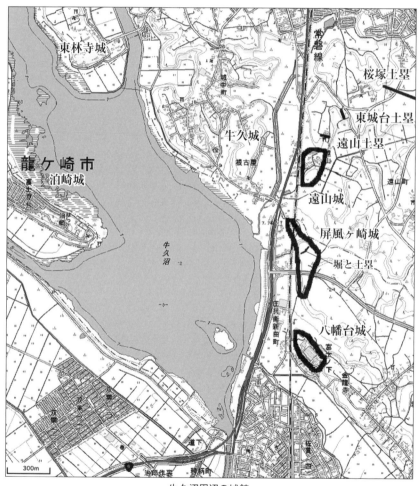

牛久沼周辺の城館
(作図:西山洋、2015年12月31日調査、国土地理院の電子地形図(タイル)に加筆)

122 大日山城
だいにちやま

所在：龍ケ崎市塗戸町富山

　塗高池の南西側にある比高15mほどの台地先端部が大日山城の跡である。城の入り口部分には「大日様」が祀られており、これが城の名称の由来となっている。

　城は地形なりに削平された長軸70mほどの単郭構造であるが、西側の台地基部との間には、深さ4m、幅8mほどの大きな堀切が掘られている。また、曲輪の周囲には幅2mほどの規模の大きな土塁を構築するなど、単郭構造にしてはかなりの土木工事量を施した城郭である。

　「大日様」が祀られている部分が城の虎口であったと思われ、土橋や枡形状の地形を見ることができるが、「大日様」によって改変されている可能性もある。こうした構造や土木工事量からみて戦国期の所産であると想定できる。岡見氏の勢力圏内にあるので、岡見氏関連の城郭であった可能性が高い。　　　（余湖浩一）

＊参考　龍ケ崎市教育委員会 1987

大日山城縄張図（作図：余湖浩一、平成28年10月調査）

123 岩井城(いわい)

所在:北相馬郡利根町立木
別名:文間城

　岩井城は、円明寺の北東、比高15mの台地が北西に突き出した部分に築かれていた。北側はかつては沼地であったといわれ、要害地形であった。また、西に600mの位置には横須賀城(利根町、現在は利根中学校となり消滅)があった。
　戦国期の豊島氏に関連した城郭であったと想定される城郭である。
　城は東西70mほどの単郭構造のもので、台地続き側には幅10mほどもある堀切が掘られている。また、この堀切に面して2つの櫓台が張り出している。
　台地南側の集落部分には、かつて城の防御構造の一部を成していた土塁が配置されていたといわれるが、現在はほとんど破壊されており、部分的にしか残存していない。円明寺の西側にも土塁は見られるが、城と関連するものかどうかは不明である。

（余湖浩一）

＊参考　茨城県教育庁文化課 1985

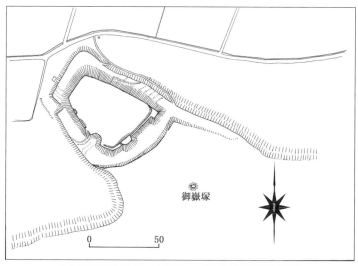

岩井城縄張図(作図:余湖浩一、平成28年10月調査)

124　下太田館
しもおおた

所在：鉾田市下大田

　下太田館は、鹿島臨海鉄道の涸沼駅より東南250ｍの所にある。比高20ｍほどの台地の南西の先端部分を利用したものである。北方500ｍほどには大洗町の**大館**・**小館**のある台地が向かい合っており、何らかの関係があったものと想像される。

　下大田館は単郭ながら三方向に横堀を配した城郭であった。しかし、耕作化により本来の形状は次第に失われつつある。下の図面は平成15年時点のものであるが、すでに、主郭内部はかなり土取りをされ本来の高さを失っており、主郭と台地基部とを結ぶ土橋も作業車を通すために中央部が削り取られてしまい、切通し状になっているというありさまであった。その翌年には主郭南東側の横堀とその下の腰曲輪も破壊されてしまった。北西側の横堀もかなり埋められてしまっている。

　近年では耕作も放棄されたようで、城内はかなり荒れている。

（余湖浩一）

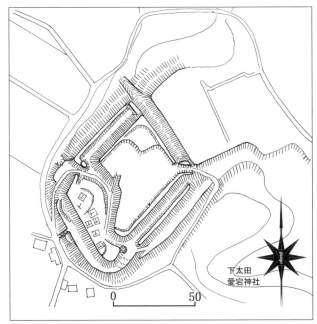

下太田館縄張図（作図：余湖浩一、平成15年12月調査）

125 堀ノ内砦

所在：鉾田市青柳

　青柳集落背後の比高20mほどの台地の東南端部分に築かれた城館である。
　堀ノ内砦の歴史や城主は一切不明である。青柳の地は木崎武田氏が進出したとされる地域であり、この砦も武田氏勢力圏の北端付近にあたるとされる。武田氏にとっての他勢力との境目の城であったかもしれない。
　規模は東西40m、南北60mほどであり、土塁がほぼ全周している。この土塁は西側の一部が横矢掛かりの構造となっている。西側と北側は浅い空堀で区切られている。虎口は東側の一箇所のみであり、堀底を通路として用いていたようである。

(本間朋樹)

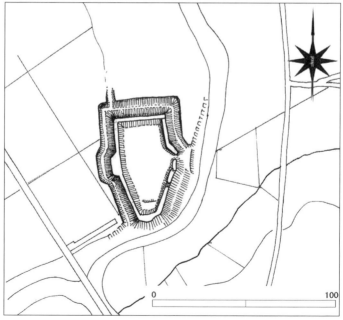

堀ノ内砦縄張図（作図：本間朋樹、平成29年1月調査）

「烟田旧記」にみる天文現象

　鎌倉時代から戦国時代に常陸国の烟田（現茨城県鉾田市）に本拠を有していた烟田氏は、常陸大掾氏の一族鹿島氏の分流である。その伝来文書「烟田文書」は、鎌倉以来の所領を戦国期まで守り伝えた一地方小領主の一所懸命の姿を今に伝える貴重な史料として京都大学に原本が所蔵されている。烟田氏関連の文書はこの他に「烟田旧記」と称される記録がある。その伝来は複雑で、烟田氏の重臣井川信濃守胤信が筆記したとみられる記録を、同じく重臣塙氏の子孫が享保年間に抄録し、それを一族の塙主鈴が所蔵していた。江戸後期に中山信名、色川三中、宮本茶村らが注記を付して伝写した写本が、東京大学史料編纂所と静嘉堂文庫に収蔵されている。近年この他に、茶村の玄孫に伝わる「安得虎子」原本の中から新たに筆写が発見された。以上のように、「烟田旧記」の成立過程は複雑なため史料評価が難しく、これまで一部の研究者を除いてはあまり注目されて来なかった。しかし、享禄から慶長の約60年間に烟田氏周辺で起こった、政治、経済、文化、自然などに関する様々な変化を書き記した内容はユニークで、今後の研究の進展が楽しみな史料である。

　ここでは「烟田旧記」に記されている天文現象について紹介しよう。現象を項目別にすると、(1)日蝕 2件、(2)こはたほし 7件、(3)大ほし 2件、(4)ひかり物 2件、(5)月 10件、(6)その他 2件となっている。たとえば、こはたほしについての記載はその日付と西洋の彗星発見記録がかなり一致し、その内の5件は彗星 X/1569 V1、C/1577 V1、C/1580 T1 の記録と考えて間違いないと思われる。また、上杉謙信の死から彗星出現を予測するなど、彗星を凶事と結びつけて慎重に見守っていた様子も伺われる。日蝕の1件は記録と一致しないが、年号の漢数字「八」と「九」の写し間違いを仮定すれば実際の日蝕と一致し、天文現象から逆に古文書の不備を指摘できる可能性も出てくる。

　自然現象を記述した中世記録の例としては他に佐竹氏の「東州雑記」（佐竹家旧記）も挙げられる。応永15年（1408）と17年（1410）の那須山噴火に関する記録の他、天文関係では「天正5年9月30日の晩に彗星出南ヘナビク」という記述があり、これは「烟田旧記」でも記録されている C/1577 V1 と同一彗星と考えられる。

　以上のように、戦以外の記録に注目することも中世文書の楽しみ方の一つとして、話題の提供としたい。

（西山洋）

＊参考　茨城県立歴史館史料学芸部編2017、西山洋2011、平田満男1988、鉾田町史編さん委員会1999

126 蕨砦(わらび)

所在:鉾田市借宿字蕨

蕨砦は、北浦の北端に流れ込む巴川(ともえ)に面した、標高22mほどの右岸台地上にある。現状では台地の南側と西側を土取で削られており、あたかも独立台地状となっているが、1962年撮影の空中写真では、北方に鋭角に突き出した台地突端に位置していた。

北西約1kmには、同じく巴川に面した台地端に小規模な単郭の**堀ノ内砦**がある。また南西約3kmには、武田氏勢力が鹿島氏に対抗して築いたといわれる**野友城**がある。永禄年間に、**木崎城**を本拠とする武田氏が、烟田(かまた)氏の領有する当地域を侵攻し、当砦を築いたものと考えられている。

構造は、あたかも近世の牧の捕込(とっこめ)を想像させるような形状をとる。郭Ⅰには、仕切りの土塁で一段低い郭Ⅱが付属し、さらに出入り口をもたない独立した小規模な郭Ⅲが、郭Ⅱおよび郭Ⅰの一部にかけ、虎口をにらむように突出する。虎口は郭Ⅰに直接入る形をとり、手前には外枡形のような小規模な平場が設けられている。ここから本砦の南側と東側には土塁外側に横堀が巡り、南側の横堀は西方向へ緩く竪堀状となって落ちている。　　　(遠山成一)

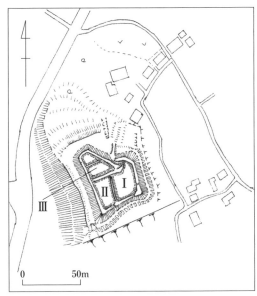

蕨砦縄張図
(作図:遠山成一、2017年2月12日調査)

127 要害城

所在：鉾田市安房

　要害城は鉾田川に面した鹿島台地の半島状に突き出した先端に築かれた丘城である。麓の水田面からの比高は約24ｍ。要害城のすぐ南側、谷津を挟んで約200ｍに**三階城**が位置しており、その位置関係から当城は三階城の支城と考えられている。

　三階城は鎌倉時代に安房氏、戦国時代になって鹿島氏の老臣額賀氏の居城となったと思われる。要害城は文献等に登場することはないのでその歴史についてつまびらかではないが、現在の遺構を見る限り戦国末期に機能していたことはほぼ間違いない。従って額賀氏によって築城された可能性が高い。

　遺構の保存状態は非常に良い。三つの郭があるが、郭Ⅱ、Ⅲは主郭Ⅰの副次的なものである。郭Ⅱは台地先端部であるので鉾田川方面の監視を担っていたのであろう。郭Ⅲは南側の谷津から攻め登ってくる敵に対する防御である。主郭Ⅰは複雑な形をしており、虎口は台地基部部分のa、郭Ⅱとの連絡口としてのb、郭Ⅲとの連絡口としてのcの3箇所が認められる。発見は出来なかったが、虎口ｃは三階城との連絡路へと繋がっていたのではなかろうか。虎口ａが最も厳重でそれに付随する堀、土塁共に当城最大規模のものである。また横矢が掛けられているのも特徴的である。堀Ｄの外側に不明瞭な堀Ｅが残る。地元民から「近年、重機で遺構が破壊された」という証言を得ており、本来、堀Ｅはもっと北西方向に伸びており、台地基部との切り離しの役割と共に堀Ｄ、Ｆと相まって二重堀を形成していた可能性がある。

　本城とされる三階城は3階建ての階郭式城郭であるが、要害城はそれとは一線を画する縄張りを持つ。更には単なる支城とは思えぬほどの技巧と土木工事量を誇っているのも注目に値する。

　谷津を挟んで城郭を配置する立地は**高岡城**と類似性が見られる。要害城と三階城に挟まれた谷津は東方に約800ｍも伸びており、往時は良質な谷津田で米生産の拠点であったことは間違いない。城攻めにおいて刈り働き（攻城側が城

方の田畑の作物を刈り取って収奪する行為)が多く行われたので、重要な農地である谷津田を守るためにこのような城郭の配置がされたのではなかろうか。谷戸式城郭の変形と言えるかもしれない。　　　　　　　　　　　　　　(岡田武志)

＊参考　中山信名著・栗田寛補 1974

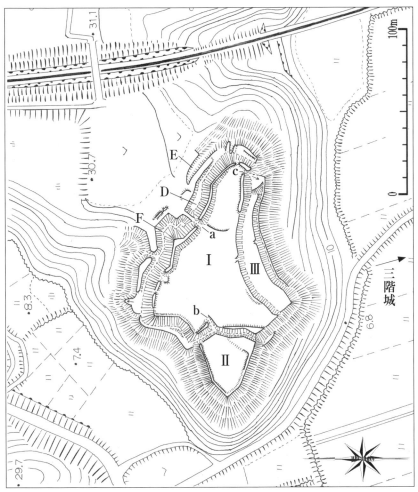

要害城縄張図 (作図：岡田武志、平成28年2月12日測量)

128 武田城

所在：鉾田市二重作

　二重作集落の東側の広大な台地から、南側に突出した三角形の小さな台地突端部に築かれた城である。直下の谷戸からの比高は約25mである。城域は100m×40mほどの小規模なものである。

　武田城は常陸国の国衆、武田氏の居城であるという。武田城の築城年代は不明だが、武田次郎左衛門尉が築城し、次郎右衛門信定、次郎右衛門尉就利、四郎右衛門信忠と城主が続き、佐竹氏の秋田移封の際には同道せずに帰農したという。この武田氏は**神明城・木崎城**を居城とした常陸武田氏の一族かと推測されるが、当地に進出した過程や系譜関係は残念ながら不明である。

　武田城は三角形の台地突端部の中央部にほぼ方形の土塁を伴う曲輪を主郭とし、その背後を深さ5mほどの堀切で区切っている。台地先端部にも土塁状の高まりが見られ、一応曲輪として見ることもできるが、主要部はほぼ単郭といっていい構造である。北側の台地続きは広大な農地となっており遺構は確認できないが、地形的にみて城域外とみてよいであろう。単郭をベースとした、小規模な城館であったと考えてよいと思われる。

（本間朋樹）

＊参考　大洋村史編さん委員会1979

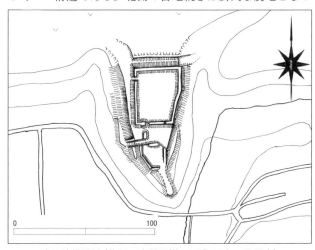

武田城縄張図（作図：本間朋樹、平成29年1月調査）

129 甲頭(かぶとう)城

所在:鹿嶋市武井

　北浦と外洋鹿島灘に挟まれた低丘陵地の、北浦側に位置する。北浦にむかって開析された小支谷の奥に、南方に突き出た台地が三列並ぶが、その中央にある比高20mほどの舌状台地に占地する。小支谷を出た北浦に面した集落が武井である。本城跡のすぐ北側台地はゴルフ場となっており、小規模な舌状台地に占地しているため、遺構はほぼ手つかずの状態で奇跡的に残っている。

　本城跡は、舌状台地先端全体を取り込む単郭構造の城郭である。西北約1kmにある武井城(鹿嶋市)は、武井の浜を見下ろせる位置にあり、水運を押さえる機能を見てとれるが、本城跡は小支谷の谷奥に位置しており、水運との関連はさほど強くないと思われる。

　「常陸国海夫(かいふ)注文」(香取旧大禰宜文書)には、近接する額賀(ぬかが)の津は「地頭ならやま」氏の知行と記されている。これは応安年間頃の記事であり、構造上考えられる戦国時代の城主は不明である。『日本城郭体系』によれば、加布藤美乃(兜美濃)の居城とされるが、どのような人物かは不明である。

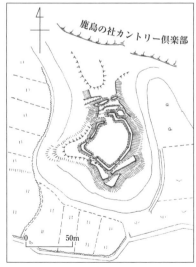

　台地続きの北側に二重土塁を配し、食い違い土塁によって、虎口は右に折れて入るようになっている。また、この食い違い土塁の北側には、西方向に落ちていく竪堀が切られている。郭は、地形に合わせて一辺50mほどの不整形な方形を呈している。虎口形態からみて、戦国後期まで使用されていたものであろう。

(遠山成一)

甲頭城縄張図
(作図:遠山成一、2017年3月5日調査)

130　津賀館(つが)

所在：鹿嶋市津賀

　津賀館は津賀城の北西500mほどのところにある。比高30mの台地先端部を利用したものである。

　津賀館は、**津賀城**に移る以前の津賀氏の居館、もしくは額賀氏の居館であったと想定される城館であるが、構造面ではあまり古い時代を感じさせない。津賀城が機能していた時代にも、改修されながら、津賀城の出城として機能していた可能性がある。

　北側の台地基部付近の道路から上がるとすぐに高さ10mほども城塁がそびえて見え、城域内に入ったことが理解できる。台地続き部分には深さ8mほどもある大規模な堀切が掘られており、台地との間を大きく分断している。

　城は単郭構造で虎口は北側と南側の2か所にある。これら2つの虎口から進入していくと、西側には城塁があるが、現状では低くなっており、本来横堀であったものが、埋められてしまっている可能性がある。

　主郭内部は折れを伴った土塁によって防御されている。その下の城塁は高さ7mほどもあり、鋭く堅固である。城の南側は細い尾根状となっているが、ここには二重堀切が掘られている。（余湖浩一）

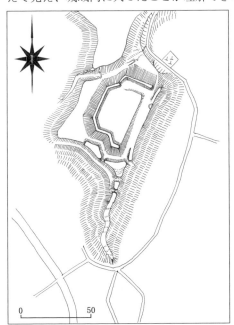

津賀館縄張図（作図：余湖浩一、平成16年調査）

131　津賀城(つが)

所在：鹿嶋市津賀字亀城

　津賀城は大同西小学校のすぐ東側にある比高20mほどの台地上にあった。津賀城址公園となって整備されており、訪れやすい城址である。

　津賀城の築城時期などについて詳しいことは分からないが、「鹿島治乱記」には津賀大炊介という者が出てくるといい、この津賀氏が城主であったと考えられる。「烟田旧記」にも「大炊正殿　つかのゆふかい(津賀の要害)」とある。

　天正年間頃と思われる「(足利)義氏様御代中御所案之書留」(喜連川文書)には、行方郡中の末尾に津賀左近大夫将監の名が見える。これもまた、津賀城の城主であったと推測される。

　天正12年(1584)8月8日付と思われる「佐竹義重公北条家江御対陣御人数覚」(佐竹文庫文書)には「津賀　手添　鉄砲弐十挺」とあり、少人数ながら、津賀氏が佐竹陣営の一員として、沼尻の合戦に参加していることが確認できる。

　また、天正14年(1586)3月の「佐竹書札之次第」(佐竹文庫文書)には鹿島衆として「鹿嶋左衛門大夫殿・中居式部大輔殿・烟田右衛門大夫殿・林弾正忠殿・札治部少輔殿・津賀大炊頭殿」とあり、鹿島衆では末尾ながらも、一程度の勢力を保持していたことをうかがい知ることができる。

　また、津賀氏は下総矢作城(千葉県香取市)城主国分氏と交流があったようで、天正6年(1578)に国分胤政が津賀城に滞在していたことを示す国分氏の書状が残っている。

　城址に立つと北浦を一望のもとに見降ろすことができ、水運の監視所としてふさわしい位置にあることが分かる。「津賀」という地名はまさに港(津)をおさめる場所という意味合いから来ているのであろう。

　『重要遺跡調査報告書Ⅱ』の図を見ると、もともと登城口は北西側にあり、切り通し状の道を通って腰曲輪へ上がってくるようになっていたらしい。現在、この部分は失われてしまっているために、本来の登城道は分からなくなってしまっている。また周辺部も耕地整理によって改変が進んでいる。主郭虎口南東

側の先にある土塁の間の切通しのルートは後世のものである。

　それでも主郭部はとてもよく残っている。南側の現在の登り口から上がっていくと、主郭の下の腰曲輪に出る。この腰曲輪は主郭の土塁上より5mほど低く、幅5mほどの広さで全周に廻らされている。主郭の虎口との間（南東側）には横堀状の堀が掘られており、その中央部の土橋を通って主郭内に進入するようになっている。この虎口の両側には張出が見られ、相横矢をかけられる構造となっていた。

　虎口から入った正面には土塁が配置されている。この地域では珍しい蔀土塁である。これによって虎口から城内の様子を垣間見られることを防いでいる。

　主郭内部は東西に長く、長軸80mほどはあり、居館を営むのに十分な面積を有している。周囲にはすべて土塁が盛られており、南西部分には明瞭な折れも見られる。
　　　　　　　　　　　　　　　　　　　　　　　　　　　（余湖浩一）

＊参考　茨城県教育庁文化課1985、鉾田町史編さん委員会1999

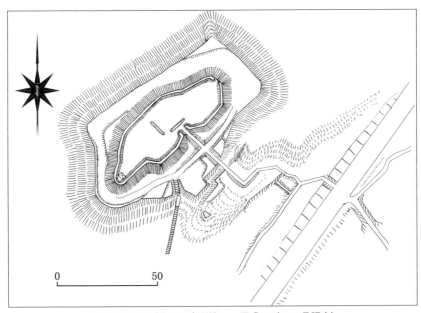

津賀城縄張図（作図：余湖浩一、平成26年12月調査）

132 楯の宮館

所在：鹿嶋市和

　楯の宮館は、立原城（鹿嶋市）のある台地とすぐ北側に向かい合う比高20ｍほどの台地先端部にあった。この台地は基部の方で立原城の台地とつながっている。城に登るには台地続きになっている東側からアクセスするのがよい。東側の墓地の背後から切り通しの尾根道を進んでいけば、すぐに城址となる。

　城内には神社の跡があり「楯の宮」という名称は、かつて城内に祀られていた神社によるものであると思われる。「楯」（館）にあった「宮」というわけである。「和」という字にあるので、往時は「和の館」などと呼ばれていたのではないだろうか。

　城は単郭構造ではあるが、導入路に工夫を凝らしていて技巧的であり、戦国後期の所産であると想像できる。すぐ南には立原氏の居城であった立原城があるので、城主に関する伝承はないが、立原氏あるいは鹿島氏が、北方の勢力に備えて、境目の城として築かせたものと想像する。　　　　　　　　（余湖浩一）

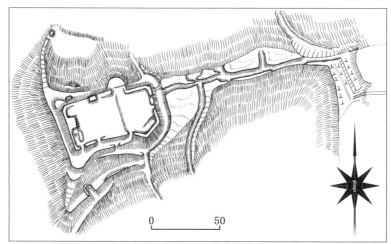

楯の宮館縄張図（作図：余湖浩一、平成12年3月調査）

133 林中城
はやしなか

所在：鹿嶋市林字中城他
別名：桂山城

　林中城は**林外城**の北東にある城である。城は林集落がある台地先端部と北浦に流れる川と支流の沢でできた谷を利用して造られている。

　城の歴史であるが、林氏は常陸平氏の鹿島一族の有力庶子で、中でも林家始祖林頼幹は「吾妻鏡」に「鹿島六郎」とあり、頼朝に仕え、京都や鎌倉で活躍した。林宿は「税所文書」に現れることから鎌倉時代には成立していたとみられる。このことは、林氏の力を示すものと思われる。鎌倉時代末の嘉暦3年(1328)に林氏は鹿島神宮大祭の大使役を勤め、康永2年(1343)高師冬が行方郡根地木村(現行方市捻木)を鹿島護摩堂へ寄進した際、林氏は惣領の鹿島氏と共に根地木村の下地の打ち渡しを行っている。文明18年(1486)の徳宿・樅山合戦では、林一族で2名の戦死者を出した。戦国時代になると鹿島一族で内部争いが勃発するが、林氏は惣領家の鹿島氏の行動に常に従っていたようである。林氏の最後の当主時国は天正17年(1589)に家臣の荒原氏によって殺害され、林中城はこの時廃城になったものと思われる(『図説 茨城の城郭』林外城も参考にされたい)。

　さて、林中城は、中城と宿、そして長堀に大別される。

(1) 中城

　中城は、現在民家の敷地になっていて一部改変が見られるが、いくつもの郭が配置されていたように見える。中城と宿の間には、幅6mの空堀Aがあって、宿を隔てている。この空堀は、北側の街道につながる。この街道は堀底道としても機能したと考えられる。

(2) 宿

　林宿内は、周囲を幅最大6mの巨大横堀状遺構が回っている。一部は畑の耕作で改変を受けている。宿の中には道がクランクする部分があり、そこに高さ4mの土塁Bがあり、木戸跡と推定される。また、林中城内に「美ノ坪」「羽場」「北ノ内」「玄蕃内」「根山」「庭月」など城郭に関連する地名が散見される。中

でも「美ノ坪」は、「御城坪」の転訛と考えられ、地籍図でも真四角に近い区画が残っている。宿にこの字が隣接していることからも「美ノ坪」が林氏の最初の居館であった可能性が高いと考えられる。

(3) 長堀

長堀は、林氏の菩提寺瑞雲寺の北側にある。この堀は林を起点として大字中・棚木・和・武井・志崎に通じていて、大字中・志崎には「長堀」の地名が残っている。『鹿島町史』によると、この堀は**中居城**主の姫が林城に婚礼の際に通った道という説と合戦の際の伏兵をここに置いたという説を紹介している。またこの長堀は、石﨑勝三郎氏が常陸台地上の堀切遺構として想定していたものである。林城の総構として一番外側の防御施設と考えられる。

＊林中城と林外城について

林中城と林外城は、どちらも中世城郭として優れた遺構を残している。しかし両者の普請は、現在の遺構を見る限りにおいては違う築城者のものではないかと考える。その理由は、

1. 林中城の普請技術は**札城**や中居城などの鹿行地域にみられる城普請と酷似している。周辺地名には、城に由来する地名が多く、林氏の城としては中城の方が本拠地にふさわしい構造である。
2. 林外城は、特に本郭周辺の土塁や堀には、周辺の城郭には見られない大規模な堀や土塁を構築している。このような技術は、戦国大名クラスが行うような城普請の可能性がある。

この二つの理由から林中城が先行して城郭として整備され、別勢力によって

林中城Aの堀

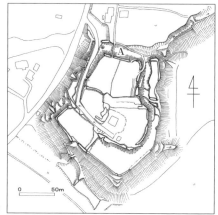

林中城縄張図（作図：高橋宏和作成）

新たな城が造られ、後世その城が外城と呼ばれるようになった可能性がある。その場合、天正年間に鹿島氏の内紛に介入した江戸氏の陣城、もしくは天正19年(1591)以降に東義久が建てた拠点城の可能性がある。　　　（五十嵐雄大）

＊参考　前川辰徳2010、鹿島町史編纂委員会1972、石﨑勝三郎2012

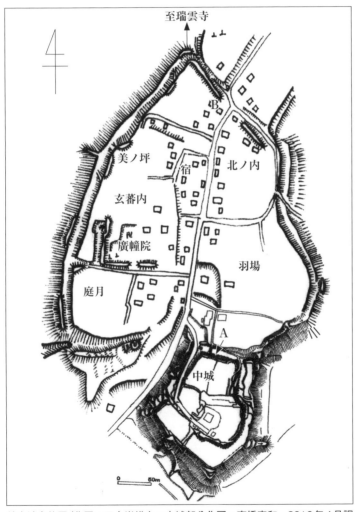

林中城全体図（作図：五十嵐雄大＊中城部分作図：高橋宏和、2016年4月調査、2016年12月31日作成）

134 塚原館(つかはら)

所在：鹿嶋市沼尾

　塚原館は北浦の東岸、鹿島台地の西側縁辺部に築かれた丘城である。北側に谷津が入っており、小規模な舌状台地の先端部（比高約30ｍ）に位置する。北浦とは間近であり西400ｍに湖岸が迫る。南南東3.2kmには主君鹿島氏の本城、**鹿島城**がある。また北北東1.7kmの同じ台地上には鹿島氏家臣林氏の**林外城**がある。

　塚原館の発見は比較的新しく、昭和46年（1971）に偶然発見された（『鹿島町史 第1巻』）。剣聖塚原卜伝の居城と目されている城館である。塚原高幹（卜伝）は延徳元年（1489）鹿島神宮の神職、占部（吉川）覚賢の子として生まれ、後に鹿島氏家臣、塚原安幹の養子となった。実父、養父から剣術を学び鹿島新當流の開祖となった剣豪である。塚原館から出土した遺物は卜伝が城の経営に当たっていた時期と重なることや（『塚原館跡Ⅰ』）、ここより東南東500ｍに彼の墓が存在すること等から当遺跡は卜伝の居城と間違いないとされるが、今のところ確実な証拠がないのも事実である。なお、出土物からの年代観判定により城館として機能したのは15世紀半ばから16世紀後半であることが判明している（『塚原館跡Ⅲ』）。天正19年（1591）、南方三十三館の仕置きの際に、塚原氏は主君鹿島氏とともに滅ぼされ、塚原館も廃城となったと思われる。

　塚原館が史料などに登場することはほとんどなく、唯一と言っていいのが『東国闘戦見聞私記』である。そこには天正3年（1575）、江戸崎土岐氏が霞ヶ浦、北浦を船で渡り塚原城（城将は塚原若狭）、林城、鹿島城を攻略した記事がある。当文献は江戸時代に成立した軍記物であるので信憑性は薄いが、他に見当たらないので記しておく。

　舌状台地先端部に郭Ⅰを置き、その東側に一段ずつ下がるように郭Ⅱ・Ⅲ・Ⅳを配置している。郭Ⅱの西側土塁下に土塁と平行に走る幅3ｍ以上の堀が検出されており（『塚原館跡確認調査報告書』）、その構造から郭Ⅱは馬出と判断できる。郭Ⅲ・Ⅳは登城路を挟み侵入する敵を頭上から挟撃する陣地である。

aに橋脚台状遺構がありここに木橋が架けられていたと見られる。郭Ⅰへは平場Ⅴより木橋を渡り郭Ⅱを経て郭Ⅰに至るルートが想定できる。虎口bを守る土塁cは特に大きく櫓台であろう。cは虎口bのみならずaの木橋をも扼する位置にあり、効果的な陣地である。郭群だけ見ると連郭式城郭であるが、この地方にありがちな台地基部から直線状に郭を配置する縦深防御を用いたプランとは全く異なる。台地基部との切り離しは堀Dのみである。平場Ⅴは郭のようであるが、発掘調査で堀等の遺構は検出されていないので防御された空間ではないようである。一方、北浦側の低地から登ってくる通路は極めて綿密に防御装置が施されている。その登り道は3本あり、郭Ⅰに最も近い通路Hは特に厳重で迷路のように複雑に曲げたり何度も分岐させている上、大半が堀底道になっているので上部陣地から絶えず攻撃を受けることになり、容易に郭Ⅰには到達できないよう工夫されている。この迷路群はほぼ全域が加工されており、特に主郭側の切岸は念入りに急斜面にされ、今日まで耐えられず崩落するほどである。通路H区域は郭群よりも同等かそれ以上に重点的工事が実施されている点が目を見張る。通路Jは通路Hほどではないものの、効果的に敵の侵入を防ぐ工夫がされている。図には記していないが、郭Ⅰから南東240mにも低地からの登り道がある。こちらは崩落（土取り？）と車道建設で破壊されているものの、同様の防御陣地が確認できる。また台地続きの防御としては北東1.2kmに田野辺新堀堀切（仮称）が構築され、これにより塚原館と林外城の2ヵ城を同時に守れる仕組みとなっている。塚原館は縄張図を見ての通り、台地上から攻めてくる敵に対しては空堀1本だけで郭Ⅰを守るという手薄さに対し、西側の北浦方面より攻め上る敵に対してはその登城路に厳重な防御施設を設けている。即ち当館は低地側（北浦）から攻撃されることを想定したプランのもと築かれた城館と言える。よって北浦から軍船によって迫り来る敵を迎撃する拠点、あるいは水軍城だったのではなかろうか。また当館は鹿島城に迫る敵水軍を食い止める役目を与えられていたとも考えられる。

（岡田武志）

＊参考　鹿島町史編さん委員会1972、鹿嶋市文化スポーツ振興事業団2010, 2011, 2012, 2013, 2015、皆川広照1997、茨城城郭研究会編2006、鹿嶋市文化協会2011、茨城県教育庁文化課1985、鹿島町文化財愛護協会1981、鹿嶋市史編さん委員会2005

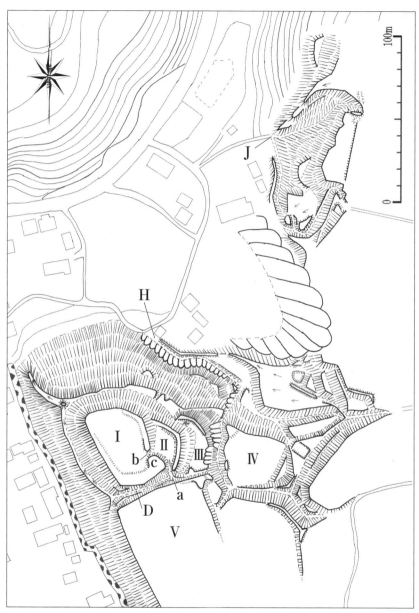

塚原館縄張図（作図：岡田武志、平成27年1月5日測量）

135 龍会城
りゅうげ

所在：鹿嶋市山之上字龍会

　龍会城は、山之上の台地の北西部分に築かれている。龍会とは要害が転じたもので城郭を示す用語である。単郭ではあるが、長軸200mほどと、かなり規模は大きい。

　伝承によると、鹿島氏が戦国末期に築き始めたが、築城途中で放棄されたものという。

　曲輪Ⅰの周囲には高い土塁がめぐらされており、土塁の内側に武者走りを配置している。これは鉄砲兵の配置を意識したものと思われ、伝承の通り戦国末期の様相を示している。曲輪Ⅰの東部分には堀切があるのだが、途中までしか掘られておらず、築城途中のままという印象を受ける。『茨城県遺跡地図』には台地の南端部アに「龍会城付属施設」をマークしている。アの辺りには確かに低い土塁がみられるものの明確に城郭遺構という確証は持てない。また台地東端部のネック部分イはかつて堀切状の形状を成していたといい、ここに遠堀が存在していた可能性がある。

（余湖浩一）

＊参考　鹿島町史編さん委員会1972

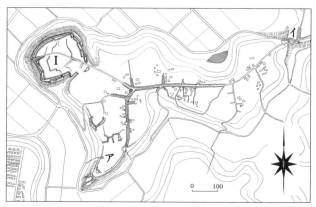

龍会城縄張図（作図：余湖浩一、平成28年10月調査）

136　内宿館(うちじゅく)

所在：行方市内宿

　武田川が行方台地を浸食しつつ東の北浦へ流れ込む。その浸食谷の左岸台地の縁に内宿館は築かれている。南側は低湿地、東と西側は谷津が入って三方を自然の崖に守られている。西700mには武田氏の旧居城**神明城**、東800mには新居城**木崎城**があり、内宿館は両城のほぼ中間地点に位置する。

　内宿館に関する古文書等は全く見当たらず、その歴史については一切不詳である。武田川流域にはいくつもの武田氏系の城郭が築かれているので、内宿館もその内の一つと考えられる。内宿館と武田氏の本城、木崎城を見比べるとよく似た縄張りであることや、当館の小字が「新城」という観点から、木崎城を守る支城と見てよさそうである。

　現在、郭Ⅰ、Ⅱとも自性寺境内、墓地等になっているが、郭Ⅱは1901年から1960年まで小学校の敷地となっており、かなり改変を受けている。南方に突き出した台地を堀切Aで分断し東側に郭Ⅰ、西側に郭Ⅱを配置している。郭Ⅰは全周を豪快な土塁Bで囲まれ、特に東・北辺は厳重で横堀と二重土塁が構築されている。c付近は幅広となり土塁というよりは小型郭の様相を呈している。北西隅dは虎口方面監視のための櫓台が設けられている。虎口eは現在、寺の参道及び山門となっており、改変の可能性があり本来の虎口であるのかどうか判断しかねる。郭Ⅱは郭Ⅰと打って変わって単純であるが、前述のとおり長年小学校として使用されていたので、現状を鵜呑みには出来ない。虎口状のfとgは後世の所産であろう。虎口hは幅広土塁を切り通して通路となっている。この通路法面は近年削られたのが明白であり、本来はもっと狭かったものであろう。幅広土塁に狭い切り通し通路を設け、その上に櫓門を構えた城門を想像できる。その虎口hを出ると堀切Aに架かった土橋jを経て城外となる。堀切Aは造作が甘く普請途中で放棄された感がある。これより北側に城郭遺構は確認できない。

（岡田武志）

＊参考　北浦町史編さん委員会2004、北浦村郷土文化研究会1985

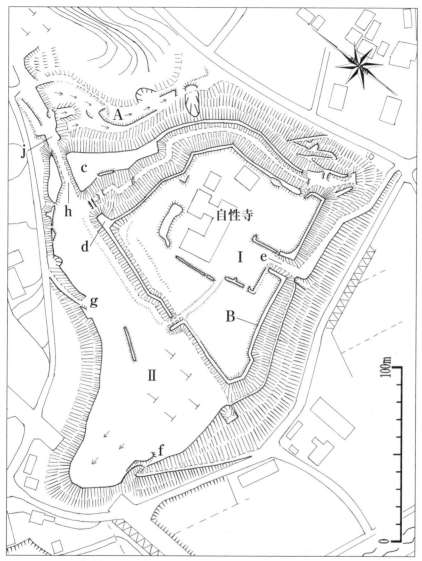

内宿館縄張図（作図：岡田武志、平成27年3月12日測量）

香取海沿岸の水軍城

　茨城県南部はかつて香取海と呼ばれる広大な内海が広がっていた。現在、陸地化が進み面積は縮小しているが、霞ヶ浦（西浦・北浦）、印旛沼、利根川等の湖沼、河川がその名残である。この沿岸が古代より豊かな漁場及び水運の要として栄えたのは「常陸国・下総国海夫注文」（香取大禰宜家文書）等の研究から明らかとなっている。陸上交通が未発達の頃、船を使えば容易に沿岸の津（港）と行き交うことができた内海だったのである。

　香取海沿岸には多くの城が築かれている。良好な津は莫大な利益を上げるため、その権益を守るための城郭も多い。また、沿岸の城郭の多くは水系に向かって突き出した岬に立地している。これらの城郭は元より三方を水辺に囲まれているので、台地基部を堀で切り離すだけで容易に城郭を構築できるという利便性を持っている。さらに先端に主郭を配置した上で、台地基部に向かって郭2、郭3と直線連郭式の構造を持たせるとたやすく縦深防御に優れた縄張りを得られる（図1）。**相賀城、小高城、神明城、船子城**等がそれにあたる。

　交通の便が良いということは、裏を返せば容易に敵方の城まで船で侵攻可能ということが言える。湖沼・河川は巨大な水堀と見なせることが多いが、大量の船さえ用意できれば便利な兵員運搬路にもなり得るのである。さらに城方から見れば主郭直下まで船で到達されてしまうので、郭2、3の縦深防御が無効化され、いきなり主郭に攻め込まれる危険性を孕んでいる。

　次に香取海における軍船を使用した戦闘について文献上から検討してみる。

①『佐竹家譜』（義重、天正16年）「玉里の城（筆者註：**取手山館**）を攻に及んで、北条氏直自ら兵を率て江戸崎に出張。其臣松田某に兵を分ち、且総州の兵を催さしめ、信太郡浮島に兵船を浮べ、海賊をして高浜の海上を犯さしむ。行方郡に陣する所の兵能是を拒ぐ。松田氏が兵尽く退散す」とある。

②「千葉胤富書状」（原文書）「一昨日、常陸地江舟乗始、今朝、重而舟勤仕、各致岸上、敵三人討候由」当書状は森山城将である海上蔵人、石毛大和守に宛てたものと考えられ、千葉勢が森山城（千葉県香取市）より船でもって常陸に上陸し戦闘があったことを伝えている。

③『利根川図志』（霞ヶ浦船軍）　**江戸崎城、龍ヶ崎城**の両土岐氏が軍船を仕立て、浮島を経由し霞ヶ浦を渡り対岸の麻生に攻め込もうとしたところ、麻生方も軍船を繰り出して水上戦が勃発したという記事である。

④「鹿島治乱記」　永正9年（1512）、**鹿島城**主鹿島景幹は木内氏が拠る米野井城

茨城の城郭を知るための15のコラム

（千葉県香取市）を攻めたが、返り討ちに遭う。進撃手段等の記載が全くないが、地理的状況を考えると船で香取海を渡ったことは間違いない。

⑤『新編常陸国誌』（麻生城）　天正12年（1584）島崎氏に**麻生城**を奪われた麻生之幹は江戸崎城の土岐氏のもとに逃れ、支援を求めたところ霞ヶ浦を渡って島崎氏を攻めたとある。

⑥「鳥名木国義請文」（鳥名木文書）　永享年間頃、同氏と土岐氏が海賊取締りを命じられた文書で、水上戦闘とは直接関係はないが両氏が水上軍事力を保有していたことが判る史料である。

以上のように、壇ノ浦の戦いのような一大水上戦闘はないものの、軍船を使用した戦闘が発生した記録が複数存在する。

香取海沿岸の城郭の弱点はいかにして解決されたのであろうか。香取海沿岸には特徴的な縄張りを持つ城郭がいくつか存在する。半島状台地先端部を台地基部と切り離した上、さらに半島状台地の伸びる方向と同軸上に分割した縄張りである。この形式をその分割形状から仮に逆丁字式と呼ぶ（図2）。この類例は、北浦湖畔では**林外城**、**木崎城**、**野友城**、**内宿館**、西浦湖畔では**木原城**、印旛沼湖畔では師戸城（千葉県印西市）等が該当する。一般的な直線連郭式城郭では敵水軍により先端部の郭1を奪取された場合、城の中枢を敵の手に渡すのみならず城側は郭2から郭1を攻撃せざるを得なくなり奪還は非常に困難になる。だが、逆丁字式の場合、仮に郭Ⅰを奪取されたとしても、郭Ⅱ、Ⅲからの十字砲火ができ、奪還の可能性が飛躍的に向上する（図3）。また、先端部の郭Ⅰ、Ⅱの優位性がはっきりしないのも特徴である。これは郭Ⅰを堅固にし過ぎると、郭Ⅰを真っ先に奪取された場合、奪還が困難になるためで、あえて優位性をなくし、どちらが奪取されても対応しやすくするためのものであろう。これらのことより、逆丁字式城郭は香取海沿岸の特有な地形及び発達した水上交通から、水軍との戦闘を意識した城郭へと発展していったものと考えられる。縄張りに工夫を凝らして万全に備えたからといって、敵の軍船が大挙して押し寄せて来るのを、ただ呆然と眺めていたとは考えにくい。軍船には軍船で対処したはずである。従って逆丁字式城郭のいくつかは迎撃用軍船を擁した本格的な水軍城へと変貌していったものと考えてよいのではなかろうか。

（岡田武志）

＊参考　千野原靖方2007、千葉県史編纂審議会1957、原武男校訂1989、千葉県文書館編1991、赤松宗旦1967、鹿島町文化財愛護協会1977、中山信名著・栗田寛補1974、茨城県史編さん中世史部会1970c、外山信司2011

図1
一般的な直線連郭式城郭

図2
逆丁字式城郭(仮)

図3
Iを奪取されても十字砲火が可能

林外城(鹿嶋市)
作図:余湖浩一

野友城(鉾田市)
作図:余湖浩一

師戸城(印西市)
作図:余湖浩一

内宿館(行方市)
作図:岡田武志

木崎城(行方市)
作図:遠山成一

137 高岡城
たかおか

所在：行方市北高岡

行方台地を分断するように山田川が東の北浦へ向かって流れ込む。その左岸台地辺縁部に高岡城は位置する。当城は小さな谷津を挟んだ二つの半島状台地先端上に築かれており、両者が全く無関係の城郭の可能性もあり得るが、本書では同一の城郭とし、東のものを東遺構、西のものを西遺構と呼ぶ。山田川流域には東2.3kmに山田氏本拠**山田城**、西1.6kmに小幡氏本拠**小幡城**（行方市）が、また北2.8kmには武田氏本拠**木崎城**が存在する。

高岡城は明確な城郭遺構が残されているにもかかわらず、遺跡登録されておらず（古墳群の登録はあり）、『北浦町史』にも全く記載のない未知の城郭であった。しかし、地元民の間では城跡の認識はあり、かつては城跡を示す標柱が建っていたという。

この度、当城に関わる3点の史料を見出した。「常陸編年」に「（天正14年）九月四日府中大掾清幹兵ヲ遣シ玉造城ニ拠テ武田ノ要害ヲ攻シム、其地ニ入テ乱妨ヲナス、玉造ノ人衆進テ城ヲ攻敗リ討死ヲ致ス者亦多シ、高岡ノ小屋ニテ武田衆悉ク討死ス、武田氏ハ永禄已来江戸氏ノ旗下ニ属セリ、故ニ清幹コレヲ攻タル也」とある。また「烟田旧記」「府中大掾戦記」にも同様の記述があり、後者にはさらに「高岡城には小田知重の次男高岡左衛門尉泰重の子孫城主たり」とあるものの、城主についての真偽は不明である。高岡城は上記史料及び武田氏の居城木崎城と台地続きの地理であることから武田氏関係者の城郭と見てよかろう。近隣に山田氏、小幡氏の居城があり、山田川対岸の南高岡村は戦国期以降、**行方城**に拠った下河辺氏の所領であるので、武田領の境目の城だった可能性が高い。

東・西遺構とも占地、縄張りが似通っている。とは言うものの、郭面積、土木工事量、技巧いずれも東遺構の方が勝っている。西遺構の小字は「中城」（なかしろ）という。中世において中城は近世城郭の「二の丸」的な使われ方をすることが多いので、主体たる東遺構に対し西遺構は副次的な役割を持つ施設（出城）と捉

えてよいのではないか。

　東遺構は、現況と1949年撮影の空中写真を見比べると、農地造成でかなり改変を受けているのが判る。城内に4面ほどの平坦面があるが、段差があるだけでどこが主郭にあたるのかも判らない。主敵を谷津方面と仮定するとその方向から奥まった位置にあり、かつ最も高所である郭Ⅰが主郭なのかもしれない。aの土橋状のものは上記空中写真には写っておらず、堀となっている。聞き取り調査で、この場所に「車両を通すために堀を埋めた。それ以前に土橋のようなものはなかった」という証言を得た。aは虎口に相応しい場所なので本来はここに木橋が架かっていたものと考えられる。bは古墳だが、古墳らしい形状ではないので、土塁に利用するため改造されたものであろう。その北側のⅤは不完全ながら馬出のようである。堀cは台地基部から遮断を図ると同時に西側に回り込み横堀となり、谷津側からの攻撃を防ぐ構えになっている。一部崩落があるものの全長80m以上あり当城最大の見所となっている。dは谷津からの登城路である。堀底道となっており、登り切った場所には郭Ⅵがその出入りを監視していた。

　西遺構は、東遺構と谷津を挟んで西280mほどに位置する。谷津方面の東側は横堀eが構築されており、谷津側からの登城路を兼ねている。城内は東遺構と同様にどこが主郭か判断しにくいが、郭Ⅶがそれかもしれない。fは南方監視のための櫓台、gは狼煙台のようである。郭Ⅹはある程度の面積のある郭で台地基部からの攻撃を防ぐとともに有力家臣の屋敷跡を想定できる。高岡城より北600mには北高岡大堀切口堀切（仮称）があり、台地側からの攻撃をこれ1本により東西両遺構を防御出来るように工夫されている。

　両遺構ともその間にある谷津方面からの攻撃を想定した構えになっているのは前述の通りであるが、このように谷津を挟んだ半島状台地両先端に城館を配置するプランは三**階城**-**要害城**（鉾田市）、**海老沢館**-内手館（茨城町）と類似性が見られ、谷津田を守る意図がある城館の一つとして注目に値しよう。

（岡田武志）

＊参考　北浦町史編さん委員会2004、中山信名著・茨城県立歴史館編2012、茨城県立歴史館史料学芸部編2017、石岡市史編纂委員会1960、平凡社1982、茨城城郭研究会編2006

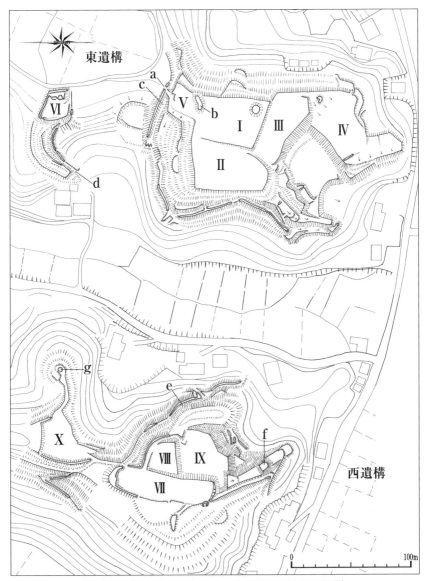

高岡城縄張図（作図：岡田武志、平成28年2月16日測量）

138 山田城(やまだ)

所在：行方市山田字妙義山

　山田城は、県道2号線と県道183号線とが交差する「山田」の交差点の北東一帯の比高30mほどの台地上にあった。城内には羽黒神社や三峰神社があり、その参道を利用して上がっていける。

　山田城は、山田の津を抑えるために築かれた城であったと考えられる。応安7年(1374)に幕府の命により作成された「常陸国海夫注文」(香取大禰宜家文書)によれば、山田の津は小高知行分となっており、もともと山田は小高氏によって支配されていた。後に山田城の城主となる山田氏はこの小高氏に関連した常陸大掾氏の一族であったと考えられる。戦国時代の山田氏は、山田城を中心として古館、前館、古屋敷(いずれも行方市)といった出城を構え、また周辺の繁昌(前原)館、中根館、大崎館(いずれも行方市)などにも一族・家臣を配して、城郭ネットワークを構築していた。山田城の尾根の北側をずっと進んでいくと、そこには北側の入口を抑えるための出城が構築されていた。

　天正年間の「(足利)義氏殿御代中御所案之書留」(喜連川文書)には、行方郡中の一員として山田宮内大輔の名が見える。また天正12年(1584)8月8日に比定される「佐竹義重公北条家江御対陣御人数覚」(佐竹文庫文書)には「山田 鉄砲弐十挺」とあり、少人数ながら、山田氏が佐竹陣営の一員として、沼尻の合戦に参加していることが分かる。天正19年(1591)、佐竹氏によって、南方三十三館の城主たちはそろって殺されるか追放されてしまうが、山田氏もその時に滅亡したものと思われる。

　最高所にある曲輪Ⅰの南東には天守台のような高さ6m、広さ8m×3mほどの長方形の高まりがあり、ここに大桝神社が祀られている。その北西側が曲輪Ⅰである。曲輪Ⅰは地形なりに五角形に削平されており、50m×70mほどの規模がある。

　この城の最大の見所は、曲輪Ⅰの西側から北東側に配備されている3段階に掘られた横堀である。他の3方向に比べて北側はもともと傾斜が緩やかだった

のであろう。北側には支尾根も5方向に延びている。そのため堀を厳重に巡らせることで防御性を高めようとしたものである。城の北西側から北側にかけては、3本の横堀が重なり合いながら延びており、これが山田城の特徴となっている。

1番目と2番目の横堀の間、2番目と3番目の横堀の間にはそれぞれ枡形状の空間があり、これらの横堀が通路としても活用されたことを想像させる。

西側先端の部分と、円満寺背後の台地との間の部分は、大分台地が削られてしまっている。『重要遺跡調査報告書Ⅱ』によれば、この辺りに「物見」と言われる土壇があったようであるが、削られてしまったようで現在では見られない。

北側の尾根に接続する部分には、方3mほどの窪みが7連続で一列に掘られ、一見畝堀のように見える。ただし、これが城の遺構であるのかどうかはっきりしない。

（余湖浩一）

＊参考　茨城県教育庁文化課1985、鉾田町史編さん委員会1999

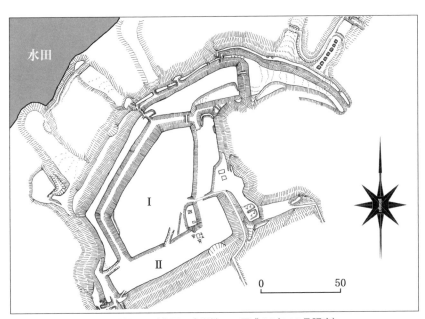

山田城縄張図（作図：余湖浩一、平成26年12月調査）

139 人見館(ひとみ)

所在:行方市井上字見小屋

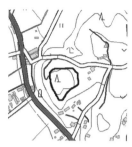

　人見館は霞ヶ浦方向に突き出した台地の先端部を利用したもので、西側下からの比高は20mほどあり、内部は山林および墓地になっている。館のすぐ下を県道183号線が通っており、街道・水運の両方を押さえられる位置にある。

　人見館は、下河辺氏に属した人見氏の居館であったと伝えられている。

　館跡は地形なりに多角形の構造をしており、南北60mほどのものである。単郭の構造ながらも、城塁に折れを入れ、横矢をかけるなど、技巧的な構造が随所に見られる。

　台地基部の東側には堀切が入れられており、こちら側から進入すると、右側に土塁を配置した空間がある。ここには枡形を構成するような構造物が存在した可能性がある。

（余湖浩一）

＊参考　玉造町史編さん委員会 1985

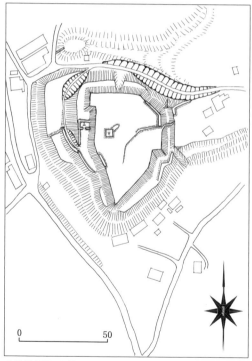

人見館縄張図（作図：余湖浩一、平成16年10月調査）

140 船子城

所在：行方市船子字要害
別名：要害城

　船子の浅間神社の裏山から連なる台地に構築され、城域は東西、南北ともに400mにおよびかなり広大である。

　船子の地名は小高知行分として応安7年(1374)の「常陸国海夫注文」（香取大禰宜家文書）に見られ、この地が当時すでに交通・交易の要衝であったことが窺える。永享の乱(1438～1439)で逐われた関宿の城主下河辺義親は、小高氏を頼ってこの地に来て船子城を築いたといわれる。その後下河辺氏は中城（**行方城**）へ移り船子城は小高氏の城になったようであるが、天正19年(1591)2月、小高氏は佐竹義宣に滅ぼされて廃城となった。

　基本的には南北に4つの郭が連なっているが、西側と東側に鳥の翼のように出丸が配置されている。南端の浅間神社裏の急坂を上がると郭Ⅰがある。一辺25m程度であるが周囲を土塁が周り西側と東側の切岸は厳しく、北東側は深さ6mの堀切aで以北の郭群と遮断されている。他の郭に比べ規模は小さいが防御は厳重である上に霞ヶ浦方面の監視に適している。北東側の堀切を越えると一段低い平坦地に主郭と思われる郭Ⅱがある。郭Ⅱの周囲は土塁で囲まれているが、南西部bは大きく開口している。この郭の南側から東側は横堀cが巡り東側下の腰郭から上がって来る進入路に虎口dが設けられている。ここが大手であったと思われる。郭Ⅱ北側の堀切eには土塁上から横

郭Ⅲ、Ⅳ間の堀切

矢がかけられている。さらに北側に小さな社のある郭Ⅲがある。北側に深さ7mほどの鋭い堀切fがあり、さらに北側に墓地となっている郭Ⅳがある。郭Ⅴ、Ⅵは監視用の出丸で郭Ⅰを補うものであろう。郭Ⅳの北側は現在畑になっているが、ここも城域だったと思われる。　　　　　　　　　　　　　（西山洋）

＊参考　茨城県教育庁文化課1985、千葉県史編纂審議会1957

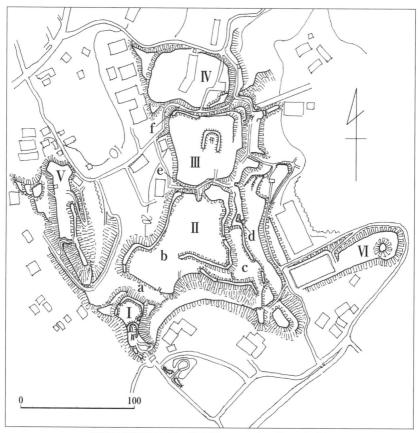

船子城縄張図（作図：西山洋、2016年3月1日調査）

141 行方城
なめがた

所在：行方市行方
別名：八甲城、中城

　霞ヶ浦東岸、**船子城**から北東に約1km、標高33.7m、比高約25mの半島状台地の北端部にある。付近は複雑な形状に谷津が発達し、城のある岡は南側以外を谷津に囲まれ、台地続きの南側に位置する「内宿」集落は後に城下集落として取り込まれた可能性がある。

　『日本城郭大系』と『新編常陸国誌』の記載を参考にすると、平安時代末期、吉田大掾清幹の子忠幹が行方郡の郡司となってこの地に居住し行方氏を名乗ったのが始まりという。したがって城の歴史はこの頃まで遡る可能性がある。忠幹の子景幹(宗幹という説もあり)は源義経に従い屋島の合戦で戦死し、源頼朝はその功として景幹の長男、為幹に改めて行方を与え、次男高幹に嶋崎、三男家幹に麻生、四男幹政に玉造を与える。4人は各知行地に城を築き、地名を姓とし、行方四頭と呼ばれ多くの分家を輩出する。行方城の為幹は後に**小高城**を築いて移り、小高氏を名乗る。このため、一時、廃城になった。その後、永享の乱(1439)で足利持氏に味方して敗れ、小高氏を頼って船子城にいた関宿城主であった下河辺義親が行方城に入り、城を改修する。しかし、小田原役後の天正19年(1591)、下河辺氏は佐竹に滅ぼされる。その後、佐竹家臣の荒張尾張守が入るが、慶長7年(1602)佐竹氏の秋田移封により廃城になった。

　岡の先端部が主郭(曲輪Ⅰ)であり、現在は畑である。その南側の民家の地が曲輪Ⅱである。民家入口の門の手前が少し窪んでいる。これは堀跡Aである。堀幅は約15mあったと思われる。堀に面し土塁が存在し、土塁を崩して堀を埋めたようである。曲輪Ⅱは東西100m、南北50mほどの広さがあり、主郭側との間、土橋の西側に幅約15m、深さ約4mの堀Bがある。土橋東側の堀は埋められ、堀跡部分が窪んでいる。主郭内は120m×100mほどの長方形をしており広い。その周囲を二重の横堀C、Dが回る。この横堀は曲輪Ⅱ側東側と主郭先端部以外は二重堀になっている。堀幅は8～15mと場所により異なる。2つの堀間の土塁は東側と西側で広くなり曲輪aになっている。主郭西側に土塁

bが残存するが、住民の話によると主郭周囲にも土塁が存在していたが、畑を広げるため破壊して堀を埋めたとのことであり、一重目の堀Cはもっと大きかったらしい。北端部には土橋dがあり、ここが搦め手口である。土橋に隣接して物見台eがある。特色のある遺構は先端北側の堀である。この部分の堀は一重であるが、堀底土塁fが見られる。堀底の土塁には柵列があったと想像される。主郭南東端gには横矢の張り出しがある。

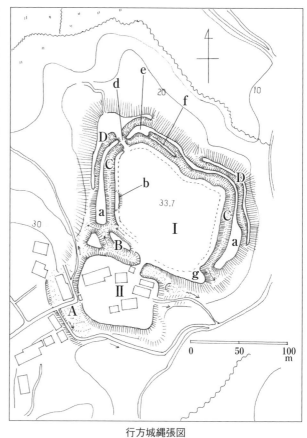

行方城縄張図
(作図：青木義一、2017年4月調査、参考：茨城県教育庁文化課1985)

　主郭の広さはこの付近の城館の中でも広い部類に属する。弥生時代の環濠集落に似た感じで古い印象を与え、歴史については、参考文献に記述されるように平安末期まで遡る可能性を感じさせる。広大な主郭内部は**小田城**や**鹿島城**の主郭のように仕切り土塁等で区画されていたものと思われる。

　なお、本城は個人の所有地であり、無断での見学は厳禁である。（青木義一）

＊参考　阿久津久也・峰岸純夫・菊池卓・山崎一編集1979、中山信名著・栗田寛補1974、茨城県教育庁文化課1985

142 古屋城(こや)

所在:行方市於下

　本城跡は、霞ヶ浦東岸に流れ込む小河川が開析した支谷の、東方に突き出した小舌状台地に位置する単郭の城である。西側台地基部には、下河辺氏が創建したという曹洞宗曹源寺が隣接する。同寺には、中世の所産と見られる、開基下河辺義親一族の供養塔の伝承をもつ宝篋印塔がある。下河辺氏は下総下河辺氏が没落したあと、行方氏を頼って当地に進出したとみられている。本城も行方氏一族が拠っていたものと考えられる。当地域は、天正年間に入っても鹿島氏の内紛が続いており、こうした軍事的緊張をうけた在地の領主の居城として、機能していたのであろう。

　台地基部に面した虎口のある西側土塁は、北側が横矢のかかる櫓台状に突出した形状をしている。また、虎口南側の土塁も折れが入っている。西側のこれらの土塁・櫓台は、曲輪面から6mほどの高さを有する大規模なもので、戦国後期まで使われていたとみてよいであろう。なお、郭内は個人住宅地となっていて立ち入り不可であるが、周囲から見ても土塁や堀のすごさに圧倒される。

（遠山成一）

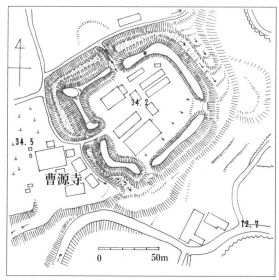

古屋城縄張図（作図：青木義一　2016年1月、2017年2月調査、参考図：茨城県教育庁文化課1985）

143 島並城(しまなみ)

所在：行方市島並字登城

麻生運動場の南700m、島並の集落から北に突き出た比高20m程度の半島状の台地にある日照山是心院の地が城跡で、現在の霞ヶ浦からは1kmほど内陸へ入り込んだ位置にある。南側台地よりも城の方が低いため集落側から城内が一望の下に見渡せるいわゆる穴城である。それほど大きな城ではなく南北200mほどである。城郭遺構が残っているのは北半分であり、南半分は寺院となり遺構は失われている。

城主島並氏は常陸大掾氏系列の行方一族といわれているが、実際にそのことを裏付ける史料は存在していないという。「島崎家系図」によると1440年から1450年頃に島並国昌なる人物が出て、そのころから登場する氏族と言われるが、一方で、是心院はそれより100年以上前の延慶元年(1308)に島並國光が開基したとされる。天正19年(1591)2月15日、南方三十三館が佐竹氏によって壊滅し、島並城は開城、このとき城主島並入道幹家は死亡したようである。幹家の子島並左衛門大夫幹國は、経緯は不明ながら佐竹の家臣となり水府城(**水戸城**)に仕えることになる。島並氏の遺臣であった藤崎権右衛門は幹家の菩提を弔うために、天正19年7月8日、登城山是心院を現在地に移したと伝わるが、廃城からわずか5ヶ月では困難なことに思われる。幹國は後に行方郡の取締り役としてこの地を訪れ、藤崎氏の誠心の篤さに感じて、彼に島並の姓を授けたといわれる。

北端にある郭Ⅱは西側に二重堀を配し守りは強固だがここは狭く、主郭ではなく詰め郭と思われる。主郭はその東南に位置する大きさ40m×30mほどの郭Ⅰであろう。東側は広い腰郭a、北側は切岸、

郭Ⅱ西側の二重堀

かなり埋まってはいるが西側と南側には堀bが巡り防御は優れている。詰め郭の南側の郭Ⅲは墓地造成でかなり削られ元の形ははっきりしないが、その西側下には北側の二重堀から続く大きな横堀cが回り防御は極めて厳重になっている。そこから南側の是心院のある場所の遺構はほとんど失われている。

（西山洋）

＊参考　茨城県教育庁文化課1985、日照山是心院2007、2008

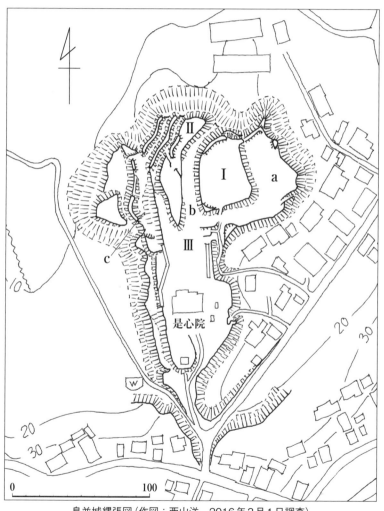

島並城縄張図（作図：西山洋、2016年3月1日調査）

144 石神城と花ヶ崎城

所在：石神城　神栖市石神字御城
　　　花ヶ崎城　神栖市萩原字豊田

　この2城は東西1.6kmほどの距離を置いて、ともに常陸利根川北岸の標高5m以下の低地に作られていた。
　「常陸国海夫注文」(香取大禰宜家文書)によると「たかはまの津　石神知行分」「しはさきの津　柴崎知行分」「はきはらの津　萩原知行分」「はなかさきの津　花崎知行分」とあり、鹿島氏の庶子とされる石神氏、柴崎氏、萩原氏、花ヶ崎氏らが付近一帯の津を支配していたことが分かる。現在では城館の姿を残す遺構は少ないが、有力な津には支配の拠点としての居館が存在し、戦闘を主目的としたものとは異なる城館群の姿を想像することができる。
　両城ともに主郭は寺院となり、境内を取り囲むように残る土塁や堀・低湿地などから往時の姿を見出すことができるであろう。　　　　　（西山洋）

＊参考　神栖町史編さん委員会 1988、千葉県史編纂審議会 1957、飛田英世 2007

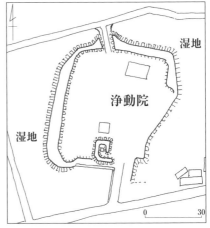

左：石神城縄張図、右：花ヶ崎城縄張図（作図：西山洋、2016年12月19日調査）

「うさぎ」追いし茨城の城郭

　古い地名に注目する独自の手法によって、藪に埋もれ長い間人々の記憶から失われていた城館やそれらに関連する遺構を、次々と明らかにしていった孤高の郷土史研究家、そしてなによりも私たちの大切な先輩・仲間である石﨑勝三郎は2013年秋に64歳でこの世を去った。残念ながらその業績の整理はいまだ道半ばにあり、全容を俯瞰できるには至っていない。

　彼が残した論文、調査報告としては、「中居城と新堀・大堀地名」「地名の向こうに遺構が見えた」「常陸台地上の堀切状遺構〜兎地名から戦国のお城が見えてくる〜」「常陸台地上の堀切状遺構」などがあり、また、「鹿行の堀切状遺構と新堀・大堀地名」はこれを収録した本書の姉妹書『図説茨城の城郭』の独自性を揺るぎないものとしたが、いずれにしても彼の研究の一端を紹介するに留まっている。

　彼の地名調査の原点は自宅から程近い**徳宿城**の北西約2kmにある兎、兎向、鈴振という地名だったと生前聞いたことがある。城郭地名では根古屋に関係する「ねこ」地名が有名だが、彼は「うさぎ」に注目し、関連地名を追うことでそれまで知られていなかったいくつもの未発見遺構へと辿り着いた。うさぎ地名というのは例えば、兎向、兎内、兎久保、兎田、鈴振兎、兎尻などで、鬼、兜、免、女子なども兎からの転訛の可能性を含み、城館のある台地基部や周囲の谷津田につけられることが多く、茨城県内に広く分布しているという。全県的に80箇所以上の地点を分析し、木戸や湿地帯→ふさぎ→兎へ転化しうさぎ地名になったと推論した。また、うさぎ以外の木戸、新堀、大堀、さく、ねこ、さいかち地名などからも多くの遺構を発見したが、それらについては省略する。

　彼は幾つかの論文、調査報告の最後で次のように訴えている。「記録の存在しない地域にとって、地名は地形と共に地域の過去を語る貴重な証人であり、古文書である。（中略）将来再び歴史を振り返るとき、地域の過去を語る一級資料として蘇るはずであり、現在の我々には地名を後世に伝えていく重い責務が課せられていることを忘れてはならない」。地名が示す本来の意味が解明できれば、戦国の人々が構築しようとした本当の城の姿に迫ることが出来る、これが石﨑勝三郎から私たちへのメッセージと宿題である。

（西山洋）

＊参考　石﨑勝三郎 2006、2007、2011、2012、茨城城郭研究会編 2006

参考文献・出典一覧

書籍類

青木喜久夫・永嶋栄一・楠正将 2003『ふるさとの史跡を探る3』
赤松宗旦 1967『利根川図志』名著刊行会
秋田県公文書館 2001『系図目録1 秋田県公文書館所蔵古文書目録 第4集』
阿久津久也・峰岸純夫・菊池卓・山崎一編集 1979『日本城郭大系 第4巻』新人物
　　　　　　　　　　　　　　往来社
阿部徳之助 1987『古尾谷小誌』聚海書林
雨谷昭編修 2015a「鎌倉将軍家御教書」『土浦関係中世史料集 上巻』土浦市立博物館
　　　　　 2015b「大掾経幹申状」『土浦関係中世史料集 上巻』土浦市立博物館
阿見町史編さん委員会 1983『阿見町史』
　　　　　　　　　　 1985『阿見町史研究 第6号 文化財特集』
五十嵐雄大 2011「中染要害山城について」『まいづる 第28集』常陸太田市文化財
　　　　　　　愛護協会
　　　　　 2013「東野城跡とその周辺 —「つなぎの城」の全体像—」『常総中世
　　　　　　　史研究 創刊号』茨城大学中世史研究会
　　　　　 2016「瓜連城の変遷とその構造」『常総中世史研究 第4号』
五十嵐雄大・高橋宏和 2014「特別寄稿小舟城—もうひとつの番衆の城—」『おがわ
　　　　　　　　　　　　の文化第31号』常陸大宮市緒川郷土文化研究会
五十嵐雄大・中村香織 2016「石沢台遺跡で確認された薬研堀遺構について」『石沢
　　　　　　　　　　　　台遺跡3』常陸大宮市教育委員会・日考研茨城編
池田光雄 1987「根小屋研究のための資料」『中世城郭研究 創刊号』中世城郭研究会
石岡市教育委員会 2016『発掘調査速報展 石岡を掘る2』
石岡市史編纂委員会 1960「府中大掾戦記」『石岡市史編纂資料 第8号』
　　　　　　　　　 1979『石岡市史 上巻』
石岡市文化財関係資料編さん会 1996『石岡の地名』
石﨑勝三郎 2006「中居城と新堀・大堀地名」『鹿行の文化財 第36号』
　　　　　 2007「地名の向こうに遺構が見えた」『茨城県考古学協会誌 第19号』
　　　　　 2011「常陸台地上の堀切状遺構」『第28回全国城郭研究者セミナー』
　　　　　 2012「常陸台地上の堀切状遺構」『中世城郭研究 第26号』
市村高男 1994「中世東国における宿の風景」『中世の風景を読む2 都市鎌倉と坂東
　　　　　　の海に暮らす』新人物往来社
伊藤毅 1993「「宿」の二類型」『都市と商人・芸能民 中世から近世へ』山川出版社
伊奈町史編纂委員会 2001a「岡見氏系図」『伊奈町史 史料編一 —古代・中世—』
　　　　　　　　　 2001b「岡見氏本知行地等覚書写」(記録御用所本『古文書』)『伊
　　　　　　　　　　　　奈町史 史料編一 —古代・中世—』
　　　　　　　　　 2001c「旧記集覧」『伊奈町史 史料編一 —古代・中世—』
　　　　　　　　　 2007『図説 伊奈のあゆみ』
茨城県教育委員会 1971「花室城跡発掘調査概報」『茨城県桜村土浦学園線花室城跡
　　　　　　　　　　発掘調査概報』
茨城県教育財団 2011『茨城県教育財団文化財調査報告 第343集 藤前遺跡 並松遺跡』

茨城県教育庁文化課 1985『重要遺跡調査報告書Ⅱ(城館跡)』
茨城県史編さん近世史第1部会 1968a『茨城県史料 近世地誌編』
　　　　　　　　　　　　　　1968b「水府志料」『茨城県史料 近世地誌編』
　　　　　　　　　　　　　　1968c「水府地理温故録」『茨城県史料 近世地誌編』
茨城県史編さん中世史部会 1970a『茨城県史料 中世編Ⅰ』
　　　　　　　　　　　　1970b「臼田文書」『茨城県史料 中世編Ⅰ』
　　　　　　　　　　　　1970c「鳥名木文書」『茨城県史料 中世編Ⅰ』
　　　　　　　　　　　　1974a『茨城県史料 中世編Ⅱ』
　　　　　　　　　　　　1974b「関文書」『茨城県史料 中世編Ⅱ』
茨城県史編集委員会 1986『茨城県史 中世編』
茨城県東茨城郡大洗町史編さん委員会編 1981『大洗町史資料集 第1集 大洗町の小字地名』
茨城県立歴史館 1990『茨城県史料 中世編Ⅲ』
　　　　　　　 1992『茨城県史料 中世編Ⅳ』
　　　　　　　 1994a「秋田藩家蔵文書48，城下諸士文書巻9」『茨城県史料 中世編Ⅴ』
　　　　　　　 1994b『茨城県史料 中世編Ⅴ』
　　　　　　　 1996『茨城県史料 中世編Ⅵ』
茨城県立歴史館史料学芸部編 2017『安得虎子 古文書・古記録編』茨城県立歴史館史料叢書20
茨城城郭研究会編 2006『図説 茨城の城郭』国書刊行会
茨城史料ネット 2013「レスキューされた伊達政宗の「密書」」『常総中世史研究 創刊号』茨城大学中世史研究会
茨城大学中世史研究会 2015「那珂市中世城郭遺跡分布・縄張調査報告(一)─菅谷地区─」『常総中世史研究 第3号』
　　　　　　　　　　 2016「那珂市中世城郭遺跡分布・縄張調査報告(二)─福田地区・後台地区─」『常総中世史研究 第4号』
茨城大学中世史研究会・常陸大宮市歴史民俗資料館編 2009『館と宿の中世：常陸大宮の城跡とその周辺』
茨城町史編さん委員会 1993『茨城町史 地誌編』
　　　　　　　　　　 1995『茨城町史 通史編』
井博幸 2016「大足舟塚古墳・要害山1号墳の再検討茨城県央部における中期首長墓編年の確立をめざして」『茨城県考古学協会誌 第28号』
岩瀬町史編纂委員会 1983『岩瀬町史』
岩間町史編さん委員会 2002『岩間町史』
牛久市史編さん委員会 2000a「岡見氏系図」『牛久市史料 中世Ⅱ 記録編』
　　　　　　　　　　 2000b「菅谷系図」『牛久市史料 中世Ⅱ 記録編』
　　　　　　　　　　 2000c「明光院記」『牛久市史料 中世Ⅱ 記録編』
　　　　　　　　　　 2002a「上杉文書」『牛久市史料 中世Ⅰ 古文書編』
　　　　　　　　　　 2002b「関東八州城之覚書」『牛久市史料 中世Ⅰ 古文書編』
　　　　　　　　　　 2004『牛久市史 原始古代中世』
内原町史編さん委員会 1996『内原町史 通史編』
江原忠昭 1962『大貫夏海年代考』

大洗町史編さん委員会 1986『大洗町史 通史編』
大洗町文化財保存会 1969「郷土大観」『大洗町史料1』
大内政之介 1993『新編金砂戦国史』筑波書林
大澤泉 2015「鎌倉期常陸国における国衙機構の変遷と在庁官人」『常陸平氏』戎光祥出版
大図口承 1984「国人領主古尾谷氏の性格」『埼玉史談 第31巻』
大関武 2015「五万堀古道」『鎌倉街道と中世の道』茨城県教育庁文化課
大貫台地埋蔵文化財発掘調査会 2001『登城遺跡大貫台地埋蔵文化財発掘調査報告書 第5冊』
大林組CSR室 1999『季刊大林 No.46』
大穂町史編纂委員会 1989『大穂町史』
大宮郷土研究会 2010『大宮の地名』
大宮町史編さん委員会 1977『大宮町史』
　　　　　　　　　　1980『大宮町史 史料集』
岡本武雄 198-「新治村　城・館・砦・古戦場跡の研究」『新治村史の研究 第2集』新治村史編纂室
緒川村史編さん委員会 1982『緒川村史』
小川町史編さん委員会 1982『小川町史 上巻』
笠間市史編さん委員会 1993『笠間市史 上巻』
笠間史談会 1974『聚成笠間誌』
笠間市文化財愛護協会 2002『笠間の文化財読本 31』
鹿嶋市史編さん委員会 2005『鹿嶋市史 地誌編』
鹿嶋市文化協会 2011『鹿島史叢 第37号』
鹿嶋市文化スポーツ振興事業団 2010『塚原館跡Ⅰ』
　　　　　　　　　　　　　　　2011『塚原館跡Ⅱ』
　　　　　　　　　　　　　　　2012『塚原館跡Ⅲ』
　　　　　　　　　　　　　　　2013『塚原館跡確認調査報告書』
　　　　　　　　　　　　　　　2015『塚原館跡Ⅳ』
鹿島町史編さん委員会 1972『鹿島町史 第1巻』
鹿島町文化財愛護協会 1977『文化財だより 第5号』
　　　　　　　　　　　1981『文化財だより 第9号』
勝田市史編さん委員会 1978『勝田市史 中世編・近世編』
加藤太一郎 1994「高久城と佐竹氏」『桂史紀要 第18号』桂村史談会
加藤光雄・有賀博幸 1990「湯之網城跡調査報告」『北茨城史壇 9号』北茨城市教育委員会
金砂郷村史編さん委員会 1989『金砂郷村史』
神栖町史編さん委員会 1988『神栖町史 上巻』
河井淳 2009『関ヶ原敗者たちの復活戦』グラフ社
川崎春二 1960頃『奥七郡の城郭址と佐竹四百七十年史』
　　　　　　　「常陸奥七郡関連城館図」個人蔵 茨城県立歴史館寄託資料
関東文化財振興会株式会社 2013『寺上遺跡2・行者遺跡2』
北茨城市史編さん委員会 1988『北茨城市史 上巻』
北浦町史編さん委員会 2004『北浦町史』

北浦村郷土文化研究会 1985『郷土北浦 第8号』
久保整伯 1972『和文笠間城記』
黒田基樹 2001『戦国期東国の大名と国衆』岩田書院
　　　　　　2012『古河公方と北条氏』岩田書院
毛野考古学研究所 2013『茨城県小美玉市取手山館跡』
公益財団法人茨城県教育財団 2013「宮田館跡」『茨城県教育財団文化財調査報告 第374集』
御前山村教育委員会（茨城県）1996『ふるさとの地名と古文書御前山村郷土誌資料 第3集』
御前山村郷土誌編纂委員会 1990『御前山村郷土誌』
小林覚右衛門尉尚房寫 1978「多賀谷七代記」『続々群書類従 第四』国書刊行会
桜川村史編さん委員会 1979『桜川村史考 第1号』
桜村史編さん委員会 1982『桜村史 上巻』
里美村史編さん員会 1984『里美村史』
山武考古学研究所 1994『要害城跡：バス停留帯の設置及び歩道の拡幅工事に伴う埋蔵文化財発掘調査報告書』
下妻市教育委員会 1996「多賀谷家譜」『下妻市史料 古代・中世編』
常陽藝文センター編 2012『常陽藝文 2012年12月号』
新利根村史編纂委員会 1983『新利根村史(2)』
新利根町教育委員会 1999『生涯学習ハンドブック 文化財編』
水府村史編纂委員会 1977『水府村史』
関肇（八郷町）2002『八郷町の中世城館』八郷町教育委員会生涯学習課
千野原靖方 2007『常総内海の中世』崙書房出版
総和町史編纂委員会 2004『総和町史 中世資料編』
大子町史編さん委員会 1988『大子町史 通史編 上巻』
大洋村史編さん委員会 1979『大洋村史』
高田与清 1932「相馬日記 全」『房総文庫4』房総文庫刊行会
高萩市史編纂専門委員会 1969『高萩市史 上』
高橋修編 2017『佐竹一族の中世』高志書院
高橋修・宇留野主税編 2017『鎌倉街道中道・下道』高志書院
高橋裕文・高橋修 2009『小瀬館跡とその周辺』茨城大学五浦文化研究所
高橋裕文 1989「中世の城館と文化財保護（一）—茨城県那珂郡那珂町について—」『那珂町史の研究 第10号』
蓼沼香未由 2004a「東茨城郡大洗町所在望洋館跡および磯浜海防陣屋跡の紹介」『郷土文化 第45号』茨城県郷土文化研究会
　　　　　　2004b「磯浜海防陣屋跡」『研究発表会資料 第26回』茨城県考古学協会
　　　　　　2006「常陸国における江戸時代台場の集成的検討」『茨城県考古学協会誌 第18号』茨城県考古学協会
田中裕 2014「水戸市北部の地名」『常陸国那賀郡家周辺遺跡の研究 報告編（地名・遺構・遺物）』
玉里村史編纂委員会 1975『玉里村史』
　　　　　　　　　 2006『玉里村の歴史』
玉造町史編纂委員会 1985『玉造町史』

千葉県史編纂審議会 1957「常陸国海夫注文」『千葉県史料 中世編 香取文書』
千葉県史料研究財団 2003『千葉県の歴史 資料編 中世4』
千葉県文書館編 1991「原文書」『千葉縣史料 中世篇 2-2 諸家文書補遺』
千葉隆司 2003「茨城の鏡像と懸仏 —中世宗教空間の復原—」『茨城県史研究87』
つくば市教育委員会 2008「花室城跡確認調査(第3次第4次)」『つくば市内遺跡:発掘調査報告』
筑波町史編纂委員会 1986「小田家風記」『筑波町史 史料集 第10篇』
土浦市教育委員会 2011『土浦市遺跡地図』
土浦市史編さん委員会 1974『土浦市史別巻 土浦歴史地図』
　　　　　　　　　　　1975『土浦市史』
土浦市立博物館 2014『土浦市史 民俗調査報告書第1集 山ノ荘の民俗・日枝神社の流鏑馬祭』
東海村史編さん委員会 1992『東海村史 通史編』
東海村遺跡調査会 1992『石神城跡』
東海村歴史資料館検討委員会 2000『常陸国石神城とその時代』
東京航業研究所 2007『アラヤ遺跡(第2地点)』
遠山成一 2007「戦国後期房総における城下集落の存在形態」『中世東国の社会構造』岩田書院
　　　　　 2012「中世における宿地名に関する一考察」『中世房総と東国社会』岩田書院
栃木県史編さん委員会 1978「宇都宮国綱書状写」(「秋田藩家蔵文書・城下諸士文書10」所収)『栃木県史 史料編 中世3』
飛田英世 2007「常陸国「海夫注文」再考ノート」『中世東国の内海世界』高志書院
友部町史編纂委員会 1990『友部町史』
外山信司 2011「「原文書」と戦国期の海上氏について」『中世東国史の総合的研究 2006‐2010年度』千葉大学大学院人文社会科学研究科
斗利出小学校4年 2017「斗利出小のまわりには歴史の宝がねむっている」『第40回子ども郷土研究』土浦市教育委員会
取手市史編さん委員会 1986『取手市史 古代中世史料編』
那珂町史編さん委員会 1989『那珂町史の研究 10号』
中根正人 2016「古河公方御連枝足利基頼の動向」『中世東国の政治と経済』岩田書院
長浜市長浜歴史博物館 2016『石田三成と西軍の関ケ原合戦』
中山信名著・茨城県立歴史館編 2012「常陸編年」『茨城県立歴史館史料叢書15』
中山信名著・栗田寛補 1974『新編常陸国誌』崙書房
永山正 1989『土浦町内誌』土浦市教育委員会
七会村教育委員会 1994『荻原屋敷遺跡』
新治村史編纂委員会 1986『図説 新治村史』
西山洋 2011「中世文書「烟田旧記」に見る天文現象」『天界』5月号 東亜天文学会
日照山是心院 2007「嶋並氏の実像を求めて」(是心院資料展資料)
　　　　　　 2008「日照山是心院」
芳賀友博・須賀川正一・杉澤季展 2009『小幡城跡・前新堀遺跡・前新堀B遺跡・諏訪山塚群・藤山塚　茨城県教育財団文化財調査報告；第314集　東関東自動車道水戸線(茨城南IC～茨城JCT)建設事業地内埋蔵文化財調査報告書』茨城県教育財団

幕末軍事史研究会 2008『武器と防具 幕末編』新紀元社
塙保己一編 1979「常陸国田嶋村伝灯山和光院過去帳」『群書類従 第29輯』
原武男校訂 1989『佐竹家譜 上』東洋書林
東茨城郡桂村教育委員会 1999『桂村埋蔵文化財発掘調査報告書 第3集 高久城跡』
常陸太田市教育委員会 1981『岡部館』
　　　　　　　　　　　2005『那賀城跡』
　　　　　　　　　　　2008『常陸太田市内遺跡調査報告書 第2集』
常陸太田市史編さん委員会 1984a『佐竹氏関連城館』
　　　　　　　　　　　　1984b『常陸太田市史 通史編 上』
常陸太田市秘書課広報係 1985『市史余談百話集』
常陸大宮市歴史民俗資料館 2014『南郷道：水戸と奥州をつなぐもうひとつの道』
日立市郷土博物館 2009『水戸藩の海防史跡をたどる』
日立市史編さん委員会 1959『日立市史』
日立市埋蔵文化財発掘調査会 1999『要害城跡発掘調査報告書 2次』
平田満男 1988「戦国期小領主の周辺」『戦国史研究 第15号』
広瀬典 1909「白河古事考 地」堀川関楓堂
藤井尚夫 2013『ドキュメント幕末維新戦争』河出書房新社
ふる里の祖歴を学ぶ会 1998『佐竹家臣諸系譜』
平凡社 1982『日本歴史地名大系 8巻』
鉾田町史編さん委員会 1999「烟田旧記」『鉾田町史 中世史料編 烟田氏史料』
本堂清 1981「甲山城」『茨城の城館 2』筑波書林
前川辰徳 2010「常陸一の宮・鹿島社の武士たち」『実像の中世武士団―北関東のも
　　　ののふたち―』高志書院
真壁町史編さん委員会 1994「文禄五年御蔵江納帳」『真壁町史料 中世編3』
見川舜水 1990『国替 佐竹義宣一代』筑波書林
水戸市史編さん委員会 1963『水戸市史 上巻』
　　　　　　　　　　1982『水戸市史 中巻Ⅳ』
　　　　　　　　　　1991『水戸市史 上巻』
皆川広照 1997『東国闘戦見聞私記』吉原格斎校訂 常野文献社
美野里町史編さん委員会 1989『美野里町史 上』
美和村史編さん委員会 1993『美和村史』
茂木和平 2008『埼玉苗字辞典 第4巻』
茂木町史編纂委員会 1997『茂木町史 第2巻』
守谷町史編さん委員会 1985『守谷町史』
八郷町誌編さん委員会 1970『八郷町誌』
八郷町史編さん委員会 2005『八郷町史』
八郷町教育委員会 2003『八郷町の地名』
山入城調査団編 1989『山入城1 第1次発掘調査報告書』
山縣創明 2017「部垂の乱と佐竹氏の自立」『佐竹一族の中世』高志書院
山川千博 2017「東国の戦乱と「佐竹の乱」」『佐竹一族の中世』高志書院
結城市史編さん委員会 1977『結城市史 第1巻 古代中世史料編』
有限会社日考研茨城 2016『石沢台遺跡Ⅲ』常陸大宮市教育委員会
龍ケ崎市教育委員会 1987『龍ケ崎の中世城郭跡』

インターネット

下野戦国騒乱記 2016「門毛城」
　http://www.geocities.co.jp/SilkRoad-Ocean/1808/index.htm
常陸国中世史備忘録(常陸大掾氏と常陸府中) 2014a「古尾谷氏覚書」
　https://blogs.yahoo.co.jp/kiyomoto_d/64418902.html
　　　　　　　　　　　　　　　　2014b「秋田藩士古尾谷氏」
　https://blogs.yahoo.co.jp/kiyomoto_d/64522694.html
　　　　　　　　　　　　　　　　2016「【覚書】路川氏についての私見」
　https://blogs.yahoo.co.jp/kiyomoto_d/65755165.html
北緯36度付近の中世城郭 2016「大橋城」
　http://yaminabe36.tuzigiri.com/satake0/oohashi.htm
美浦村お散歩団 2005「後新古屋館」
　http://www.asahi-net.or.jp/~DG8H-NSYM/usirosinkoya-tate.html
　　　　　　　2006「茨城県内の幕末海防施設」
　http://www.asahi-net.or.jp/~DG8H-NSYM/ibaraki-kaibo.html
藪ログ　2008a「仮称・牛久沼東城(馬場台城)牛久城防衛砦群のひとつか」
　http://yablog.blog6.fc2.com/blog-entry-688.html
　　　　2008b「屏風ヶ崎城　名称に関する考察」
　http://yablog.blog6.fc2.com/blog-entry-691.html
(最終閲覧日はいずれも2017年4月30日)

参考・引用地図一覧

各自治体発行の都市計画図2千5百分の1白図
国土地理院 電子地形図(タイル)
　http://maps.gsi.go.jp/
国土地理院 地図・空中写真閲覧サービス
　http://mapps.gsi.go.jp/maplibSearch.do#1
農研機構 農業土地利用変遷マップ 関東平野迅速測図
　http://www.finds.jp/altmap/rapid_kanto.html.ja

あとがき

　前書『図説 茨城の城郭』刊行以後、新規に発見されたもの等、この10年の間に茨城県内の中世城館に対する知見は拡大しています。こうした新しい情報に触れる度に、
　「もし新たに本を作るチャンスがあるなら、この城は載せてみたいね」
城巡りツアーで、あるいは講演会等で同席し、あるいはメールのやりとりの中で何度もこの言葉が出ていました。そして2014年秋、続編の制作が始まり、それが現実に形となりました。この過程では、前書での経験を活かせた一方で、各執筆者の考え方の違いに戸惑う場面もありましたが、それらを乗り越えたことをいま実感し安堵しています。

　前書および本書で取り上げた城跡のいくつかでは、地域住民のみなさんが主体となり保存・整備が進んでいる場所もあり、中世城館に対する理解の深まりを感じます。しかし残念ながら、様々な事情により維持・管理が困難になり、再荒廃している所も見受けられます。また、開発等によって遺構が失われる例は後を絶ちません。城址の保存には、行政や研究者、地元の方々、そしてお城ファンとが一体となった取り組みが大切だと考えます。多くの方に本書を持って城址を巡っていただき、お城の存在を実感していただける、この本がそんなきっかけ作りのお役に立てるとすれば、本書を制作した目的の一つが達成できたことになると思います。

　本書では、できる限り前書の構成を引き継ぎましたが、縄張図の記録時期明記や参考資料の表記方法等、いくつか変更を行いました。限られたスペースの中で正確な資料検索を可能にするため、資料名からの探しやすさを犠牲にした部分があります。読者各位のご理解をいただければ幸いです。

　本書刊行に当たり、原稿の隅々にまで目を配り貴重なご意見をいただいた茨城大学人文学部高橋修氏他、茨城大学中世史研究会の泉田邦彦、市川大暉、内山俊身、中根正人、藤井達也、前川辰徳、森木悠介、山川千博の各氏、ならびに図版作成や情報提供等でご指導ご協力いただいた多くの皆様、そして前書同様、道端であるいは山中で、時には住宅街で出会いお話を伺った地域の方々に深く感謝申し上げます。最後になりましたが、本書刊行の実現にご尽力戴いた国書刊行会編集部竹中朗氏及び営業部中澤真野氏に厚く御礼を申し上げます。

2017年7月

　　　　　　　　　　　　　　　　　　　茨城城郭研究会会員一同

城郭名索引

ア 行

城郭名	頁
赤須館	57
有賀北館	143
飯田城	164
飯富長塁	126
飯沼城	162
池亀城	216
池田古館	73
伊佐津城	236
石岡城	26
石神城	280
石崎城	160
石沢館	118
石塚大堀	128
泉城	171
伊勢畑南要害	110
磯浜海防陣屋	147
磯部館	217
一杯館	151
今泉城	202
今宮館	67
入四間館	33
入野城	138
岩井城	242
祝町向洲台場	147
上の台館	34
後新古屋館	152
内大野館	83
内宿館	262
内ノ草砦	27
瓜連城出城	120
海老沢館	156
大岩城	102
大坪城	226
大中館	36
大橋城	69
大増城	181
大森薄井館	64
大山城	132
岡の宮館	201
岡部館	65
荻原長者屋敷	136
小瀬館	97
小高館	201
小田野城	91
小野館	68
小野崎城	67
小幡城外郭	158
小原城	166
小目館	63

カ 行

城郭名	頁
笠根城	227
片岡館	193
堅倉砦	174
門毛城	214
門部館	130
門部要害	129
神生長塁	126
甲頭城	250
甲山城	200
鎌倉館	75
上坂田館の内館	201
上野宮館	71
上檜沢館	93
木田余城	206
薬山館	125
栗崎城	225
天下野城	42
小井戸要害	198
高野館	234
小川崎古館	27
小舟城	100
古屋城	277
小屋場館	130
小山城	141
頃藤城	87
頃藤古館	86
頃藤要害	86
権現山城	209

サ 行

城郭名	頁
坂戸城	212
桜塚土塁	239
猿壁城	184
沢辺古屋敷	201
三条院城	232
山王山城	221
志筑城	208
十殿坂館	37
地徳館	55
島崎城	25
島津城	238
島並城	278
清水城	140
下安居堀之内館	172
下伊勢畑北要害	108
下太田城	243
下小瀬館	97
下坂田屋敷内館	201
下津原要害	84
下檜沢向館	93
城善提城	119
白羽要害	60
菅股城	24
諏訪山砦	186
曽目城	43

タ 行

城郭名	頁
大子城	82
大祥寺城	227
大日山城	241
高井館	62
高岡城(大子町)	81
高岡城(行方市)	267
高岡丸ノ内館	201
高久城	134
高沢城	89
高沢向館	90
高館城	96
高友古塁	192
高渡館	117
武田城	249
竹原城	176
館宿城	227
立の越館	237
楯の宮館	254
館山城	18
田土部城	201
棚谷城	49
田ノ草砦	27
田宮館	201
茅根城	58
長者山城	144
津賀城	252

290

津賀館	251	**ハ 行**		女倉館	77
塚原館	258	幡館	61	**ヤ 行**	
綱川館	106	八幡館	76	八百岐館	67
鶴田城	175	八幡台城	240	矢田城	72
天古崎館	163	花ケ崎城	280	谷中城	219
寺山館	27	花房城	40	山小屋城	20
東城台土塁	239	花室城	228	山田城	270
東野城	114	林中城	255	油河内館	103
遠山城	239	春友館	56	湯崎城	168
遠山土塁	239	檜沢城	93	湯ノ網城	22
利員龍貝城	38	檜沢古館	93	要害城(日立市)	30
戸中要害	74	常名城	204	要害城(鉾田市)	247
登城館	151	人見館	272	吉生城	188
富岡城	220	氷の沢館	95	依上城	78
富谷城	218	檜山要害城	104	**ラ 行**	
取手山館	179	屏風ヶ崎城	239	龍貝館	152
ナ 行		古渡城	235	龍会城	261
那賀城	98	船子城	273	**ワ 行**	
永井城	203	武平山館	121	若栗城	230
中染要害山城	41	堀の内館	123	和田小屋城	50
中坪館	122	堀ノ内砦	244	蕨砦	246
長兎路城	169	本郷館	201	**その他**	
仲の房東館	124	**マ 行**		上君田城砦群	27
長峰城	187	全隅城	142	山入城支城群	43
行方城	275	町田城	46	常陸太田城周辺	
行石城	35	町田御城	46	の小城館	53
西河内館	54	松平城	48	瑞龍城砦群	66
西染城	45	峯台城	201	檜沢城砦群	92
二条山館	189	三村城	195	県北・県央の長塁	126
根当要害	194	宮ケ崎城	154	大貫城砦群	150
根城内館	125	宮ケ崎古館	155		
野口城	112	宮田館	178		
野田城	106	明神山砦	27		

改訂版『図説 茨城の城郭』掲載城郭一覧

北茨城市
　1 車城
　2 御城山城
高萩市
　3 龍子山城
日立市
　4 久慈城
　5 十王三城
　　　櫛形城、山尾城、友部城
　6 大久保三城
　　　大窪城、天神山城、愛宕山城
常陸太田市
　7 県北の南北朝三城
　　　瓜連城(那珂市)、武生城、
　　　金砂山城
　8 久米城
　9 小里城
　10 山入城
　11 常陸太田城
　12 北大門城と南大門城
　13 田渡城
　14 馬坂城
大子町
　15 月居城
　16 町付城と荒蒔城
常陸大宮市
　17 大宮三城
　　　部垂城、宇留野城、前小屋城
　18 小場城
　19 小瀬城
　20 高部城、小舟城、河内城
　21 山方城
　22 竜ヶ谷城
　23 長倉城
東海村
　24 石神城
那珂市
　25 古徳城
　26 額田城
　27 戸村城
　28 南酒出城
　29 寄居城と那珂市平地城館群
城里町
　30 孫根城
　31 御前山城
　32 石塚城
　33 那珂西城
ひたちなか市
　34 真崎城(東海村)と
　　　　多良崎城
　35 中根城
　36 金上城
水戸市
　37 水戸城
　38 河和田城
　39 見川城

　40 吉田城
　41 鯉淵城
大洗町
　42 大館館と小館館
茨城町
　43 小幡城
笠間市
　44 難台山城
　45 館岸城
　46 宍戸城
　47 笠間城
小美玉市
　48 小川城
　49 飯塚城
石岡市
　50 片野城
　51 柿岡城
　52 府中城と外城
土浦市
　53 土浦城
　54 藤沢城
かすみがうら市
　55 戸崎城
　56 宍倉城
桜川市
　57 真壁城
　58 谷貝峰城
　59 橋本城
　60 羽黒山城
筑西市
　61 海老ヶ島城
　62 四保城と村田館
　63 小栗城
　64 関城
　65 久下田城
　66 下館城
結城市
　67 結城城
　68 山川館と結城長塁
下妻市
　69 下妻城
　70 大宝城と駒館
八千代町
　71 和歌城と太田城
古河市
　72 小堤城
　73 古河城
　74 水海城
五霞町
　75 栗橋城
坂東市
　76 逆井城
常総市
　77 大生郷城と菅生城
つくば市
　78 小田城

　79 金田城
　80 多気山城
　81 水守城
つくばみらい市
　82 足高城
　83 筒戸城
取手市
　84 高井城
守谷市
　85 守谷城
稲敷市
　86 江戸崎城
　87 羽賀城
　88 神宮寺城
美浦村
　89 木原城
阿見町
　90 下小池城
　91 塙城
牛久市
　92 牛久城
　93 岡見城館群
　94 久野城
　95 小坂城
龍ヶ崎市
　96 龍ヶ崎城
　97 貝原塚城
　98 登城山城
利根町
　99 布川城
稲敷広域
　100 稲敷の街道閉塞堀切群
鉾田市
　101 中居城
　102 札城
　103 烟田城
　104 徳宿城
　105 三階城
　106 野友城
鹿嶋市
　107 鹿島城
　108 林外城
行方市
　109 麻生城
　110 相賀城
　111 小高城
　112 神明城
　113 木崎城
　114 玉造城
　115 手賀城
潮来市
　116 嶋崎城
　117 長山城
鹿行広域
　118 鹿行の堀切状遺構と
　　　　新堀・大堀地名

編集執筆・協力者一覧(五十音順)

編集執筆者

青木　義一（あおき　よしかず）
長野県長野市出身。茨城県常陸太田市在住。
「北緯36度付近の中世城郭」http://www7a.biglobe.ne.jp/~ao36/

五十嵐　雄大（いがらし　たけひろ）
茨城県常陸太田市在住。介護士。
「50stormの古道を訪ねて」http://blogs.yahoo.co.jp/nnrny933

岡田　武志（おかだ　たけし）
出身・在住ともに千葉県香取市。
「北総の秘めたる遺跡」http://hokuso.c.ooco.jp

高橋　宏和（たかはし　ひろかず）
出身・在住ともに茨城県常陸太田市。2007年より活動開始。
「Ｐの、遺跡侵攻記」http://blogs.yahoo.co.jp/dollsdog8700

遠山　成一（とおやま　せいいち）
千葉県出身。千葉県東金市在住

西山　洋（にしやま　ひろし）
東京都出身。茨城県稲敷郡美浦村在住。
「藪ログ」http://yablog.blog6.fc2.com/

本間　朋樹（ほんま　ともき）
新潟県出身。千葉県船橋市在住。
「埋もれた古城」http://umoretakojo.jp

余湖　浩一（よご　こういち）
新潟県出身。千葉県成田市在住。
「余湖くんのホームページ」http://yogokun.my.coocan.jp

協力者

茨城大学：高橋修
茨城大学中世史研究会：泉田邦彦　市川大暉　内山俊身　中根正人　藤井達也
　　　　　　　　　　　前川辰徳　森木悠介　山川千博

青木美智子　五十嵐敏之　海老澤正孝　菊池壮一　高村恵美　野口潔彦

カバー・表紙イラスト

本間朋樹

資料提供協力

菊池恒雄　高萩市教育委員会　那珂市歴史民俗資料館　常陸太田市教育委員会
常陸大宮市文書館　日立市郷土博物館　花薗文熙

続・図説 茨城の城郭　　　　　　　　　　　　　　　　　　ISBN978-4-336-06176-8

2017（平成29）年7月25日　初版第1刷発行

　　　　　　　　　　　　　　　　編　者　茨城城郭研究会

　　　　　　　　　　　　　　　　発行者　佐 藤 今 朝 夫

　　　　　　　　　　　　発行所　株式会社 国 書 刊 行 会
　　　　　　　　　　　　〒174-0056　東京都板橋区志村1-13-15
　　　　　　　　　　　　TEL 03(5970)7421　FAX 03(5970)7427
　　　　　　　　　　　　http://www.kokusho.co.jp

　　　　　　　印刷 ㈱エーヴィスシステムズ　　製本 ㈱村上製本所